> これが知りたかった!

判断誤りや勘違いを未然に防ぐ

相続税申告のための重要事例50選

山下太郎
税理士・不動産鑑定士

富田隆史
税理士・不動産鑑定士

第一法規

はしがき

　平成 27 年 1 月 1 日から相続税の基礎控除額は、5,000 万円＋法定相続人の数×1,000 万円から 3,000 万円＋法定相続人の数×600 万円と 4 割引き下げられました。

　その結果、相続税の課税割合は、平成 26 年の 4.4％ から平成 27 年は 8.0％ と大幅に上昇しました。相続税の課税割合とは、全死亡者のうち、相続税額のある申告書を提出した被相続人の割合です。その後も相続税の課税割合は、概ね年々上昇を続け、令和 4 年分（令和 4 年 11 月 1 日から令和 5 年 10 月 31 日までに提出された申告書。修正申告書は除く。）の課税割合は 9.6％ となり、10％ の目前まで迫ってきています。このように相続税が課税される方が増えた背景には、地価の上昇や株価の上昇があると思います。

　課税割合の全国平均は 9.6％ ですが、東京都 18.7％、愛知県 15.1％、神奈川県 14.3％ と、都心部では相続税が課税されるのは一部の富裕層といえない状況になっています。全国の課税対象被相続人数は、基礎控除額が引き下げられる前の平成 26 年の約 5 万 6 千人から令和 4 年は 15 万 1 千人になり、約 2.7 倍と大幅に増えています。このように都心部では、相続税は誰が課税されてもおかしくない状況になっています。なお、この数値は相続税額がある場合の割合であり、相続税額はないが申告書を提出した割合まで含めると、全国平均で 12.1％、東京 25.1％、愛知 18.6％、神奈川 19.1％ とその割合は更に上昇します。

　このような相続税の申告状況を受け、大手の税理士法人ではウェブサイトを利用して相続税申告の新規顧客の獲得に乗り出しているところが増えています。また、これまで相続税の申告業務をそれほど重要視していなかった中小の税理士事務所でも、実際の申告受注件数の増加もあって、相続税申告に積極的に取り組む姿勢を示す事務所も増えてきているのではないでしょうか。

　相続税の申告内容については、以前は相続人が配偶者と子どもである申告が中心でした。被相続人が一人で住んでいるということも少なかったように思います。また、遺産分割についても、分割の割合が不平等だったとして

はしがき

も、相続人の中に中心となる人がいて、もめることは少なかったと記憶しています。しかし、家族の形態も変化しており、子どもがいない被相続人や婚姻歴がない被相続人も増えています。遺産の分割についても、長男など後を継ぐ者が多くの財産を取得するという考え方から、相続人は平等に財産を取得できるという考え方に変わってきているようです。

相続税の申告に関しては、従来から法人税や所得税にはあまり馴染みのない民法などの取扱いを熟知していないと申告を誤ってしまう事柄が多くありました。また、上記のような家族構成の変化によって相続税申告において留意すべき点も増えてきています。

更に、実務的な話では、名義預金の判定や、生前贈与なのか名義預金かなど通達等で取扱いが明記されていない項目も多く、実際に申告書を作成していると判断に迷うことが多くあるのではないでしょうか。

以前私は、相続税の申告等で実際の不動産評価を行うに当たって多くの税理士の方が知らなかったり、誤りが多くみられたりする事例を中心に「これが知りたかった！特殊・難解な土地評価事例50選」及びその「第2集」を執筆させていただきました。おかげさまで第1集、第2集とも好評をいただき多くの方にご購入いただきました。ご購入いただきました皆様には、改めて心から感謝を申し上げます。

相続税の申告書を作成するに当たっては、不動産の評価以外でも頭を悩ませる事例は多くあります。今回は、不動産の評価以外で相続税申告において判断誤りや勘違いの多い事例について、50項目を厳選し、執筆させていただきました。

本書を参考にしていただくことで、正確な相続税申告を行う上での一助となり、皆様方のお役に立つことができれば大変うれしく思います。

内容につきましては、相続税法、民法、相続税法基本通達、過去の資産課税課情報や国税庁ホームページの質疑応答事例、裁決事例などを基にしていますが、個別の案件については明確な取扱いが示されていないことも多くあります。このため、本文中意見にわたる部分については、執筆者の個人的見解であることをお断りしておきます。内容によっては異なる見解をお持ちの方もおられるかと思いますが、その点についてはご容赦ください。

はしがき

　最後になりましたが、前回に引き続き執筆の機会を与えていただき、また、文章を校正し、様々なアドバイスをいただきました第一法規株式会社出版編集局編集第五部の皆様に厚く御礼を申し上げます。

令和6年12月

　　　　　　　　　　　　著者を代表して
　　　　　　　　　　　　　　税理士・不動産鑑定士　山下　太郎

目 次

第1 申告方法
問1 遺言書があるが遺言と異なる遺産分割がしたい場合……… 1
問2 遺言書があるが相続人間の争いがある場合……………… 5
問3 遺言書があるが相続人間の争いがある場合の小規模宅地の適用
　　　…………………………………………………………………… 10
問4 被相続人の死亡時期が分からない場合の相続開始日と申告期限
　　　…………………………………………………………………… 13
問5 遺産分割確定による更正の請求の期限……………………… 15
問6 被相続人が外国人（日本に永住）の相続税の申告………… 22
問7 特別寄与料を受け取った場合の相続税の申告……………… 26
問8 契約者が孫（相続人以外）の生命保険料を被相続人が負担して
　　　いた場合……………………………………………………… 30
〜コラム1〜　遺言書を書くに当たって注意すべきこと………… 33

第2 納税義務者
問9 相続分の譲渡が行われている場合の申告…………………… 37
問10 法定相続人がいない場合の相続税等の申告………………… 43
問11 相続放棄や廃除があった場合の相続税の申告……………… 50
問12 代襲相続人になる養子・ならない養子……………………… 58
問13 養子が代襲相続人となった場合の相続税の申告…………… 63
問14 生命保険金の受取人が死亡している場合の申告…………… 69
問15 個人ではない法人等に遺贈が行われている場合の申告…… 75

第3 課税財産
問16 一次相続で遺産が未分割の場合の二次相続の申告………… 83
問17 相続した財産を相続人が特定公益法人等に寄附した場合… 88
問18 被相続人の入院給付金等を生前に家族が受領している場合… 91
問19 被相続人の預金口座から相続人等が無断で出金している場合

目　次

………………………………………………………………………	95

　問20　有料老人ホームの入居一時金の贈与税・相続税の取扱い…… 100
　問21　セーフティ共済の契約者が死亡した場合の相続税の課税…… 108
　問22　債務超過の同族法人に対する貸付金………………………… 110
　問23　被相続人が火災により死亡した場合の相続財産…………… 118
　問24　相続時精算課税の相続税の納付義務の承継………………… 121
　問25　死亡払戻金等を受け取った場合の生命保険金の非課税の適用
　　　　……………………………………………………………………… 127
　問26　収益物件の家賃を受け取っている場合の相続財産と債務控除
　　　　……………………………………………………………………… 130
　問27　相続人名義の建物更生共済の掛金を被相続人が負担していた
　　　　場合………………………………………………………………… 134
　問28　死亡保険金を受領した相続人が他の相続人に代償金を支払っ
　　　　た場合……………………………………………………………… 138

第4　税額控除

　問29　遺贈により財産を取得している被相続人の相次相続控除…… 143
　問30　配偶者の障害者控除………………………………………… 147
　～コラム2～　銀行等の遺言執行者を指定した方がよい場合………… 152

第5　葬式費用・債務控除

　問31　葬式とは別に行ったお別れの会の費用…………………… 155
　問32　みなし相続財産及び生前贈与財産からの債務控除と葬式費用
　　　　……………………………………………………………………… 163
　問33　相続税の申告において控除できる確実な債務……………… 167
　問34　定期借地権が設定された土地の前払賃料及び保証金の債務控
　　　　除…………………………………………………………………… 171
　問35　被相続人が加害者である場合の損害賠償金の債務控除……… 176

第6 その他

- 問36 未成年である子に代理して親権者が遺産分割協議をする場合 ……………………………………………………………… 179
- 問37 民法改正後の遺留分侵害額請求の注意点 ………………… 183
- 問38 収益物件に一時的な空室がある場合の小規模宅地の特例の適用 ……………………………………………………………… 188
- 問39 医療法人の出資を評価する場合の口数 …………………… 195
- 問40 生命保険契約の有無が分からない場合の照会制度 ……… 199
- 問41 居住用財産を相続した場合（代償分割と換価分割の違い）…… 201
- 問42 換価遺言が行われた場合の譲渡所得の申告義務者 ……… 207
- 問43 自殺した場合に業務上の死亡と判断されることはあるか …… 214
- ～コラム3～　成年後見人について ……………………………… 220

第7 実務上の判断

- 問44 生前贈与と名義預金の違い ………………………………… 223
- 問45 名義預金の判定方法 ………………………………………… 230
- 問46 共有の収益物件の賃料が相続人の口座に全て入金されている場合 ……………………………………………………………… 241
- 問47 相続開始前に被相続人の預金から現金が出金されている場合 ……………………………………………………………… 246
- 問48 更正の請求を行うことによる税務調査のリスク ………… 251
- 問49 生前贈与による相続税対策の有効性とリスク …………… 255
- 問50 相続税対策における暦年課税と相続時精算課税の選択 …… 260

*本書は令和6年12月1日現在において施行・適用されている法令通達に基づいています。

第1 申告方法

問1 遺言書があるが遺言と異なる遺産分割がしたい場合

> 被相続人は生前、遺言書を書いていましたが、その内容は相続人である私たちに知らされていませんでした。相続開始後にその内容を確認したところ、不動産を相続人全員で共有とする内容でしたが、私たち相続人は遺言の内容で相続したくありません。この場合、遺言と異なる分割をすることは可能でしょうか。また、遺言と異なる分割をした場合、贈与税や所得税などの課税はされるのでしょうか。

答

　遺言の内容と異なる遺産分割をすることは、原則として可能です。しかし、以下の条件が全て満たされる必要があります。
① 相続人全員が遺言の内容を知ったうえで遺産分割に同意していること。
② 相続人以外の受遺者がいる場合、その受遺者が同意していること。
③ 被相続人が遺言と異なる遺産分割協議を禁じてないこと。
④ 遺言執行者がいる場合は、遺言執行者の同意があること。

　上記③と④については、異なった見解があり、必ずしも必要でないとする考え方もあります。また、相続人等全員が遺言どおりに分割したくないとい

第1　申告方法

う同じ考えであるのに、遺言執行者が反対することも少ないと思います。更に、遺言と異なる遺産分割協議を禁止する文言が記載された遺言書もほとんど見たことがありません。このため、③と④の条件については、あまり重要視しなくてもよいでしょう。

重要なのは上記①と②です。まず、相続人等全員が遺言書があること及びその遺言の内容を知っていなければなりません。例えば、遺言書を発見した長男がその内容を確認したところ、自分に不利な内容が書かれていたため、他の兄弟に遺言書があることを知らせないで遺産分割を行うことはできません。なお、遺言書の偽造・変造・破棄・隠匿は犯罪行為です。更に、被相続人の遺言書を偽造・変造・破棄・隠匿した者は、相続人の欠格事由（民法第891条第5号）に該当し、原則として相続権を失ってしまうので絶対にやってはいけない行為です。

相続人が複数いる場合で、一人でも遺言と異なる遺産分割に反対すれば遺産分割協議はできません。多数決等ではなく、全員の同意が必要です。

遺言書があることを知らずに遺産分割協議をしてしまい、その後被相続人の遺言書が発見された場合には、既に終了した遺産分割協議は無効になります。しかし、前述した①〜④の要件が満たされれば、遺言書があることを知らずに行った遺産分割協議を後発的に有効とすることも可能です。

遺言書によっては、相続人以外の人に財産を遺贈させることが書かれていることがあります。相続人以外の受遺者がいた場合は、その受遺者（複数いる場合は全員）の同意も必要となります。

なお、遺言書がある場合で遺言の内容と異なった遺産分割協議をするときは、後日の争いを避けるために、遺言書があること及びその遺言の内容を相続人全員が知ったうえで新たな遺産分割をする旨を遺産分割協議書に明記しておいた方がよいでしょう。

相続税では、遺言と異なる内容の遺産分割をした場合には、その遺産分割協議の内容に応じた財産の取得割合で相続税が課税されることとなっています。この場合には、一度遺言によって取得した財産を、遺産分割協議の内容によって贈与や交換したという扱いにはならず、贈与税や譲渡所得税が課税

問1　遺言書があるが遺言と異なる遺産分割がしたい場合

されることはありません。

　ただし、いったん遺言の内容によって相続税の申告をしたり、相続登記を完了させ相続の効力が確定してしまったりした後で、更に贈与や交換といった行為をしたと考えられる場合は、これによって財産の変動があるとされ贈与税や譲渡所得税が課税される可能性があります。

　なお、民法上、遺産分割協議は、遺産分割協議が調停・審判により成立した場合を除き、相続人全員が同意すれば、いつでも何度でもやり直すことができると規定されています（民法907条1項）。このため、遺言書と異なる遺産分割協議をいつまでにしなければならないという規定はありません。しかし、税法上は租税債権の早期確定という目的のため、原則として遺産分割協議のやり直しは認めていません。例外として遺産分割協議のやり直しができるのは、相続人全員が参加していなかった、合意に至る過程で脅迫があったなど、遺産分割協議の成立について問題があった場合のみです。この考え方からすると、遺言書と異なる遺産分割協議を行うのは、相続税の申告期限前である必要があると考えられます。

　また、相続人であれば遺言書の内容をいったん白紙とし、遺言書に書かれていない財産を取得したとしても問題はありませんが、相続人以外の受遺者は違います。相続人以外の受遺者は、本来なら財産を相続する権利を持ちませんが、遺言の効力によって財産を取得することができるため、特定の財産を遺贈する内容の遺言書であれば、その特定された財産しか取得することはできません。例えば、相続人ではない甲にA土地を遺贈するという遺言書があったとします。相続人らとの話し合いの結果、甲はA土地を受贈することを放棄して、B土地を取得するとします。この場合、甲はB土地を相続人から贈与により取得したことになるため相続税ではなく贈与税の申告をする必要があります。また、B土地については、相続人がいったん取得するため、その取得した相続人が相続税の申告をします。

☆Point
- □　一定の要件を満たせば、遺言書と異なる内容の遺産分割はできる。
- □　いったん遺言の内容で相続税の申告等が完了した後に財産の変動があるとされた場合は、贈与税や譲渡所得税が課税される。

第1　申告方法

> **参考**　国税庁ホームページ　タックスアンサー

◇No.4176　遺言書の内容と異なる遺産分割をした場合の相続税と贈与税

　特定の相続人に全部の遺産を与える旨の遺言書がある場合に、相続人全員で遺言書の内容と異なった遺産分割をしたときには、受遺者である相続人が遺贈を事実上放棄し、共同相続人間で遺産分割が行われたとみるのが相当です。したがって、各人の相続税の課税価格は、相続人全員で行われた分割協議の内容によることとなります。

　なお、受遺者である相続人から他の相続人に対して贈与があったものとして贈与税が課されることにはなりません。

（根拠法令等　相法11の2、民法907）

〔参考裁決〕

○国税不服審判所ホームページ（公表裁決事例）

遺産分割のやり直しが行われた場合の課税関係

（平成17年12月15日裁決・裁決事例集No.70・259頁）

　3　判断（抄）

　　遺産分割協議がいったん成立すると、相続開始時に遡って同協議に基づき相続人に分割した相続財産が確定的に帰属する。したがって、遺産分割協議をやり直して相続財産を再配分したとしても、当初の遺産分割協議に無効又は取り消し得べき原因がある場合等を除き、相続に基づき相続財産を取得したということはできない。そして、この場合、対価なく財産を取得したとすれば、贈与とみるほかはない。

　　亡Gの相続財産について、本件遺産分割が成立し、これに基づき相続財産の分配がされた後、遺産分割をやり直し、請求人が、本件錯誤登記により、亡Hの所有権等の移転を受けたことは、本件遺産分割に無効又は取り消し得べき原因等がなければ、贈与ということになる。

（下線は筆者）

問2　遺言書があるが相続人間の争いがある場合

> 次のように遺言書について相続人間で争いがある場合、どのように申告すればよいでしょうか。
> 1　父が書いた遺言書について形式的な要件は調っていますが、私は父が認知症になってから書いたものであるため内容について無効だと思っています。この場合、相続財産を未分割として相続税の申告をすればよいでしょうか。
> 2　父が書いた遺言書では、全ての財産を私に相続させると書かれています。法定相続人は私以外に弟が1人いますが、弟から私に遺留分を支払うよう請求があります。具体的な金額は決まっていませんが、相続財産の4分の1相当額の金銭については遺留分として弟に渡す必要があるため、財産から4分の1を減額して相続税の申告をすればよいでしょうか。

答

1　例えば自筆証書遺言は、日付がない、名前を自書していない、押印がないなどの場合は形式要件を満たしていなため無効です。しかし、その作成過程などの有効性に争いがあったとしても形式的に有効な遺言書がある場合、相続税の申告においては、その遺言書によりいったんは相続財産を取得したと考えます。遺言書について、無効確認の判決が確定すれば、判決により税額が減る相続人等については、確定したことを知った日の翌日から4か月以内に更正の請求をすることができます。また、税額が増える場合、新たに納付すべき税額があることとなった場合は、修正申告書や期限後申告書や提出することになります。

　本問のケースでは、形式的には有効な遺言書があるため、たとえその遺言が無効である旨の訴訟等を提起していたとしても、判決等で遺言の内容

第1 申告方法

は無効である等が確定するまでは、その遺言の内容で財産を取得したとして相続税の申告を行うこととなります。このため、未分割として申告することはできません。

2 相続税の法定申告期限までに遺留分侵害額の請求が行われていたとしても支払う金額が確定していない場合は、遺言書の内容に基づいて相続財産を取得したとして相続税の申告を行い、遺留分の金額については減額できません。遺留分侵害額の請求に基づき支払う金額が確定した場合は、確定したことを知った日の翌日から4か月以内に更正の請求をすることになります（相続税法32条1項3号）。また、遺留分侵害額の請求に基づき金銭を受取る者は、税額が増える場合、又は新たに納付すべき税額があることとなった場合は、修正申告書や期限後申告書を提出することになります。

　本問のケースでは、遺留分の請求があり、支払う意思があったとしても、その金額が確定していないため相続財産から減額することはできず、いったんは遺言書に基づき、全ての財産を取得するとして申告書を提出します。後日、遺留分の金額が確定すれば、確定したことを知った日の翌日から4か月以内に更正の請求を行います。なお、遺留分の金額を算定する基準は時価であり、生前に行われた贈与（相続税の申告において相続財産に加算されない財産を含む）なども金額算定の基礎とされる場合がありますので、相続税の申告上の相続財産の4分の1が遺留分の金額になるとは限りません。また、相手方である弟については、遺留分の金額が確定しない間は、相続財産を取得していないので申告を行う必要はありません。遺留分の金額が確定すれば、期限後申告を行うことができますが、この場合、加算税や延滞税は賦課されません。

☆Point
- □ 遺言書の作成過程でその有効性に疑義があったとしても、形式的に有効な遺言書の場合は、判決等で無効等の内容が確定するまでは、その遺言の内容で相続税の申告を行う。
- □ 相続税の申告期限までに遺留分侵害額の請求があったとしても、具体的な金額が確定していなければ、遺言書の内容で相続税の申告を行う。

問2 遺言書があるが相続人間の争いがある場合

〔参考法令〕
○**相続税法**（昭和25年3月法律第73号）
（未分割遺産に対する課税）
第55条 相続若しくは包括遺贈により取得した財産に係る相続税について申告書を提出する場合又は当該財産に係る相続税について更正若しくは決定をする場合において、当該相続又は包括遺贈により取得した財産の全部又は一部が共同相続人又は包括受遺者によつてまだ分割されていないときは、その分割されていない財産については、各共同相続人又は包括受遺者が民法（第904条の2（寄与分）を除く。）の規定による相続分又は包括遺贈の割合に従つて当該財産を取得したものとしてその課税価格を計算するものとする。ただし、その後において当該財産の分割があり、当該共同相続人又は包括受遺者が当該分割により取得した財産に係る課税価格が当該相続分又は包括遺贈の割合に従つて計算された課税価格と異なることとなつた場合においては、当該分割により取得した財産に係る課税価格を基礎として、納税義務者において申告書を提出し、若しくは第32条第1項に規定する更正の請求をし、又は税務署長において更正若しくは決定をすることを妨げない。

（更正の請求の特則）
第32条 相続税又は贈与税について申告書を提出した者又は決定を受けた者は、次の各号のいずれかに該当する事由により当該申告又は決定に係る課税価格及び相続税額又は贈与税額（当該申告書を提出した後又は当該決定を受けた後修正申告書の提出又は更正があつた場合には、当該修正申告又は更正に係る課税価格及び相続税額又は贈与税額）が過大となつたときは、当該各号に規定する事由が生じたことを知つた日の翌日から4月以内に限り、納税地の所轄税務署長に対し、その課税価格及び相続税額又は贈与税額につき更正の請求（国税通則法第23条第1項（更正の請求）の規定による更正の請求をいう。第33条の2において同じ。）をすることができる。
一・二　省略

第1　申告方法

　　三　遺留分侵害額の請求に基づき支払うべき金銭の額が確定したこと。
　　四・五　省略
　　六　前各号に規定する事由に準ずるものとして政令で定める事由が生じたこと。
　（以下省略）

○相続税法施行令（昭和25年3月政令第71号）
　（更正の請求の対象となる事由）
　第8条　省略
　2　法第32条第1項第6号に規定する政令で定める事由は、次に掲げる事由とする。
　　一　相続若しくは遺贈又は贈与により取得した財産についての権利の帰属に関する訴えについての判決があつたこと。
　（以下省略）

〔参考通達〕
　○相続税法基本通達（昭和34年1月28日直資10）
　　（裁判確定前の相続分）
　　11の2－4　相続税の申告書を提出する時又は課税価格及び相続税額を更正し、若しくは決定する時において、まだ法第32条第1項第2号、同項第3号、法施行令第8条第2項第1号又は第2号に掲げる事由が未確定の場合には、当該事由がないものとした場合における各相続人の相続分を基礎として課税価格を計算することに取り扱うものとする。

〔参考裁決〕
　○国税不服審判所ホームページ（公表裁決事例）
　　遺贈に対して遺留分による減殺請求がなされている場合の受遺者の課税価格の計算

問2　遺言書があるが相続人間の争いがある場合

（平成 12 年 6 月 23 日裁決・裁決事例集 No.59・262 頁）
　《要旨》
1．［1］請求人は、平成 9 年 8 月 20 日、家庭裁判所の遺言の検認の際、「遺言書の筆跡は、遺言者のものだと思います。名下等の印影も、遺言者が使用していた印章によるものに間違いありません。」と陳述していること、［2］請求人は、本件遺言に係る遺贈の放棄をしておらず、他の相続人からされている遺言無効及び相続欠格の主張を争っていること、［3］本件遺言の効力及び相続欠格事由の有無については、他の相続人から裁判外において主張されているにすぎず、訴え等の提起はされていないことを考慮すれば現時点においては本件遺言は有効であり請求人は相続欠格者でないことを前提として、その課税関係を判断するのが相当である。
2．遺留分減殺請求がなされていても、各共同相続人の取得財産の範囲が具体的に確定するまでは、その<u>遺留分減殺請求がなかったものとして課税価格を計算するのが相当</u>であると解され、そのように解しても、取得財産の範囲が具体的に確定した際には、相続税法第 32 条の更正の請求、同法第 30 条又は第 31 条の期限後申告又は修正申告、同法第 35 条の更正等による是正手段がある以上、不都合はない。

（下線は筆者）

第1　申告方法

問3　遺言書があるが相続人間の争いがある場合の小規模宅地の適用

　死亡した父の遺言書には、A不動産は私に相続させ、B不動産は弟に相続させると書かれていました。不動産はその2つで、どちらも貸付用の共同住宅が建っています。土地の面積は、いずれも300㎡くらいあります。預金等、他の財産については遺言書に記載はなく、遺産分割協議を行う必要がありますが、弟とは以前から折り合いが悪く、話し合いができません。弁護士を入れて協議を行っていますが、相続税の申告期限までに協議はまとまりそうにありません。小規模宅地の特例の適用についても、どの部分を適用するか話し合いができていません。財産が一部未分割であるため、小規模宅地の特例ついては、「申告期限後3年以内の分割見込書」をつけて相続税の申告を行い、預金等の遺産分割協議と並行してどの部分を小規模宅地の特例の適用をするか話し合い、遺産分割協議が調った後で、更正の請求や修正申告を行う際に小規模宅地の特例も適用しようと考えていますが、それで問題ないでしょうか。

答

　預金等の財産の分割協議ができていなかったとしても、土地については遺言で取得者が決まっています。「申告期限後3年以内の分割見込書」を提出し、後日、小規模宅地の特例が適用できるのは、小規模宅地を適用する土地が未分割である場合のみです。本問では、不動産についてはいずれも取得者が遺言で決まっており、未分割の状態にありません。このため、他の財産が未分割で、小規模宅地の特例についてどの部分を適用するか話し合いができないという理由で、「申告期限後3年以内の分割見込書」を提出したとしても、後日、小規模宅地の特例の適用はできません。期限内申告書を提出する際に、小規模宅地の特例についての記載がなければ、申告期限後の更正の請

問3　遺言書があるが相続人間の争いがある場合の小規模宅地の適用

求等では適用は受けられないこととなります。

なお、どの部分について小規模宅地の特例の適用を受けるかの合意については、「相続税の申告書第11・11の2表の付表1」に記載欄がありますが、単に相続人の名前を記載するのみで押印等の必要もありません。相続税の申告書を共同で提出する場合は問題がないでしょうが、本問のようなケースだと、それぞれ別に申告書を提出する可能性も高いでしょう。小規模宅地の特例適用について内容が異なっていれば、合意ができていないことになり、いずれの申告書でも小規模宅地の特例の適用が認められない可能性があります。このため、決まった書式はありませんが、小規模宅地の特例について、どの部分を適用するかの合意書を作成し、小規模宅地の特例が受けられる可能性のある相続人全員の署名をもらっておいた方がよいと思います。なお、小規模宅地の特例が受けられる可能性のある未分割の土地が一つでもあれば、その土地は全ての相続人が取得する可能性があるため、相続人全員の合意が必要となります。

本問のケースでは、それぞれ $100 m^2$ ずつを小規模宅地の特例の適用対象とする合意を行い、当初申告で特例適用をすることが現実的な対応でしょう。

☆Point
□　遺言で小規模宅地の特例が受けられる不動産の取得者が決まっているがどの不動産で小規模宅地の特例を受けるか決まっていない場合は、「申告期限後3年以内の分割見込書」を提出しても申告期限後に小規模宅地の特例の適用は受けられない。
□　小規模宅地の特例の適用について、任意の同意書を作成し、小規模宅地の特例が受けられる不動産を取得した相続人全員の署名をもらっておくことがよい。

〔参考法令〕
○租税特別措置法（昭和32年3月法律第26号）
　（小規模宅地等についての相続税の課税価格の計算の特例）
　第69条の4　省略

第1 申告方法

　　2〜3 省略
　4　第1項の規定は、同項の相続又は遺贈に係る相続税法第27条の規定による申告書の提出期限（以下この項において「申告期限」という。）までに共同相続人又は包括受遺者によつて<u>分割されていない特例対象宅地等については、適用しない。</u>ただし、その<u>分割されていない特例対象宅地等が申告期限から3年以内</u>（当該期間が経過するまでの間に当該特例対象宅地等が分割されなかつたことにつき、当該相続又は遺贈に関し訴えの提起がされたことその他の政令で定めるやむを得ない事情がある場合において、政令で定めるところにより納税地の所轄税務署長の承認を受けたときは、当該特例対象宅地等の分割ができることとなつた日として政令で定める日の翌日から4月以内）<u>に分割された場合</u>（当該相続又は遺贈により財産を取得した者が次条第1項の規定の適用を受けている場合を除く。）<u>には、その分割された当該特例対象宅地等については、この限りでない。</u>

（下線は筆者）

問4　被相続人の死亡時期が分からない場合の相続開始日と申告期限

　叔父が先日死亡しましたが、私は生前の叔父とは親交がなく、何年も会っていません。また、叔父は一人で住んでいたため、死亡したことの発見が遅れました。除籍謄本には、「推定令和6年12月1日から15日までの間に死亡」と記載されています。また、相続人は私だけですが、相続人の確認に時間がかかったようで、私に連絡がきたのが令和7年1月10日でした。このような場合、私はいつまでに相続税の申告を行わなければならないのでしょうか。また、相続開始日は、いつになり、預金の申告や土地の評価などは、いつ時点のもので行うのでしょうか。

答

　まず、相続税の申告期限は、相続があったことを知った日の翌日から10か月以内です。通常は、死亡の日＝相続開始を知った日となりますが、本問のような孤独死の場合などでは、死亡の日＝相続開始を知った日とはなりません。本問の相続人は、令和7年1月10日に被相続人が死亡したことを知ったので、申告期限は令和7年11月10日となります。なお、相続税の申告書には、相続開始を知った日を記載する欄がありませんので、死亡日と相続開始を知った日が異なる場合は、相続開始日を記載し、相続開始を知った日が死亡日と異なる理由、経緯などを、任意の用紙に書いて提出した方がよいでしょう。相続税の申告期限だけではなく、更正の請求書が提出できる期限や延滞税の計算日も異なってくるため、仮に相続開始日から10か月以内に申告書を提出する場合でも、そのような対応をとった方がよいと思います。

　次に相続開始日ですが、孤独死や何らかの事件等に巻き込まれて死亡した場合は、実際の死亡日がはっきりとしない場合があります。除籍謄本には、「令和○年○日から○日までの間」や「令和○年○月頃」と書かれている場

第1　申告方法

合があります。このようなケースでは、相続開始日は除籍謄本に記載されている日付で最も遅い日となります。このため、本問のケースでは、令和6年12月15日が相続開始日となり、「相続税の申告書第1表」の相続開始年月日には、令和6年12月15日と記載します。仮に令和6年12月頃死亡と記載されていれば、相続開始年月日は令和6年12月31日となります。死亡日は明確には分かりませんが、生存していた可能性がある以上、最も遅い日を相続開始日と推定することになります。

　金融機関での残高証明をとる場合も、この相続開始日の残高で請求することとなります。また、本問では、相続開始日と相続開始を知った日が年をまたいでいますが、相続開始日は令和6年中であるため、不動産などがある場合の評価は、令和6年分で評価します。このため、使用する固定資産税評価証明書や路線価図、倍率表などは、令和6年分のものを使用します。

　「相続税の申告書第1表」の相続開始年月日に、令和7年1月10日と誤って記載し、令和7年分で土地等の評価を行わないように注意することが必要です。

☆Point
- □ 死亡の日と相続開始を知った日が異なる場合、相続税の申告書には「相続開始日」を記載し、別途「相続開始を知った日」について記載した用紙を提出する。
- □ 相続開始日と相続開始を知った日が年をまたいでいる場合、路線価図等は相続開始日の年分のものを使用する。

問5 遺産分割確定による更正の請求の期限

　相続税の申告について、申告期限内に遺産分割協議ができなかったため未分割で申告書を提出しています。弁護士から税理士である私に、遺産分割の和解が成立し、遺産の分配ができたと連絡がありました。時系列で示すと、以下のとおりです。
　　令和2年9月　　被相続人死亡。相続人は、妻及び子ども3名。
　　令和3年7月　　未分割で相続税の申告書を提出。「申告期限後3年以内の分割見込書」も提出。
　　令和6年1月　　遺産分割協議成立。
　　令和6年6月　　弁護士による各相続人に対する遺産の分配終了。弁護士から分割協議成立の連絡あり。
　この場合、更正の請求によって、配偶者の税額の軽減及び小規模宅地の特例は受けられるでしょうか。

答

　遺産が未分割の状態で提出していた相続税の申告書について、遺産分割協議が成立したことによる更正の請求ができる期間は、分割協議成立を知った日の翌日から4か月以内（相続税法第32条第1項第1号）です。相続人が分割協議成立を知った日は、その合意した日です。本問では、令和6年1月に分割協議が成立していますが、税理士に連絡が来た時点で4か月を経過しており、期限徒過により相続税法第32条による更正の請求をすることはできません。このため、更正の請求により小規模宅地の特例を受けることはできません。

　更正の請求ができる場合として、遺産分割協議の成立、遺留分の支払いの確定、相続人の認知など相続税特有の理由による相続税法第32条の規定のほかに、全ての税目共通の規定である国税通則法第23条第1項の規定があ

第1 申告方法

ります。相続税法第32条による更正の請求が行える期間は、その事由が生じたことを知った日の翌日から4か月以内ですが、国税通則法第23条第1項の更正の請求が行える期間は、法定申告期限から5年以内です。本問では、令和3年7月が法定申告期限であるため、税理士が連絡を受けた時点で法定申告期限から5年が経過していないため、国税通則法第23条第1項により更正の請求ができるのでは、という考えを持つ方もいるでしょう。しかし、国税通則法第23条第1項が適用できる場合として規定されているのは、「当該申告書に記載した課税標準等若しくは税額等の計算が国税に関する法律の規定に従つていなかつたこと又は当該計算に誤りがあつたこと」です。遺産分割協議ができていなかったため、未分割で相続税の申告をし、小規模宅地の特例を適用していなかったことは、相続税法の規定に従った申告方法であるため国税通則法第23条第1項が適用できる場合に該当せず、国税通則法第23条第1項による更正の請求はできないこととなります。

　一方、配偶者の税額の軽減については取扱いが異なります。配偶者の税額の軽減に関しては、平成23年の税制改正で当初申告要件が廃止されており、相続税法第19条の2第3項、相続税法基本通達32－2でも国税通則法第23条第1項による更正の請求が可能なことが明記されているため、法定申告期限5年以内であれば更正の請求をすることが可能です。このため、相続税法第32条では更正の請求は行えませんが、国税通則法第23条第1項に基づく更正の請求書を提出し適用を受けることが可能です。

　なお、遺産の取得割合が変わったことにより、税額が減る相続人が出ることも考えられますが、これについては相続税法第32条でのみ対応が可能であるため、期限徒過により更正の請求はできません。

　また、遺産分割の調停等を行う場合、全ての財産の分割を同時に決めない場合もあります。例えば、不動産の分割についてはある程度合意できているが、預貯金等については名義預金や生前贈与などの範囲について争いがあり合意ができない場合などです。このようなケースで不動産について未分割だと不動産の有効利用が図れないため、不動産のみ先行して分割協議を行う場合があります。小規模宅地の特例の更正の請求は、適用する宅地の分割が決まってから4か月以内であるため、預金等の分割が確定した時点では更正の

請求期限が徒過する可能性があります。遺産分割確定による更正の請求については、連絡が遅れたため適用できなかったということをよく聞きます。このようなことがないように、事前に弁護士や相続人等の納税者に、十分に説明しておく必要があるでしょう。

☆Point
□ 配偶者の税額の軽減と小規模宅地の特例とでは、遺産分割確定後の更正の請求期限の取扱いが異なる。

〔参考法令〕
○**相続税法**（昭和25年3月法律第73号）
（更正の請求の特則）
第32条 相続税又は贈与税について申告書を提出した者又は決定を受けた者は、次の各号のいずれかに該当する事由により当該申告又は決定に係る課税価格及び相続税額又は贈与税額（当該申告書を提出した後又は当該決定を受けた後修正申告書の提出又は更正があつた場合には、当該修正申告又は更正に係る課税価格及び相続税額又は贈与税額）が過大となつたときは、<u>当該各号に規定する事由が生じたことを知つた日の翌日から4月以内に限り</u>、納税地の所轄税務署長に対し、その課税価格及び相続税額又は贈与税額につき<u>更正の請求</u>（国税通則法第23条第1項（更正の請求）の規定による更正の請求をいう。第33条の2において同じ。）<u>をすることができる。</u>

一　第55条の規定により<u>分割されていない財産について民法（第904条の2（寄与分）を除く。）の規定による相続分</u>又は包括遺贈の割合に従つて課税価格が計算されていた場合において、その後当該財産の分割が行われ、共同相続人又は包括受遺者が当該分割により取得した財産に係る課税価格が当該相続分又は包括遺贈の割合に従つて計算された課税価格と異なることとなつたこと。

（以下省略）

（配偶者に対する相続税額の軽減）
第19条の2　被相続人の配偶者が当該被相続人からの相続又は遺贈に

第1　申告方法

　　　　より財産を取得した場合には、当該配偶者については、第1号に掲げる金額から第2号に掲げる金額を控除した残額があるときは、当該残額をもつてその納付すべき相続税額とし、第1号に掲げる金額が第2号に掲げる金額以下であるときは、その納付すべき相続税額は、ないものとする。
　　　一・二　省略
　　2　前項の相続又は遺贈に係る第27条の規定による申告書の提出期限（以下この項において「申告期限」という。）までに、当該相続又は遺贈により取得した財産の全部又は一部が共同相続人又は包括受遺者によつてまだ分割されていない場合における前項の規定の適用については、その分割されていない財産は、同項第2号ロの課税価格の計算の基礎とされる財産に含まれないものとする。ただし、その分割されていない財産が申告期限から3年以内（当該期間が経過するまでの間に当該財産が分割されなかつたことにつき、当該相続又は遺贈に関し訴えの提起がされたことその他の政令で定めるやむを得ない事情がある場合において、政令で定めるところにより納税地の所轄税務署長の承認を受けたときは、当該財産の分割ができることとなつた日として政令で定める日の翌日から4月以内）に分割された場合には、その分割された財産については、この限りでない。
　　3　第1項の規定は、第27条の規定による申告書（当該申告書に係る期限後申告書及びこれらの申告書に係る修正申告書を含む。第5項において同じ。）又は国税通則法第23条第3項（更正の請求）に規定する更正請求書に、第1項の規定の適用を受ける旨及び同項各号に掲げる金額の計算に関する明細の記載をした書類その他の財務省令で定める書類の添付がある場合に限り、適用する。
（以下省略）

○**国税通則法**（昭和37年4月法律第66号）
　　（更正の請求）
　　第23条　納税申告書を提出した者は、次の各号のいずれかに該当する

場合には、当該申告書に係る国税の法定申告期限から5年（第2号に掲げる場合のうち法人税に係る場合については、10年）以内に限り、税務署長に対し、その申告に係る課税標準等又は税額等（当該課税標準等又は税額等に関し次条又は第26条（再更正）の規定による更正（以下この条において「更正」という。）があつた場合には、当該更正後の課税標準等又は税額等）につき更正をすべき旨の請求をすることができる。

一　当該申告書に記載した課税標準等若しくは税額等の計算が国税に関する法律の規定に従つていなかつたこと又は当該計算に誤りがあつたことにより、当該申告書の提出により納付すべき税額（当該税額に関し更正があつた場合には、当該更正後の税額）が過大であるとき。

二・三　省略

（以下省略）

〔参考通達〕

○相続税法基本通達（昭和34年1月28日直資10）

（法第19条の2第2項ただし書の規定に該当したことによる更正の請求の期限）

32－2　法第19条の2第2項ただし書の規定に該当したことにより、同項の分割が行われた時以後においてその分割により取得した財産に係る課税価格又は同条第1項の規定を適用して計算した相続税額が当該分割の行われた時前において確定していた課税価格又は相続税額と異なることとなつたときは、法第32条第1項の規定による更正の請求のほか通則法第23条の規定による更正の請求もできるので、その更正の請求の期限は、当該分割が行われた日から4月を経過する日と法第27条第1項に規定する申告書の提出期限から5年を経過する日とのいずれか遅い日となるのであるから留意する。

第1　申告方法

〔参考裁決1〕

　　請求人は、相法第32条に規定する「更正の請求のできる事由が生じたことを知った日」は、本件和解調書を当事者が送達を受けた日であるから、送達日の翌日から4か月以内に行った本件更正の請求は適法である旨主張する。しかしながら、<u>相法第32条に規定する「事由が生じたことを知った日」は、当事者が合意して和解が成立した日</u>と解すべきであり、本件更正の請求は期限後になされた不適法なものである。（平10. 8. 6沖裁（諸）平10-1・国税不服審判所裁決要旨検索システム）

〔参考裁決2〕

　　請求人らは、租税特別措置法第69条の4《小規模宅地等についての相続税の課税価格の計算の特例》第4項ただし書にある「特例対象宅地等が申告期限から3年以内に分割された」というのは、「全ての相続財産が申告期限から3年以内に分割された」と解釈して、相続税法第32条《更正の請求の特則》第1項の更正の請求を認めるべきであるから、本件の各更正の請求（本件各更正請求）は、相続税法第32条第1項所定の期限内にされたものである旨主張する。しかしながら、請求人らによって、租税特別措置法第69条の4第1項の規定による特例（本件特例）の対象とした土地（本件土地）は、遺産分割協議書の作成日付の日において遺産分割がされたものと認められるところ、本件各更正請求は、本件特例対象宅地等の価額の計算における本件特例の適用について、申告の時点では未分割であったが、本件土地の遺産分割により「申告期限から3年以内に分割された場合」に該当したことによりされたものであるから、相続税法第32条第1項第1号及び第8号に規定する課税価格及び相続税額が異なることとなったことを知った日についても、本件土地の遺産分割の日であるというべきであり、本件特例の適用についてされる<u>相続税法第32条第1項に規定する更正の請求は、本件土地の遺産分割の日の翌日から4月以内にしたものに限られる</u>こととなり、請求人らは、これをしなかったものであるから、その後にされた本件各更正請求が相続税法第32条第1項所定の期限内にされたものに該当することはない。（令3. 6. 22 東裁

問5　遺産分割確定による更正の請求の期限

（諸）令2-97・国税不服審判所裁決要旨検索システム）

（下線は筆者）

第1　申告方法

問6　被相続人が外国人（日本に永住）の相続税の申告

> 相続税の申告の依頼を受けましたが、被相続人の国籍は韓国です。被相続人及び相続人は10年以上前に来日し、その後日本に住んでいたため無制限納税義務者となります。ところで、韓国での法定相続分は日本と異なっているようですが、相続税の税額の計算を行う場合の法定相続分は、韓国の法律の割合により行うのでしょうか。また、遺産分割が法定相続期限までに確定していないため未分割で申告しますが、この場合の法定相続分も韓国の法律の割合で行うのでしょうか。

答

　法定相続人や法定相続分は、各国の法律等によって規定されているため、法定相続人の範囲や法定相続分が日本とは違う国も多くあります。例えば韓国の場合、配偶者と子どもが相続人となる場合、配偶者の法定相続分は子どもの相続分の1.5倍です。子どもが1人の場合、日本では法定相続分は配偶者も子どもも1/2ずつですが、韓国の場合は、配偶者3/5、子ども2/5となり配偶者の持分が多くなります。逆に、子どもが3人いると、日本は配偶者1/2、子ども1/6ずつですが、韓国の場合、配偶者3/9、子ども2/9ずつで子どもが多くなるほど配偶者の相続分は少なくなっていきます。

　しかし、相続税法において、基礎控除額や全体の相続税額の計算における相続人数や法定相続分については、外国人であっても日本の民法の規定が適用されます。

　相続税法第15条には遺産に係る基礎控除の規定がありますが、第2項に「前項の相続人の数は、同項に規定する被相続人の民法第5編第2章（相続人）の規定による相続人の数とする。」と定められています。同様に、相続税法第16条の相続税の総額でも、「前条第2項に規定する相続人の数に応じた相続人が民法第900条（法定相続分）及び第901条（代襲相続人の相続

分）の規定による相続分に応じて取得したものとした場合におけるその各取得金額につきそれぞれその金額を次の表の上欄に掲げる金額に区分してそれぞれの金額に同表の下欄に掲げる税率を乗じて計算した金額を合計した金額とする。」と定められており、被相続人が外国人であっても、相続税の計算上は、日本の民法の規定による法定相続人及び法定相続分で計算するとなっています。

このため、本問では被相続人の国籍は韓国ですが、日本の民法による相続人及び法定相続割合で相続税額の計算を行います。

しかし、実際に相続する割合について相続人間で争いがある場合等に適用される法律は、被相続人の国籍がある国の法律によります。遺産が未分割の申告の規定である、相続税法第55条には「民法の規定による相続分又は包括遺贈の割合に従つて当該財産を取得したものとしてその課税価格を計算する」とあり、日本の民法で計算するのでは、と思ってしまいますが、ここでは、法に関する通則法第36条が適用され、外国人はその本国法による相続人及び相続分で計算します。法に関する通則法第36条には「相続は、被相続人の本国法による。」と規定されているためです。遺産が未分割の場合の申告は、法定相続分によって分割されたものとして仮申告しますが、この場合の法定相続分については、外国人の場合、被相続人の本国法によることになります。相続税の総額の計算は、税金の計算のための規定であるため、どの国の被相続人も日本の民法が適用されますが、未分割の場合の申告では、支払税額の計算であるため、実際の相続分を前提とした計算になると考えられます。

以上のことから、本問の被相続人の国籍は韓国であるため、未分割である場合の申告においては、各人の支払い税額については、韓国の法律による法定相続分で分割したとして当初申告を行うことになります。

☆Point

- □ 被相続人が外国人の場合でも、相続税の総額の計算は、日本の民法の規定に従った相続人及び相続分で行う。
- □ 被相続人が外国人の場合で、未分割の申告の際の各人の課税価格の計算は、被相続人の本国法の規定により行う。

第1　申告方法

> **参考**　国税庁ホームページ　質疑応答事例

◇被相続人が外国人である場合の未分割遺産に対する課税

【照会要旨】

　外国人が死亡した場合における相続税の総額の計算は、日本の民法の規定による相続人及び相続分を基として計算することとしていますが、各人の課税価格を計算する場合において、遺産が未分割のときは、日本の民法の規定による相続人及び相続分を基として計算するのか又は本国法の規定による相続人及び相続分を基として計算するのかいずれによりますか。

【回答要旨】

　法の適用に関する通則法第36条により相続は被相続人の本国法によることとされていますから、被相続人の本国法の規定による相続人及び相続分を基として計算することとなります。

【関係法令通達】

　法の適用に関する通則法第36条
　相続税法第55条

〔参考法令〕

　○**法の適用に関する通則法**（平成18年6月法律第78号）

　　（趣旨）

　　第1条　この法律は、法の適用に関する通則について定めるものとする。

　　（相続）

　　第36条　相続は、被相続人の本国法による。

　○**相続税法**（昭和25年3月法律第73号）

　　（遺産に係る基礎控除）

　　第15条　相続税の総額を計算する場合においては、同一の被相続人から相続又は遺贈により財産を取得した全ての者に係る相続税の課税価格（第19条の規定の適用がある場合には、同条の規定により相続税の課税価格とみなされた金額。次条から第18条まで及び第19条の

2において同じ。）の合計額から、3,000万円と600万円に当該被相続人の相続人の数を乗じて算出した金額との合計額（以下「遺産に係る基礎控除額」という。）を控除する。

2　前項の相続人の数は、同項に規定する被相続人の<u>民法第5編第2章（相続人）の規定による相続人の数</u>（当該被相続人に養子がある場合の当該相続人の数に算入する当該被相続人の養子の数は、次の各号に掲げる場合の区分に応じ当該各号に定める養子の数に限るものとし、相続の放棄があつた場合には、その放棄がなかつたものとした場合における相続人の数<u>とする</u>。）とする。

（以下省略）

（相続税の総額）

第16条　相続税の総額は、同一の被相続人から相続又は遺贈により財産を取得した全ての者に係る相続税の課税価格に相当する金額の合計額からその遺産に係る基礎控除額を控除した残額を当該被相続人の前条第2項に規定する相続人の数に応じた相続人が<u>民法第900条（法定相続分）及び第901条（代襲相続人の相続分）の規定による相続分に応じて取得したものとした</u>場合におけるその各取得金額（当該相続人が、一人である場合又はない場合には、当該控除した残額）につきそれぞれその金額を次の表の上欄に掲げる金額に区分してそれぞれの金額に同表の下欄に掲げる税率を乗じて計算した金額を合計した金額とする。

（以下省略）

（下線は筆者）

第1　申告方法

問7　特別寄与料を受け取った場合の相続税の申告

　夫の母親が先日亡くなりました。義母の相続人は、夫と夫の妹の2人でしたが、夫は義母が亡くなる前に亡くなっています。私たちには子どもがおらず、夫の代襲相続人はいません。夫が亡くなってからも私は義母と同居し、自宅で義母の介護を長年行っていました。遺言はなかったのですが、義母を介護したことについて弁護士を通して夫の妹と協議した結果、相続開始から1年後に、相続財産から1,000万円を特別寄与料として受け取ることが決まりました。また、同居していたのが私であったため、葬式の手配も私が行い、葬式費用の200万円については私が負担しています。私は相続人ではありませんが、この場合どのように相続税の申告をしたらよいのでしょうか。

答

　特別寄与者が特別寄与料を受け取ることが確定した場合は、その金銭は遺贈により取得したものとみなされ、相続税の課税対象となります。特別寄与料を受け取ることが確定したことによって新たに相続税の申告が必要となる者は、確定したことを知った日の翌日から10か月以内に相続税の申告書を提出する必要があります（相続税法4条2項）。また、相続人でも包括受遺者でもない特別寄与者が支払った葬式費用は相続税の課税価格から控除できません。しかし、葬式費用については、相続税法基本通達4-3により特別寄与料から控除するとの規定があり、葬式費用を控除した後の価額をもって相続税の課税財産となる特別寄与料の額とします。

　このため、特別寄与料を受け取ることが確定したことを知った日の翌日から10か月以内に、相続財産800万円を取得したとする相続税の申告書を提出することになります。なお、特別寄与料を受け取る特別寄与者についても、相続開始前7年以内（令和6年現在は3年以内）の贈与財産について相

続財産への加算が必要であるため、生前に贈与を受けていれば相続財産に加算する必要があります（相続税法基本通達4－4）。

また、特別寄与料を支払った相続人は、負担した金額を債務控除として相続財産から減額することができます（相続税法13条4項）。特別寄与料を支払うことが確定した相続人は、確定したことを知った日の翌日から4か月以内に更正の請求をすることができます。特別寄与料を受け取った者と支払った者で手続きの期限が異なり、特別寄与料を支払った相続人は、4か月を過ぎると相続税を減額するための更正の請求ができなくなるため期限には注意が必要です。

☆Point
- □ 特別寄与料を受け取ることが確定したことを知った日の翌日から10か月以内に特別寄与者は相続税の申告書を提出しなければならない。
- □ 特別寄与者が葬式費用を負担した場合は、特別寄与料から控除する。
- □ 特別寄与料を支払った相続人は、特別寄与料が確定したことを知った日の翌日から4か月以内に更正の請求をすることができる。

〔参考法令〕
○**民法**（明治29年4月法律第89号）
　（特別の寄与）
　第1050条　被相続人に対して無償で療養看護その他の労務の提供をしたことにより被相続人の財産の維持又は増加について特別の寄与をした被相続人の親族（相続人、相続の放棄をした者及び第891条の規定に該当し又は廃除によってその相続権を失った者を除く。以下この条において「特別寄与者」という。）は、相続の開始後、相続人に対し、特別寄与者の寄与に応じた額の金銭（以下この条において「特別寄与料」という。）の支払を請求することができる。
　2　前項の規定による特別寄与料の支払について、当事者間に協議が調わないとき、又は協議をすることができないときは、特別寄与者は、家庭裁判所に対し協議に代わる処分を請求することができる。ただし、特別寄与者が相続の開始及び相続人を知った時から6箇月を経

第 1　申告方法

　　　　過したとき、又は相続開始の時から 1 年を経過したときは、この限りでない。
　　　3　前項本文の場合には、家庭裁判所は、寄与の時期、方法及び程度、相続財産の額その他一切の事情を考慮して、特別寄与料の額を定める。
　　　4　特別寄与料の額は、被相続人が相続開始の時において有した財産の価額から遺贈の価額を控除した残額を超えることができない。
　　　5　相続人が数人ある場合には、各相続人は、特別寄与料の額に第 900 条から第 902 条までの規定により算定した当該相続人の相続分を乗じた額を負担する。

○**相続税法**（昭和 25 年 3 月法律第 73 号）
　　（遺贈により取得したものとみなす場合）
　　第 4 条　省略
　　2　特別寄与者が支払を受けるべき特別寄与料の額が確定した場合においては、<u>当該特別寄与者が、当該特別寄与料の額に相当する金額を当該特別寄与者による特別の寄与を受けた被相続人から遺贈により取得したものとみなす。</u>
　　（債務控除）
　　第 13 条　省略
　　2・3　省略
　　4　特別寄与者が支払を受けるべき特別寄与料の額が当該特別寄与者に係る課税価格に算入される場合においては、<u>当該特別寄与料を支払うべき相続人が相続又は遺贈により取得した財産については、当該相続人に係る課税価格に算入すべき価額は、当該財産の価額から当該特別寄与料の額のうちその者の負担に属する部分の金額を控除した金額による。</u>

〔参考通達〕
　○**相続税法基本通達**（昭和 34 年 1 月 28 日直資 10）

問7 特別寄与料を受け取った場合の相続税の申告

(相続財産法人から与えられた分与額等)

4－3 民法第958条の2の規定により相続財産の分与を受けた者が、当該相続財産に係る被相続人の葬式費用又は当該被相続人の療養看護のための入院費用等の金額で相続開始の際にまだ支払われていなかったものを支払った場合において、これらの金額を相続財産から別に受けていないとき又は同法第1050条の規定による支払いを受けるべき特別寄与料の額が確定した特別寄与者が、現実に当該被相続人の葬式費用を負担した場合には、分与を受けた金額又は特別寄与料の額からこれらの費用の金額を控除した価額をもって、当該分与された価額又は特別寄与料の額として取り扱う。

(分与財産等に加算する贈与財産)

4－4 民法第958条の2の規定により相続財産の分与を受けた者又は同法第1050条の規定による支払いを受けるべき特別寄与料の額が確定した特別寄与者が、19－2《法第19条第1項の規定の適用を受ける贈与》に定める加算対象期間内に被相続人から贈与により財産を取得したことがある場合においては、法第19条第1項の規定の適用があることに留意する。

(下線は筆者)

第1　申告方法

問8　契約者が孫（相続人以外）の生命保険料を被相続人が負担していた場合

> 被相続人は平成20年に、孫を契約者及び被保険者とする一時払いの生命保険に加入しました。保険期間は終身です。一時払いの保険料1,000万円は、被相続人が負担しましたが、贈与契約はなく、贈与税の申告もしていません。
>
> また、被相続人はこの孫に対して平成21年から毎年110万円を贈与していました。
>
> 令和6年に被相続人は死亡しましたが、上記生命保険に関する権利については、相続財産として遺産分割の対象とし、孫の父（被相続人の長男）が取得するとして申告して問題ないでしょうか。また、孫は相続人ではないため、生前贈与は相続税に加算しなくてもいいでしょうか

答

　孫を契約者とする生命保険に関する権利は、みなし相続財産となるため遺産分割の対象とはならず、契約者による孫が遺贈により取得したものとみなされます。このため、孫の父（被相続人の長男）が取得することはできません。また、孫は遺贈により財産を取得するため、相続開始前7年以内の贈与について、相続税に加算する必要があります（令和6年相続開始の場合は3年以内）。

　相続税法第3条第1項第3号には、相続開始の時において、まだ保険事故が発生していない生命保険契約で被相続人が保険料の全部を負担し、かつ、被相続人以外の者が当該生命保険契約の契約者であるものがある場合においては、当該生命保険契約の契約者について、当該契約に関する権利を遺贈により取得したものとみなす、との規定があります。本問に当てはめると、被相続人の死亡時において、保険事故（保険の満期や孫の死亡）は発生してお

問8 契約者が孫（相続人以外）の生命保険料を被相続人が負担していた場合

らず、保険料は被相続人が負担しており、保険の契約者は、被相続人ではなくその孫です。このため、相続税法第3条第1項第3号が適用され、当該保険に関する権利は、契約者である孫が遺贈により取得したものとみなされます。

この保険の権利は、相続財産とならないため、遺産分割の対象とすることはできず、孫の父（被相続人の長男）が相続により取得することはできません。

また、この孫が財産を遺贈により取得することになるため、相続税法第19条第1項の規定により、相続開始前7年以内に贈与を受けた財産については、相続財産に加算されます。なお、経過措置により、令和6年から8年の相続に関しては、加算する期間は3年以内となります（令和5年改正法附則19条2項）。

☆Point
□ 被相続人が保険料を負担していた契約者が孫の生命保険に関する権利は相続財産とならないため、相続人が相続により取得することはできない。

〔参考法令〕
○相続税法（昭和25年3月法律第73号）
（相続又は遺贈により取得したものとみなす場合）
第3条　次の各号のいずれかに該当する場合においては、当該各号に掲げる者が、当該各号に掲げる財産を相続又は遺贈により取得したものとみなす。この場合において、その者が相続人（相続を放棄した者及び相続権を失つた者を含まない。第15条、第16条、第19条の2第1項、第19条の3第1項、第19条の4第1項及び第63条の場合並びに「第15条第2項に規定する相続人の数」という場合を除き、以下同じ。）であるときは当該財産を相続により取得したものとみなし、その者が相続人以外の者であるときは当該財産を遺贈により取得したものとみなす。
一・二　省略

第1 申告方法

　　三　<u>相続開始の時において、まだ保険事故</u>（共済事故を含む。以下同じ。）<u>が発生していない生命保険契約</u>（一定期間内に保険事故が発生しなかつた場合において返還金その他これに準ずるものの支払がない生命保険契約を除く。）<u>で被相続人が保険料の全部又は一部を負担し、かつ、被相続人以外の者が当該生命保険契約の契約者であるものがある場合においては、当該生命保険契約の契約者について、当該契約に関する権利のうち被相続人が負担した保険料の金額の当該契約に係る保険料で当該相続開始の時までに払い込まれたものの全額に対する割合に相当する部分</u>

（以下省略）

（相続開始前7年以内に贈与があつた場合の相続税額）

第19条　<u>相続又は遺贈により財産を取得した者が当該相続の開始前7年以内に当該相続に係る被相続人から贈与により財産を取得したことがある場合においては</u>、その者については、<u>当該贈与により取得した財産</u>（第21条の2第1項から第3項まで、第21条の3及び第21条の4の規定により当該取得の日の属する年分の贈与税の課税価格計算の基礎に算入されるもの（特定贈与財産を除く。）に限る。以下この条及び第51条第2項において同じ。）（以下この項において「加算対象贈与財産」という。）の価額（加算対象贈与財産のうち当該相続の開始前3年以内に取得した財産以外の財産にあつては、当該財産の価額の合計額から100万円を控除した残額）<u>を相続税の課税価格に加算した価額を相続税の課税価格とみなし</u>、第15条から前条までの規定を適用して算出した金額（加算対象贈与財産の取得につき課せられた贈与税があるときは、当該金額から当該財産に係る贈与税の税額（第21条の8の規定による控除前の税額とし、延滞税、利子税、過少申告加算税、無申告加算税及び重加算税に相当する税額を除く。）として政令の定めるところにより計算した金額を控除した金額）をもつて、その納付すべき相続税額とする。

（下線は筆者）

コラム1　遺言書を書くに当たって注意すべきこと

　相続税の申告書を作成していると、以前に比べて遺言書があることが増えてきているなと思います。富裕層に対して銀行などが積極的に遺言書作成の営業をしていたり、子どもがいない方が特定の方に財産を渡したいと思うことが増えたりしてきたことが原因ではないでしょうか。

　税理士も遺言書を作成するに当たって意見を求められることがあります。では、どのような点に注意したらよいでしょうか。

　まず、遺言書を書く目的はいろいろありますが、主なものを挙げると、次の二つです。

　一つ目は、遺産の分割でもめないようにするためです。遺言書が無いと、相続人間で遺産分割協議をすることになりますが、相続人それぞれで遺産の分け方に対する考え方が違っていたり、そもそも相続人が不仲であったりすると、分割協議が難航し、場合によっては裁判にまで持ち込まれることがあります。遺言書があれば、原則として遺言書に書かれた内容で分割すればよく、このような争いが避けられます。

　二つ目は、特定の財産を、特定の者に相続させたいためです。例えば、会社を経営していて、長男が会社の経営を引き継いでいたとしても、遺言書がなければ、会社の株式や経営上不可欠な資産（本社の敷地など）を他の相続人が相続することがあります。こうなると、会社の経営が非常にやりにくくなる場合があります。このようなことを避けるためにも、遺言書は有効です。また、土地などの不動産は、相続後の有効活用のことを考えると共有で相続するのは避けた方がよいと思います。

　遺言書作成の主な目的が、「もめないこと」、「特定の財産を特定の人に渡すこと」だとすると、それに反する内容を含んだ遺言書は作成しない方がいいでしょう。

　兄弟姉妹には遺留分はありませんが、配偶者や子どもには遺留分があります。遺留分を侵害する遺言書があると、遺留分を侵害された相続人から遺留分侵害額請求が行われる可能性があります。遺留分侵害額請求が行われた場合、どこまでが相続財産か、相続財産の時価はいくらか、

コラム1　遺言書を書くに当たって注意すべきこと

生前贈与がなかったかなど争いとなる点が多くあり、もめないために作成された遺言書が原因で、もめ事が大きくなってしまう可能性があります。このため、遺留分を侵害する遺言書は、原則として作成しない方がよいでしょう。

次に、年配の方のなかには、相続人（例えば子ども）の権利は平等なのだから、財産も共有で相続すればよいという考え方を持っている方がいます。上場株式や預金などすぐに現金化できれば問題はないのですが、不動産を共有としたり、同族会社の株式を複数の相続人に相続させたりすると将来的に問題が生じることが多くあります。仲の良い兄弟姉妹で保有している間はよいのですが、従兄弟（従姉妹）や更にその下の世代に相続されると、ほとんど他人が持っているのと変わりがなくなってきます。そのため、共有の不動産が有効活用できなかったり、持ちたくもない同族株式を保有したり、逆に同族株式について高額での買取りを請求されたりします。このように将来に問題が生じる可能性を残さないためにも、不動産を共有としたり、同族会社の株式を複数の相続人に渡したりする場合は、そのようにしても将来的に問題が生じないか検討が必要だと考えます。

相続税の申告上の有利、不利からも遺言書の検討が必要です。小規模宅地の特例等、特定の相続人が相続していれば特例が使えて課税価格の減額などが受けられたのに、別の相続人に渡してしまったばかりに特例が使えないということがあります。相続税の多寡のみで分割を決めるのもよくはありませんが、相続人が納得できる形がとれるなら、相続税額は少ないに越したことはありません。このため、税制上の有利、不利の視点から遺言書作成に対してアドバイスができることもあります。

また、もめることが想定される相続人それぞれに小規模宅地の特例が適用できる物件を渡す内容とする遺言もできれば避けた方がよいでしょう。なぜなら、申告期限までにどの物件で小規模宅地の特例を適用するか相続人間で合意できなければ小規模宅地の特例を適用することができないからです。財産の分割は遺言で決まっているので、未分割のような延長申請もできません。仮に遺言書にどの物件で小規模宅地の特例を適用するかを書いたとしても、その内容は無効です。遺言書は財産の分配

コラム1 遺言書を書くに当たって注意すべきこと

について記載するもので、相続税の申告の仕方など、財産の分配以外の事柄を書いても効力がないからです。

　最後に、遺言書の作成については、被相続人の想いが一番重要ですが、相続人が納得できる遺言書であることも重要だと私は考えます。遺言書の内容によっては、財産の分配が平等でなかったり、欲しかった財産がもらえなかったりして相続人が不満を持つことがあります。そこから、相続人間のもめ事が生じるケースも多くあります。遺言書作成者には、そのような遺言書を書いた理由があるのでしょうが、相続人に話さなければその真意は伝わりません。場合によっては、遺言で不利な内容となっている相続人が、この遺言書は有利な内容となっている相続人が無理やり書かせた無効な遺言書ではないか、と思い、訴訟に発展することさえあります。このため、生前に遺言者から各相続人等に説明することが重要だと考えます。このような場合、私は、相続人など関係者を一同に集め、遺言書作成の意図を説明してもらっています。同時に聞いてもらうことが重要なのは、個別に説明すると内容が曖昧に伝わり、かえってもめごとの原因を作ることがあるからです。

　実際にあった事例ですが、子どもたちの歓心を買うため、相続人である子ども3人それぞれに、「私はお前をいちばん大切に思っているから、一番いい〇〇市の土地はお前に渡そうと思っている」と生前に言っておいて、遺言書を書かずに亡くなった方がいました。各相続人は、その土地を自分がもらえると思っていたので、遺産分割がまとまるまで相当な労力が必要でした。

　もめない相続、また、将来の問題も少ない相続が一番よいので、税理士としてもお手伝いできる部分は、関わっていければと考えています。

第2　納税義務者

問9　相続分の譲渡が行われている場合の申告

> 先日、父が亡くなりました。遺産の総額は、1億2,000万円程度あると思います。父の相続人は私と兄と弟の3人ですが、私は以前から兄との折り合いが悪く、遺産分割で兄と顔を合わせたくありません。このため、私の相続分を弟に譲ってしまいたいと考えています。無償で相続分を譲った場合、また相続分を1,000万円で譲った場合、それぞれどのような申告手続きが必要となるでしょうか。また、相続分を相続人ではない第三者に譲った場合はどうなるでしょうか。

答

　遺産分割を行う前に、自分の相続分を相続人や第三者に譲渡することは可能です。相続分を譲る理由としては、遺産分割の手続きの煩雑さから逃れたい、早期に自分の相続分を確定させたい、自分は相続財産を欲しくはないが特定の相続人に多く相続してほしい、などが考えられます。

　相続分の譲渡は、無償でも有償でもどちらでもできます。無償で行った場合は、相続放棄とよく似た結果となりますが、相続分を無償で譲渡しても相続放棄と異なり、被相続人の債務を継承する義務は無くならないので、その点には注意が必要です。

　相続分の譲渡は、相続人に対して行う場合が多いと思いますが、相続人以

第2　納税義務者

外の第三者に対して行うことも可能です。まずは、相続人に相続分を譲渡した場合を見ていきます。

　相続人に対して無償で相続分を譲渡した場合、相続分の譲渡者は相続財産について権利の主張ができなくなります。結果として、譲渡者は相続財産を取得しないこととなるため、相続税の申告は必要ありません。また、譲受者は自己の持分と譲り受けた持分に応じ遺産分割協議の際に相続財産について権利の主張ができます。遺産分割協議で取得する財産が決まれば、その内容に応じて相続税の申告をします。なお、相続税の法定申告期限までに、遺産の分割が決まらない場合、相続分の譲渡者は既に相続財産に対しての権利がないため申告は不要ですが、相続分の譲受者は自己の法定相続分と譲り受けた人の法定相続分の合計の相続分を持っていることになり、その割合で仮の申告を行うことになります。

　仮に質問者が相続放棄の手続きをすれば、本問の場合では、兄と弟の相続分は2分の1ずつとなりますが、質問者の相続分を弟に譲ると、兄の相続分は3分の1、弟の相続分は3分の2となります。分割協議がまとまらず、調停や裁判になればこの割合で財産取得の話し合いが行われるため、弟により多くの財産を取得してもらいたい場合などは、相続放棄をするより相続分を譲渡する方が有効です。なお、遺産分割の結果、財産を取得するのは相続人であるため、相続分の譲渡者、譲受者とも所得税、贈与税等の課税はありません。相続人間であれば、遺産分割の結果、特定の相続人が財産を多く取得したとしても、贈与税や譲渡所得税の課税の対象とならないのと同じ考え方からです。

　次に相続分を1,000万円で譲渡した場合を考えます。この場合、質問者の相続財産は1,000万円で確定するため、この金額で相続税の申告を行います。支払った弟は、代償金1,000万円を支払ったことと同様の扱いとなり、取得した財産から1,000万円を減額して申告を行うこととなります。この場合でも、所得税、贈与税等の課税はありません。なお、相続分の譲渡に際して、土地などの相続財産を相続税の評価額でなく、時価で算定し相続分の譲渡対価を算出している場合には、相続税法基本通達11の2—10の適用がある場合もあります。

更に、相続人以外の第三者に対して相続分を譲渡した場合ですが、相続人に相続持分を譲渡した場合とは、取扱いが異なります。相続人以外の個人へ無償で譲渡した場合、相続分を譲り受けた個人は相続人でなく相続税の納税義務者になり得ないため、相続税の申告をすることができません。このため、いったん相続分の譲渡者(本問の場合は質問者)が相続したものとして相続税の申告を行う必要があります。相続分の譲受者は、譲渡者から贈与により財産を取得したとして、贈与税の申告を行う必要があります。

有償で相続人以外の第三者に対して相続分を譲渡した場合は、無償の場合と同様に、いったん譲渡者(本問の場合は質問者)が相続したものとして譲渡者が相続税の申告を行う必要があります。その後、相続した財産を譲渡したとして、値上がり益がある財産である場合は、譲渡者に譲渡所得の課税が行われます。譲渡時期は、相続持分の譲渡が行われた時点です。取得費については相続により取得したものとして計算します。譲受者については、最終的に取得した財産に対して適正価格で持分を取得していれば贈与税の課税は発生しませんが、適正価格よりも低い金額で相続持分を取得していれば、贈与税の課税が発生します。

☆Point
- □ 相続分の譲渡は無償でも有償でも、また、相続人以外の第三者に対しても行うことができる。
- □ 相続人以外の第三者に対して無償で相続分を譲渡した場合、その相続分の譲受者に贈与税の申告義務が発生する。

〔参考法令〕

○**民法**(明治29年4月法律第89号)

(相続分の取戻権)

第905条 共同相続人の一人が遺産の分割前にその相続分を第三者に譲り渡したときは、他の共同相続人は、その価額及び費用を償還して、その相続分を譲り受けることができる。

2 省略

第2　納税義務者

〔参考判決〕
○平成5年5月28日最高三小判・平成元年（行ツ）第162号（一部抜粋）

　相続税法55条本文にいう<u>「相続分」には共同相続人間の譲渡に係る相続分が含まれる</u>とした点を含め、正当として是認することができる。原判決に所論の違法はない。

> **参考**　国税庁ホームページ　文書回答事例

◇「相続分の売買」を登記原因とする土地の所有権の移転の登記に係る登録免許税の租税特別措置法第72条の適用の可否について（平成22年3月31日）

平成22年3月29日　法務省民事局民事第二課長照会
平成22年3月31日　国税庁課税部審理室長回答

《1　照会の趣旨》

　民法第905条第1項は、「共同相続人の一人が遺産の分割前にその相続分を第三者に譲り渡したときは（後略）」と規定し、遺産分割前までは相続分の第三者への譲渡が認められています。また、相続人がその相続分を第三者に譲渡したときは、当該第三者は当該相続人が有していた相続分すなわち包括的な相続財産全体に対する持分あるいは法律的な地位を取得すると解されています。

　そのため、相続分の譲渡により相続人の法律的な地位を取得した第三者は、相続財産の管理はもちろん遺産分割の手続にも参加できることとなります。

　そして、登記手続においても、これを前提として、相続財産である不動産について、法定相続分による相続人への所有権の移転の登記（以下「共同相続の登記」という。）がされている場合において、遺産分割前に相続人から第三者への相続分の譲渡があったときは、「相続分の売買」又は「相続分の贈与」を登記原因として、相続分を譲渡した相続人から第三者への当該相続人の持分全部移転の登記をすることができることとしています。

そこで、このように相続財産に土地が含まれており、遺産分割前に相続人から共同相続人以外の第三者への相続分の譲渡（売買）があった場合に、当該土地について「相続分の売買」を登記原因として、相続人から当該第三者への当該相続人の持分全部移転の登記の申請をする際の登録免許税について、租税特別措置法（以下「措置法」という。）第72条《土地の売買による所有権の移転登記等の税率の軽減》の適用がないと解してよろしいか照会いたします。

《2　照会に係る取引の概要》

　相続財産である不動産について共同相続の登記がされている場合において、共同相続人の一人が遺産分割前に、自己の相続分を第三者に譲渡（売買）したときは、当該相続人を登記義務者とし、第三者を登記権利者として、その相続人の持分の全部について、「相続分の売買」を登記原因とする持分全部移転の登記をすることとなります。

　なお、登記実務においては、共同相続の登記をする前に共同相続人の一人が遺産分割により当該不動産を取得したときは、共同相続の登記をすることなく遺産分割により当該不動産を被相続人から取得した当該相続人へ相続を登記原因とする所有権の移転の登記を認めていることとの比較などから、相続分の譲渡を受けた者が共同相続人の一人であり、かつ、当該相続人が遺産分割により当該不動産を取得した場合は、便宜、共同相続の登記を省略して、被相続人から相続分の譲渡を受けた当該相続人へ相続を登記原因とする所有権の移転の登記をすることを認めています。ただし、相続分の譲渡を受けた者が共同相続人以外の第三者である場合は、このような便宜的な取扱いは認められておらず、必ず、原則のとおりにいったん共同相続の登記を経た後に相続分の売買等を登記原因とする持分全部移転の登記をしなければなりません。

《3　照会者の求める見解となることの理由》

(1)　不動産取引により「売買」を登記原因とする土地の所有権の移転の登記に係る登録免許税の税率は、原則として1,000分の20ですが（登録免許税法9条、別表第一の一（二）ハ）、措置法第72条の規定により軽減税率（平成23年3月31日までに登記を受ける

第 2　納税義務者

　　　場合は、1,000 分の 10 等）の適用を受けることができます。
（2）　措置法第 72 条の制定趣旨は、土地取引の活性化等を目的として登録免許税の軽減をするものであり、同条の対象となる「土地の売買」とは、土地そのものを売買の目的とする場合に限られるべきものであると考えられます。
　　　しかし、相続分の譲渡とは、包括的な相続財産全体に対する持分又は法律的な地位の譲渡であり、その相続財産に土地が含まれている場合であっても、それは飽くまでも相続分を譲渡（売買）したのであり、土地そのものを売買したものではないと考えられます。
　　　したがって、遺産分割前の相続人から共同相続人以外の第三者への相続分の譲渡（売買）について、「相続分の売買」を登記原因として土地の所有権の移転の登記をする場合であっても、当該登記に係る登録免許税について措置法第 72 条の適用はないものと考えます。

（下線は筆者）

問10　法定相続人がいない場合の相続税等の申告

> 私が税務顧問をしていた会社の社長が急死しました。社長には法定相続人がおらず、また、年も若かったため遺言書も作成していませんでした。このような場合、相続の手続きや相続税の申告はどのようにしたらよいのでしょうか。

答

　生涯未婚である方も増えており、また、兄弟姉妹の数も昔のように多くはありません。このため、相続人が全く存在しないという方もいます。一般的には相続税が課税されるような財産を保有されている方であれば遺言書を作成することが一般的ですが、遺言書の作成前に亡くなるケースもあり得ます。

　相続人がいることが明らかでない場合は、被相続人の遺産は「相続財産法人」となります。相続財産法人とは、相続人がいるかいないか不明な場合（戸籍上いない場合、又は全ての戸籍上の相続人が相続を放棄している場合）に、法人化した相続財産の事です。相続財産を管理するため、相続財産自体を法人化したと考えると分かりやすいと思います。相続財産法人は自動的に作られ、手続きは不要です。

　次に、相続財産法人の財産を管理する相続財産管理人が選任されます。利害関係人（債権者など）や検察官の請求により、家庭裁判所により相続財産管理人が選任されます。手続きの詳細は割愛しますが、相続財産管理人が相続人の有無を調査しても現れなかったときは、相続財産から債務等の支払いを行います。残額がある場合で、特別縁故者（被相続人と生計を一にしていた者、被相続人の療養看護に努めた者など）から財産分与の請求があれば、家庭裁判所は、残存する相続財産の一部又は全部を与えることができます。更に、この手続き後、被相続人が持分を所有する共有財産がある場合（例え

ば、土地の 1/2 を保有など)、その被相続人の持分は他の共有者に帰属します。この手続きを経ても残存する相続財産は国庫に帰属します。

　被相続人の準確定申告、未納の税金等の納付は相続財産法人が行います。準確定申告の期限は、相続財産管理人が確定した日（家庭裁判所から相続財産管理人に通知された日）の翌日から 4 か月以内です。

　特別縁故者が相続財産を受け取った場合で、相続税の申告義務がある場合は、相続財産の分与の審判が確定し、特別縁故者が財産の分与があったことを知った日の翌日から 10 か月以内に相続税の申告が必要です。なお、法定相続人がいませんので基礎控除額は 3,000 万円です（相続税法基本通達 15－1）。財産評価の基準日は、裁判所の審判が確定した時です。死亡の年分ではありませんので注意が必要です（相続税法 4 条）。なお、令和 4 年に被相続人が死亡、令和 6 年に特別縁故者に対する財産の分与額が確定した場合、財産の評価時点は令和 6 年ですが、適用する相続税法は令和 4 年分です。適用する税法の年分には注意ください。

　また、共有者で共有持分を取得した場合は、法律では規定されていませんが相続税法基本通達 9－12 に規定があり、遺贈により取得したものとして取り扱われるため相続税の申告が必要です。財産の評価時点は、共有持分を遺贈により取得したものとされることから、遺贈と同様に相続開始の時となります。申告期限は、特別縁故者による財産分与の請求がない場合は、特別縁故者の財産分与の請求期限の満了の日の翌日から 10 か月以内、特別縁故者の財産分与の請求がある場合は、分与額又は分与しないことの決定が確定したことを知った日の翌日から 10 か月以内となります。

　なお、所得税法第 60 条（贈与等により取得した資産の取得費等）により、相続又は遺贈により不動産などを相続した場合は、相続人は被相続人の取得時期及び価格を引き継ぎますが、上記の特別縁故者等が「みなし遺贈」で財産を取得した場合には、同条の適用がありません。所得税法上の「遺贈」は民法上の遺贈に限られ、「みなし遺贈」は含まれないからです。このため、限定承認をした場合と同様に、分与を受けた時に時価で取得したものと扱われます。特別縁故者等が分与により取得した土地や株式などの財産を譲渡する際には、取得時期及び取得価格に誤りがないように注意する必要がありま

す。

> ☆Point
> □ 特別縁故者に対する分与財産の評価は、財産の分与の審判が確定した時点の年であるが、適用する相続税法（例えば基礎控除の計算、相続財産に加算される暦年贈与の年数など）は被相続人の死亡年を適用する。
> □ 所得税法上の遺贈は民法上の遺贈に限られるため、特別縁故者等が取得した分与財産を譲渡する際の取得時期及び取得価額は注意を要する。

〔参考法令〕

○**相続税法**（昭和25年3月法律第73号）

（遺贈により取得したものとみなす場合）

第4条 民法第958条の2第1項（特別縁故者に対する相続財産の分与）の規定により同項に規定する相続財産の全部又は一部を与えられた場合においては、その与えられた者が、その与えられた時における当該財産の時価（当該財産の評価について第3章に特別の定めがある場合には、その規定により評価した価額）に相当する金額を当該財産に係る被相続人から遺贈により取得したものとみなす。

2　省略

〔参考通達〕

○**相続税法基本通達**（昭和34年1月28日直資10）

（共有持分の放棄）

9－12 共有に属する財産の共有者の1人が、その持分を放棄（相続の放棄を除く。）したとき、又は死亡した場合においてその者の相続人がないときは、その者に係る持分は、他の共有者がその持分に応じ贈与又は遺贈により取得したものとして取り扱うものとする。

（相続人の数が零である場合の遺産に係る基礎控除額）

15－1 法第15条第2項に規定する相続人の数が零である場合における同条第1項に規定する遺産に係る基礎控除額は、3,000万円とな

第2　納税義務者

るのであるから留意する。

> 参考　国税庁ホームページ　質疑応答事例

◇民法第255条の規定により共有持分を取得した場合の相続税の課税関係
【照会要旨】
　共有に属する財産の共有者の一人が死亡した場合においてその者の相続人がいないときは、その者に係る持分は、他の共有者がその持分に応じて遺贈により取得したものとして相続税を課税することとされています。この場合において、相続財産の評価時点及び相続税の申告期限は、それぞれいつになりますか。

【回答要旨】
1　相続財産の評価時点
　共有持分を遺贈により取得したものとされることから、遺贈と同様に相続開始の時となります。
2　相続税の申告期限
　原則として次のとおりとなります。
　①　特別縁故者による財産分与の請求がない場合
　　特別縁故者の財産分与の請求期限の満了の日の翌日から10月以内となります。
　②　特別縁故者の財産分与の請求がある場合
　　分与額又は分与しないことの決定が確定したことを知った日の翌日から10月以内となります。

【関係法令通達】
　民法第255条、第958条の2
　相続税法第9条、第22条、第27条
　相続税法基本通達9-12

◇相続財産の分与により取得した資産の取得費等
【照会要旨】
　民法第958条の2第1項の規定による相続財産の分与によって不動産

を取得した特別縁故者が、その不動産を譲渡した場合、譲渡所得の計算上、その不動産の取得の時期および取得費は、被相続人から遺贈により取得したものとして、所得税法第60条第1項の規定を適用してよいでしょうか。

【回答要旨】

所得税法上、相続財産の分与として取得した財産については、遺贈により取得したものとみなす規定がありませんので、遺贈により取得したものとみることはできません。

<u>相続財産の分与として取得した財産は、その分与を受けた時に、その時の価額により取得した</u>ことになります。

【関係法令通達】

所得税法第60条第1項

民法第958条の2第1項

◇**民法上の相続人が不存在の場合の準確定申告の手続**

【照会要旨】

居住者が年の中途で死亡し、民法上の相続人が不存在である場合、その確定申告手続はどのようにすればよいのでしょうか。

【回答要旨】

1　所得税法第120条《確定所得申告》に該当する申告書を提出しなければならない場合

（1）　包括受遺者がいる場合は、包括受遺者が遺贈のあったことを知った日の翌日から4か月を経過した日の前日までに準確定申告書を提出しなければなりません。

（2）　<u>包括受遺者がいない場合は、相続財産法人の清算人が確定した日の翌日から4か月を経過した日の前日までに相続財産法人が準確定申告書を提出しなければなりません。</u>

2　所得税法第122条《還付等を受けるための申告》に該当する申告書を提出できる場合

（1）　包括受遺者がいる場合は、包括受遺者が準確定申告書を提出でき

第2 納税義務者

ます。
- (2) 包括受遺者がいない場合は、相続財産法人が準確定申告書を提出できます。
3 所得税法第123条《確定損失申告》に該当する申告書を提出できる場合
- (1) 包括受遺者がいる場合は、包括受遺者が遺贈のあったことを知った日の翌日から4か月を経過した日の前日までに準確定申告書を提出できます。
- (2) 包括受遺者がいない場合は、相続財産法人の清算人が確定した日の翌日から4か月を経過した日の前日までに相続財産法人が準確定申告書を提出できます。

居住者が、年の中途で死亡した場合において、その者の死亡した年分の所得税について、所得税法第120条の規定による申告書を提出しなければならないときは、その相続人が相続の開始のあったことを知った日の翌日から4か月を経過した日の前日までに申告書を提出しなければならないこととされています（所得税法第125条第1項）。

ところで、所得税法では、「相続人」には包括受遺者を含む（所得税法第2条第2項）ものとされていることから、民法上の相続人はいないが包括受遺者がいる場合は、所得税法第125条《年の途中で死亡した場合の確定申告》の規定がそのまま適用されることとなります。

しかし、民法上の相続人も包括受遺者もいない場合（相続人不存在）、相続財産は相続財産法人になるとされています（民法第951条）。この相続財産法人の申告手続については、所得税法上何らの規定もされていないことから、相続財産法人に所得税法第125条の規定が適用できるかどうかが問題となります。

この点については、相続財産法人は、国税通則法第5条第1項《相続による国税の納付義務の承継》の規定に基づき納税義務を承継することとされていますから、所得税法第125条の規定を類推解釈して相続財産法人に対して適用することが合理的であると考えられます。

次に問題となるのが、相続財産法人に同条の規定が適用された場合の申

問10 法定相続人がいない場合の相続税等の申告

告期限がいつになるのかという点です。

　相続財産法人は、相続の開始があった時に成立することから、同条に規定する「相続のあったことを知った日」は、相続財産法人が成立した日と考えることもできますが、相続財産法人が確定申告書の提出等を行うためには清算人が選定されなければ不可能です。

　したがって、<u>相続財産法人が準確定申告書を提出する場合の申告期限は、清算人が確定した日（裁判所から清算人に通知された日）の翌日から4か月を経過した日の前日とすることが相当</u>です。

【関係法令通達】

　所得税法第2条第2項、第125条、国税通則法第5条第1項、民法第951条

（下線は筆者）

第2 納税義務者

問11　相続放棄や廃除があった場合の相続税の申告

> 次の場合、相続税の基礎控除額や受け取った生命保険金の非課税限度額の計算で使用する相続人の数はどのように計算するのでしょうか。
> 1　父が亡くなり、相続人は子どもである私と弟及び妹です。妹は結婚してから実家との縁が薄かったため、相続について放棄の手続きを家庭裁判所でしています。なお、妹には子どもが2人います。また、妹が受取人となっている父の死亡保険金500万円があります。
> 2　父が亡くなり、相続人は子どもである私と弟及び妹です。妹は生前、父の財産を勝手に処分したり、暴力を加えたりしたため相続人を廃除する内容の父の遺言があり、家庭裁判所で正式に廃除が認められました。なお、妹には子どもが2人います。

答

1　相続放棄があったとしても、相続税の基礎控除額や受け取った生命保険金の非課税限度額の計算で使用する相続人の数は、相続放棄がなかったものとした法定相続人の数で計算します。相続税の基礎控除額の計算の際も同様です。このため、本問1の場合の法定相続人の数は3人となり、相続税の基礎控除額は4,800万円（3,000万円＋600万円×3人）、生命保険金の非課税限度額は1,500万円（500万円×3人）となります。

　なお、生命保険金の非課税限度額は、相続放棄をした妹の数も含めて計算しますが、非課税限度額の適用があるのは相続人に限られるため、相続放棄をした妹の相続税の計算においては生命保険金の非課税限度額の適用はなく、全額が課税財産となります。

2　廃除や相続人に欠格事由があり相続人とならない場合は、相続放棄の場合とは異なり、相続税の基礎控除額や受け取った生命保険金の非課税限度額の計算では、廃除や欠格事由に該当する者は相続人の数には含めませ

ん。このため、本問 2 の妹は相続税の基礎控除の計算において相続人の数には含めません。しかし、相続放棄をした場合にはその相続人に子どもがいても代襲相続が認められないのに対し、相続人が欠格事由に該当したり、廃除されたりした場合には、その相続人の子どもが代襲して相続人となります。このため、妹は相続人になりませんが、妹の子ども（2人）が相続人となるため相続人の数は 4 名で、相続税の基礎控除額は 5,400 万円（3,000 万円＋600 万円×4 人）、生命保険金の非課税限度額は 2,000 万円（500 万円×4 人）となります。

　相続放棄は、被相続人の債務がプラスの財産より多いと推定される場合等に行われることが多いと思います。このため、相続人が債務を引き継ぐことを回避するために相続を放棄したにもかかわらず、その次の世代に相続権が代襲されるとデメリットも多いため、相続する権利も義務も代襲されないものと考えられます。しかし、相続欠格や廃除は、相続人の意思によらず発生するので、次の世代が代襲して相続人になると考えられます。

　相続税においては、相続人の意思によって選択が可能な相続放棄により相続人の数が変わってしまい、相続税額が変動することを避けるため、相続放棄があってもなかったものとして相続税の計算をする規定になっていると思われます。しかし、相続人の欠格事由に該当するには一定の行為を行ったことが必要で、廃除についても被相続人の意思だけではなく、最終的には家庭裁判所の審判により決まります。このため、相続人などの意思により自由に決められることではないため、相続欠格や廃除があった場合は、それらの理由により変動した相続人の数で相続税の計算をすることとなっているのでしょう。

　相続放棄については、相続人は、相続があったことを知った時から 3 か月以内に家庭裁判所で行うことができます。なお、遺産分割協議の結果、相続財産を一切受け取らなかったとしても、それは相続放棄とは異なるため、仮に相続財産を遺産分割で受け取らなかった相続人が生命保険金だけを受け取っても、その相続人は生命保険金の非課税限度額の適用はあります。

第2　納税義務者

☆Point
- □　相続放棄があった場合でも、相続税の基礎控除額や生命保険金の非課税限度額の計算における相続税人の数は、相続放棄がなかったものとした法定相続人の数で計算する。
- □　廃除や相続人の欠格事由に該当する者は、相続税の基礎控除や生命保険金の非課税限度額の計算における相続人の数には含めない。なお、その者に子ども等がいる場合は、その子ども等が代襲相続人となり、相続人の数に含まれる。

〔参考法令〕
○**相続税法**（昭和25年3月法律第73号）
　（相続又は遺贈により取得したものとみなす場合）
　第3条　次の各号のいずれかに該当する場合においては、当該各号に掲げる者が、当該各号に掲げる財産を相続又は遺贈により取得したものとみなす。この場合において、その者が<u>相続人（相続を放棄した者及び相続権を失つた者を含まない。第15条、第16条、第19条の2第1項、第19条の3第1項、第19条の4第1項及び第63条の場合並びに「第15条第2項に規定する相続人の数」という場合を除き、以下同じ。）であるときは当該財産を相続により取得したものとみなし、その者が相続人以外の者であるときは当該財産を遺贈により取得したものとみなす。</u>
　一　被相続人の死亡により相続人その他の者が生命保険契約（保険業法（平成7年法律第105号）第2条第3項（定義）に規定する生命保険会社と締結した保険契約（これに類する共済に係る契約を含む。以下同じ。）その他の政令で定める契約をいう。以下同じ。）の保険金（共済金を含む。以下同じ。）又は損害保険契約（同条第4項に規定する損害保険会社と締結した保険契約その他の政令で定める契約をいう。以下同じ。）の保険金（偶然な事故に基因する死亡に伴い支払われるものに限る。）を取得した場合においては、当該保険金受取人（共済金受取人を含む。以下同じ。）について、当該

保険金（次号に掲げる給与及び第5号又は第6号に掲げる権利に該当するものを除く。）のうち被相続人が負担した保険料（共済掛金を含む。以下同じ。）の金額の当該契約に係る保険料で被相続人の死亡の時までに払い込まれたものの全額に対する割合に相当する部分

（以下省略）

（相続税の非課税財産）

第12条 次に掲げる財産の価額は、相続税の課税価格に算入しない。

一～四　省略

五　<u>相続人の取得した</u>第3条第1項第1号に掲げる<u>保険金</u>（前号に掲げるものを除く。以下この号において同じ。）については、イ又はロに掲げる場合の区分に応じ、イ又はロに定める金額に相当する部分

　　イ　第3条第1項第1号の被相続人のすべての相続人が取得した同号に掲げる保険金の合計額が<u>500万円に当該被相続人の第15条第2項に規定する相続人の数を乗じて算出した金額</u>（ロにおいて「保険金の非課税限度額」という。）以下である場合　当該相続人の取得した保険金の金額

　　ロ　イに規定する合計額が当該保険金の非課税限度額を超える場合　当該保険金の非課税限度額に当該合計額のうちに当該相続人の取得した保険金の合計額の占める割合を乗じて算出した金額

（以下省略）

（遺産に係る基礎控除）

第15条　相続税の総額を計算する場合においては、同一の被相続人から相続又は遺贈により財産を取得した全ての者に係る相続税の課税価格（第19条の規定の適用がある場合には、同条の規定により相続税の課税価格とみなされた金額。次条から第18条まで及び第19条の2において同じ。）の合計額から、3,000万円と600万円に<u>当該被相続人の相続人の数</u>を乗じて算出した金額との合計額（以下「遺産に係る基礎控除額」という。）を控除する。

第2　納税義務者

　2　前項の相続人の数は、同項に規定する被相続人の民法第5編第2章（相続人）の規定による相続人の数（当該被相続人に養子がある場合の当該相続人の数に算入する当該被相続人の養子の数は、次の各号に掲げる場合の区分に応じ当該各号に定める養子の数に限るものとし、<u>相続の放棄があつた場合には、その放棄がなかつたものとした場合における相続人の数とする。</u>）とする。
　　一　当該被相続人に実子がある場合又は当該被相続人に実子がなく、養子の数が一人である場合　一人
　　二　当該被相続人に実子がなく、養子の数が二人以上である場合　二人
　3　前項の規定の適用については、次に掲げる者は実子とみなす。
　　一　民法第817条の2第1項（特別養子縁組の成立）に規定する特別養子縁組による養子となつた者、当該被相続人の配偶者の実子で当該被相続人の養子となつた者その他これらに準ずる者として政令で定める者
　　二　実子若しくは養子又はその直系卑属が相続開始以前に死亡し、又は相続権を失つたため民法第5編第2章の規定による相続人（<u>相続の放棄があつた場合には、その放棄がなかつたものとした場合における相続人</u>）となつたその者の直系卑属

○**民法**（明治29年4月法律第89号）
　（相続の放棄の効力）
　第939条　<u>相続の放棄をした者は、その相続に関しては、初めから相続人とならなかつたものとみなす。</u>
　（子及びその代襲者等の相続権）
　第887条　被相続人の子は、相続人となる。
　2　被相続人の子が、<u>相続の開始以前に死亡したとき</u>、又は第891条の規定に該当し、若しくは廃除によって、その相続権を失ったときは、<u>その者の子がこれを代襲して</u>相続人となる。ただし、被相続人の直系卑属でない者は、この限りでない。

3 省略

〔参考通達〕
○**相続税法基本通達**(昭和34年1月28日直資10)

(「相続を放棄した者」の意義)

3-1 法第3条第1項に規定する「相続を放棄した者」とは、民法第915条《相続の承認又は放棄をすべき期間》から第917条までに規定する期間内に同法第938条《相続の放棄の方式》の規定により家庭裁判所に申述して相続の放棄をした者(同法第919条第2項《相続の承認及び放棄の撤回及び取消し》の規定により放棄の取消しをした者を除く。)だけをいうのであって、正式に放棄の手続をとらないで事実上相続により財産を取得しなかったにとどまる者はこれに含まれないのであるから留意する。

(「相続権を失った者」の意義)

3-2 法第3条第1項に規定する「相続権を失った者」とは、民法第891条の各号《相続人の欠格事由》に掲げる者並びに同法第892条《推定相続人の廃除》及び第893条《遺言による推定相続人の廃除》の規定による推定相続人の廃除の請求に基づき相続権を失った者(同法第894条《推定相続人の廃除の取消し》の規定により廃除の取消しのあった者を除く。)だけをいうのであるから留意する。

(相続を放棄した者等の取得した保険金)

12-8 相続を放棄した者又は相続権を失った者が取得した保険金については、法第12条第1項第5号に掲げる保険金の非課税金額の規定の適用がないのであるから留意する。

(法第15条第2項に規定する相続人の数)

15-2 相続の放棄があった場合等における法第15条第2項に規定する相続人の数について、設例を基に示せば、次のとおりである。

第2 納税義務者

設例 1

上記の場合において、(B)、(C)及び配偶者が相続を放棄したときの法第15条第2項に規定する相続人の数は、(A)、(B)、(C)及び配偶者の4人となる。

設例 2

上記の場合において、相続の開始以前に(A)が死亡したときの法第15条第2項に規定する相続人の数は、(D)及び(E)の被代襲者である(A)は関係なく、(B)、(C)、(D)、(E)及び配偶者の5人となる。また、(A)が相続権を失った者である場合においても同様である。

設例 3

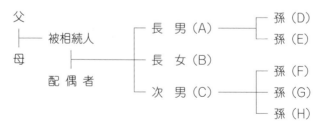

上記の場合において、(A)、(B)及び(C)が相続の放棄をしたと

問11 相続放棄や廃除があった場合の相続税の申告

きにおいては、民法の規定による相続人の数は、父、母及び配偶者の3人であるが、法第15条第2項に規定する相続人の数は、(A)、(B)、(C)及び配偶者の4人となる。

(以下省略)

(下線は筆者)

第2 納税義務者

問12 代襲相続人になる養子・ならない養子

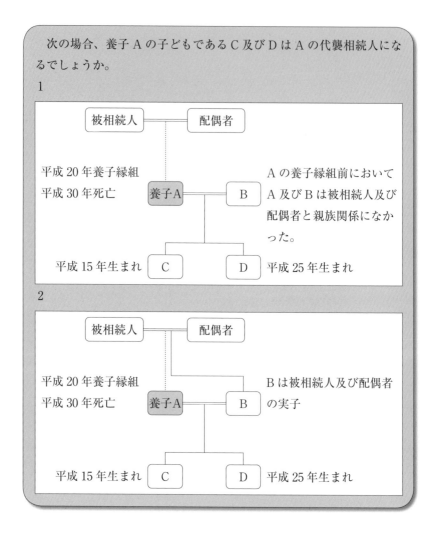

答

1　Dは代襲相続人になりますが、Cは代襲相続人になりません。

代襲相続人は被相続人の直系卑属に限られます（民法887条2項）。養子は、養子縁組の日から養親の嫡出子たる身分を取得し、養子と養親及びその血族との間においては、養子縁組の日から血族間と同一の親族関係を生じます。DはAが被相続人と養子縁組をした後に生まれたため被相続人の親族となり代襲相続人となりますが、CはAが被相続人と養子縁組をする前に生まれており、被相続人の親族にはならないため代襲相続人とはなりません。

2　C及びDはどちらも代襲相続人となります。

母であるBが被相続人の実子であるため、Bを通じてその子どもであるC及びDは被相続人との間に元々親族関係があります。このため、Aの養子縁組とは関係なく被相続人との間に親族関係があるため、出生の時期が養子縁組の前か後かによる影響を受けることなく代襲相続人となります。

☆Point

- 養子は、養子縁組の日から養親の嫡出子たる身分を取得するため、養子縁組前に生まれた子は代襲相続人とならない。
- ただし、養子の配偶者が被相続人の実子である場合は、養子縁組前に出生した子も代襲相続人となる。

〔参考法令〕

○**民法**（明治29年4月法律第89号）

（縁組による親族関係の発生）

第727条　養子と養親及びその血族との間においては、養子縁組の日から、血族間におけるのと同一の親族関係を生ずる。

（子及びその代襲者等の相続権）

第887条　被相続人の子は、相続人となる。

第2　納税義務者

　2　被相続人の子が、相続の開始以前に死亡したとき、又は第891条の規定に該当し、若しくは廃除によって、その相続権を失ったときは、その者の子がこれを代襲して相続人となる。ただし、<u>被相続人の直系卑属でない者は、この限りでない。</u>

　3　前項の規定は、代襲者が、相続の開始以前に死亡し、又は第891条の規定に該当し、若しくは廃除によって、その代襲相続権を失った場合について準用する。

> **参考**　国税庁ホームページ　質疑応答事例

◇**代襲相続権の有無**(1)
【照会要旨】
　次に図示する場合、Aに相続が開始したときに、Dは養子Bの代襲相続人となりますか。

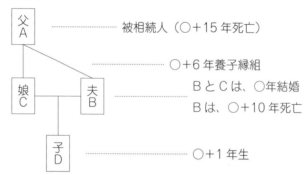

【回答要旨】
　Dは、被相続人Aの実子Cを通じて被相続人の直系卑属になりますから、養子Bの代襲相続人となります。
【関係法令通達】
　民法第887条第2項

◇**代襲相続権の有無**(2)
【照会要旨】
　次に図示する場合、被相続人甲に相続が開始したときに、Aは乙の代襲相

問12 代襲相続人になる養子・ならない養子

続人となりますか。

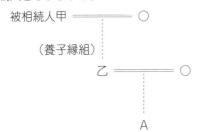

(1) 乙は甲より前に死亡しています。
(2) 甲と乙が養子縁組した時点でAは胎児です。

【回答要旨】

甲と乙が養子縁組した時点で胎児であった者（A）が、被相続人甲と乙の養子縁組後に出生した場合、被相続人甲の直系卑属となるので、Aは乙の代襲相続人となります。

【関係法令通達】

民法第3条第1項、第727条、第887条第2項

〔参考判決〕

○ **平成元年8月10日大阪高判・昭和63年（ネ）第825号**（一部抜粋）

被控訴人Cの相続権について

控訴人は、被控訴人Cの相続権を争っているので、若干付言する。

Aが昭和59年10月26日に死亡したこと、控訴人がAの妻であり、被控訴人BがAと先妻Gとの間の長女であり、被控訴人Cが右Bと亡H（Aと控訴人の養子）間の長女、被控訴人Dが右Bと右H間の二女であり、被控訴人EがAとI間の子であってAにより認知されたものであることは当事者間に争いがなく、成立に争いのない甲第一、第二号証によれば、右Hは昭和39年2月25日A及び控訴人の養子となる縁組届出をし、同日、被控訴人Bと婚姻届出をしたこと、被控訴人Cは右縁組届出の日の約二週間前の同年2月12日に出生し、被控訴人Dは昭和41年8月22日に出生したこと、右Hは昭和52年6月9日死亡したことの各事実が認められる。

原判決は、右事実関係の下においては、CはAの養子である亡Hの子であり、かつ、Aの直系卑属（Bの子）でもあるから、亡Hの代襲者と

してAの遺産につき相続権がある旨判示したが、当裁判所も右見解に同調するものである。

　この点につき、<u>右Cは亡Hの養子縁組前の子であるから、亡Hを通してAとは親族関係を生ぜず、したがってAの死亡による相続に関して亡Hの代襲者にはなり得ないとの考え方があるが、民法887条2項ただし書において、「被相続人の直系卑属でない者」を代襲相続人の範囲から排除した理由は、血統継続の思想を尊重するとともに、親族共同体的な観点から相続人の範囲を親族内の者に限定することが相当であると考えられたこと、とくに単身養子の場合において、縁組前の養子の子が他で生活していて養親とは何ら係わりがないにもかかわらず、これに代襲相続権を与えることは不合理であるからこれを排除する必要があったことによるものと思われるところ、本件の場合には、右Cはその母Bを通じて被相続人Aの直系の孫であるから右条項の文言上において直接に違反するものではなく、また、被相続人との家族生活の上においては何ら差異のなかった姉妹が、亡父と被相続人間の養子縁組届出の前に生れたか後に生れたかの一事によって、長女には相続権がなく二女にのみ相続権が生ずるとすることは極めて不合理であるから、衡平の観点からも、右Cには被相続人Aの遺産に関し代襲相続権があると解するのが相当である（ちなみに、本件のような事例において、戸籍先例は、縁組前の養子の子に代襲相続権を認めている。昭和35年8月5日民事甲第1997号民事局第二課長回答）。</u>

（下線は筆者）

問13 養子が代襲相続人となった場合の相続税の申告

次のような場合、相続税の基礎控除額算定のための相続人の数、法定相続割合、相続税額の2割加算の適用はどうなるでしょうか。

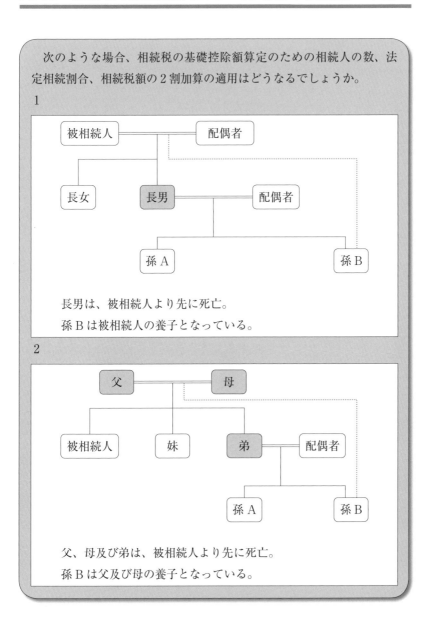

1

長男は、被相続人より先に死亡。
孫Bは被相続人の養子となっている。

2

父、母及び弟は、被相続人より先に死亡。
孫Bは父及び母の養子となっている。

第2　納税義務者

答

1　孫Bは被相続人の養子となっていますので、長男が死亡していなければ相続人は配偶者、長女、長男、養子（孫B）の4人となり、法定相続割合は配偶者が2分の1、長女、長男、養子（孫B）は6分の1ずつでした。しかし、長男が被相続人より先に死亡していますので長男の子どもである孫A及び孫Bは代襲相続人となります。孫A及び孫Bは、長男の法定相続割合を均等に引き継ぎますので、法定相続割合は12分の1ずつです。このため、各人の相続割合は次のようになります。

配偶者　1/2
長女　　1/2×1/3＝1/6
孫A　　1/2×1/3×1/2＝1/12
孫B　　1/2×1/3＝1/6（養子としての相続割合）
　　　　1/2×1/3×1/2＝1/12（長男の代襲相続人として相続割合）
　　　　1/6＋1/12＝3/12

　孫Bは養子としての身分と長男の代襲相続人としての身分を二重に持つこととなりますが、相続人としては実子1人として計算します。このため、相続人の数は、配偶者、長女、孫A及び孫Bの4人となります。しかし、法定相続分については、上記のように孫Bは代襲相続人としての相続分と養子としての相続分との双方を有することになります（相続税法基本通達15—4）。

　また、孫Bは孫養子であるため、本来なら相続税額の2割加算の対象となります。しかし、長男が被相続人より先に死亡し代襲相続人となっているため2割加算の対象とはなりません（相続税法18条2項）。なお、孫Aも代襲相続人であるため相続税額の2割加算の対象とはなりません（相続税法18条1項）。

2　被相続人には子どもがおらず、父母も被相続人より先に死亡しているため、相続人は兄弟姉妹となります。孫Bは被相続人の父母と養子縁組をしていますので、被相続人の兄弟姉妹となります。このため、弟が死亡し

問 13　養子が代襲相続人となった場合の相続税の申告

ていなければ相続人は妹、弟及び孫Bの3人となり、法定相続割合は3分の1ずつです。しかし、弟が被相続人より先に死亡していますので弟の子どもである孫A及び孫Bは代襲相続人となります。孫A及び孫Bは、弟の法定相続割合を均等に引き継ぎますので、法定相続割合は6分の1ずつです。このため、各人の相続割合は次のようになります。

妹　　1/3
孫A　1/3×1/2＝1/6
孫B　1/3（養子としての相続割合）
　　　1/3×1/2＝1/6（弟の代襲相続人として相続割合）
　　　1/3＋1/6＝3/6

　孫Bは、被相続人の父母の養子となったことで、被相続人の兄弟姉妹となるため相続人となります。また、弟の代襲相続人としての身分を二重に持つこととなります。しかし、1と同様に相続人としては1人として計算します。このため、相続人の数は、妹、孫A及び孫Bの3人となります。なお、被相続人の兄弟姉妹が相続人である場合は、相続人の中に当該被相続人の親と養子縁組をしたことにより相続人となった者があるときであっても、相続税法第15条第2項に規定する「当該被相続人に養子がある場合」に該当しないため、被相続人の親と養子縁組をしたことにより被相続人と兄弟姉妹になったものが複数いたとしても全て相続人として計算します（相続税法基本通達15－5）。法定相続分については、上記のように孫Bは代襲相続人としての相続分と養子としての相続分との双方を有することになります（相続税法基本通達15－4）。

　また、孫A及び孫Bは弟の代襲相続人ですが、被代襲者の弟が被相続人の直系卑属でないため2割加算の対象となります（相続税法18条1項）。また、妹も直系卑属でないため、妹、孫A及び孫Bは、いずれも2割加算の対象となります。

第2 納税義務者

☆Point
□ 孫養子が代襲相続人になった場合、相続人としては実子1人として扱うが、法定相続分は代襲相続人としての相続分と養子としての相続分の双方を有する。

〔参考法令〕
○**相続税法**（昭和25年3月法律第73号）
　（遺産に係る基礎控除）
　第15条　相続税の総額を計算する場合においては、同一の被相続人から相続又は遺贈により財産を取得した全ての者に係る相続税の課税価格（第19条の規定の適用がある場合には、同条の規定により相続税の課税価格とみなされた金額。次条から第18条まで及び第19条の2において同じ。）の合計額から、3,000万円と600万円に当該被相続人の相続人の数を乗じて算出した金額との合計額（以下「遺産に係る基礎控除額」という。）を控除する。
　2　前項の相続人の数は、同項に規定する被相続人の民法第5編第2章（相続人）の規定による相続人の数（当該被相続人に養子がある場合の当該相続人の数に算入する当該被相続人の養子の数は、次の各号に掲げる場合の区分に応じ当該各号に定める養子の数に限るものとし、相続の放棄があつた場合には、その放棄がなかつたものとした場合における相続人の数とする。）とする。
　　一　当該被相続人に実子がある場合又は当該被相続人に実子がなく、養子の数が一人である場合　一人
　　二　当該被相続人に実子がなく、養子の数が二人以上である場合　二人
　3　前項の規定の適用については、次に掲げる者は実子とみなす。
　　一　民法第817条の2第1項（特別養子縁組の成立）に規定する特別養子縁組による養子となつた者、当該被相続人の配偶者の実子で当該被相続人の養子となつた者その他これらに準ずる者として政令で定める者

二　実子若しくは養子又はその直系卑属が相続開始以前に死亡し、又は相続権を失つたため民法第5編第2章の規定による相続人（相続の放棄があつた場合には、その放棄がなかつたものとした場合における相続人）となつたその者の直系卑属

（相続税額の加算）

第18条　相続又は遺贈により財産を取得した者が当該相続又は遺贈に係る被相続人の一親等の血族（当該被相続人の直系卑属が相続開始以前に死亡し、又は相続権を失つたため、代襲して相続人となつた当該被相続人の直系卑属を含む。）及び配偶者以外の者である場合においては、その者に係る相続税額は、前条の規定にかかわらず、同条の規定により算出した金額にその100分の20に相当する金額を加算した金額とする。

2　前項の一親等の血族には、同項の被相続人の直系卑属が当該被相続人の養子となつている場合を含まないものとする。ただし、当該被相続人の直系卑属が相続開始以前に死亡し、又は相続権を失つたため、代襲して相続人となつている場合は、この限りでない。

〔参考通達〕

○**相続税法基本通達**（昭和34年1月28日直資10）

（代襲相続人が被相続人の養子である場合の相続人の数）

15－4　相続人のうちに代襲相続人であり、かつ、被相続人の養子となっている者がある場合の法第15条第2項に規定する相続人の数については、その者は実子1人として計算するのであるから留意する。

（注）　この場合の相続分は、代襲相続人としての相続分と養子としての相続分との双方を有するのであるから留意する。

（「当該被相続人に養子がある場合」の意義）

15－5　被相続人の民法第5編第2章《相続人》の規定による相続人（相続の放棄があった場合には、その放棄がなかったものとした場合における相続人をいう。以下15－5において同じ。）が兄弟姉妹である場合は、その相続人の中に当該被相続人の親と養子縁組をしたこと

第2　納税義務者

<u>により相続人となった者があるときであっても、法第15条第2項に規定する「当該被相続人に養子がある場合」に該当しない</u>のであるから留意する。

（下線は筆者）

問14　生命保険金の受取人が死亡している場合の申告

> 　先日、兄が亡くなりました。兄には子どもがなく、相続人は弟である私と、既に亡くなっている姉の子ども2名です。また、兄には配偶者がいましたが、兄よりも先に亡くなっています。なお、兄の配偶者には妹が1人います。
> 1　兄は配偶者を受取人とする2,000万円の生命保険に加入していましたが、配偶者が亡くなった後も受取人の変更手続きをしていませんでした。この生命保険金は、誰が受け取り、どのように申告するのでしょうか。
> 2　兄は配偶者を受取人とする1,000万円のかんぽ生命の生命保険にも加入していましたが、この生命保険金も上記1と同様の扱いになるのでしょうか。

答

1　生命保険金の受取人が死亡した場合は、受取人を変更する手続きが必要ですが、相続税の申告を行っていると、受取人の変更の手続きが行われていない場合が見受けられます。このような場合、保険金の受取人の法定相続人の全員が保険金の受取人となります。また、保険金の受取人の法定相続人が先に死亡していた場合は、その先に死亡した者の法定相続人の全員が受取人となります。

　本問の場合では、兄の配偶者が死亡した時の法定相続人は、夫（兄である被保険者）と配偶者の妹です。次に、兄が亡くなった時の法定相続人は、弟（質問者）と姉の子ども2人です。このため、保険金の受取人は、兄の配偶者の妹と被保険者の弟（質問者）と姉の子ども2人の合計4人となります。また、取得割合はそれぞれ均等となるので、4分の1ずつ取得します。被保険者の弟（質問者）と姉の子ども2人は、被保険者の法定相

第2　納税義務者

続人であるため相続により取得し、兄の配偶者の妹は法定相続人ではないため遺贈により取得することとなります。遺産分割協議により保険金の取得者や取得割合を決めることはできません（保険法46条）。

　なお、保険法第46条は任意規定のため、保険契約を結んだ生命保険会社の約款によっては違う内容になっていることもあるので、取得者及び取得割合が上記の内容で間違いがないか保険会社に内容確認を行った方がよいでしょう。

　親族関係によっては、生命保険金の受取人が死亡している場合に受取人の変更を行っていないと手続きが非常に煩雑になることも考えられます。このため、保険金の受取人が死亡した場合には速やかに新たな受取人に変更した方がよいと考えます。

2　かんぽ生命には独自の規定があります。保険金の受取人が決められていない場合や保険金の受取人が被保険者よりも先に死亡している場合は、「遺族制度」の対象となります。

　遺族制度とは、簡易生命保険契約及びかんぽ生命保険契約の各種約款に規定された独自の制度で、死亡保険金の受取人が無指定状態や先に死亡している場合の死亡保険金等の請求権を有する者を定めたものです。第1順位から第8順位まであり、先順位の遺族がいる場合は、次の順位の遺族は請求権を持ちません。また、民法で定められている代襲相続の仕組みはありません。

　保険金を受け取れる遺族の順位は次のとおりです。

① 　被保険者の配偶者
② 　被保険者の子
③ 　被保険者の父母
④ 　被保険者の孫
⑤ 　被保険者の祖父母
⑥ 　被保険者の兄弟姉妹
⑦ 　被保険者の死亡当時、被保険者の扶助によって生計を維持していた者
⑧ 　被保険者の死亡当時、被保険者の生計を維持していた者

本問の場合、①から⑤の者はいないので、被保険者の弟（質問者）が一人で生命保険金を受け取ることになります。代襲相続の仕組みはないので、妹の子どもは保険金を受け取ることはできません。

☆Point
- □ 生命保険金の受取人が死亡した場合で、受取人の変更手続きを行っていないときは、保険金の受取人の法定相続人全員が保険金の受取人となる。
- □ かんぽ生命は、保険金の受取人が決められていない場合や、保険金の受取人が被保険者よりも先に死亡している場合、独自の制度である「遺族制度」によって死亡保険金等の請求権を有する者の順位を規定している。

〔参考法令〕

○**保険法**（平成 20 年 6 月法律第 56 号）

（保険金受取人の死亡）

第 46 条 保険金受取人が保険事故の発生前に死亡したときは、その相続人の全員が保険金受取人となる。

○**民法**（明治 29 年 4 月法律第 89 号）

（分割債権及び分割債務）

第 427 条 数人の債権者又は債務者がある場合において、別段の意思表示がないときは、各債権者又は各債務者は、それぞれ等しい割合で権利を有し、又は義務を負う。

〔参考判決〕

○平成 5 年 9 月 7 日最高三小判・平成 2 年（オ）第 1100 号（一部抜粋）

― 商法 676 条 2 項にいう「保険金額ヲ受取ルヘキ者ノ相続人」とは、保険契約者によって保険金受取人として指定された者の法定相続人又は順次の法定相続人であって被保険者の死亡時に生存する者をいう。

第2　納税義務者

　　二　生命保険の指定受取人の法定相続人と順次の法定相続人とが保険金受取人として確定した場合には、各保険金受取人の権利の割合は、民法427条の規定の適用により、平等の割合になる。

参考　法務省ホームページ

◇**保険事故発生前に保険金受取人が死亡した場合の規律**

具体例－Aが保険契約者兼被保険者，Bが保険金受取人であったとする。

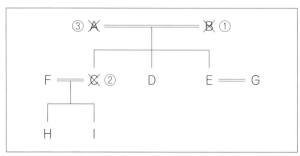

時系列　※括弧内は法定相続分である。

①　B（保険金受取人）が死亡

　　→Bの相続人はA（1/2），C（1/6），D（1/6），E（1/6）

②　Cが死亡

　　→Cの相続人はF（1/2），H（1/4），I（1/4）

③　A（保険契約者兼被保険者）が保険金受取人をBから変更しないまま死亡

　　→Aの相続人はD（1/3），E（1/3），H（1/6），I（1/6）

検討

　保険金受取人となるのは，D，E，F，H，I

　・保険金受取人Bの相続人で保険事故発生時に生存しているD，E

　・保険金受取人Bの相続人Cの相続人で保険事故発生時に生存しているF，H，I

　・保険金受取人Bの相続人Aの相続人で保険事故発生時に生存しているD，E，H，I

　その権利の割合は

① 民法第 427 条によると原則として 5 分の 1 ずつ（最判平成 5.9.7 民集 47・7・4740 参照）

（以下省略）

> **参考** かんぽ生命ホームページ

◇**普通終身保険普通保険約款**（抄）（平成 19 年 10 月 1 日制定・令和 6 年 4 月 1 日改正）

第 27 条（保険金受取人の死亡）

(1) 保険金受取人が保険金の支払事由の発生以前に死亡したときは、新たな保険金受取人は次のとおりとします。[1]

保険金	保険金受取人
死亡保険金	被保険者の遺族
重度障害による保険金[2]	被保険者

(2) 本条(1)の遺族は、次のとおりとします。

順位	被保険者の遺族
①	被保険者の配偶者[3]
②	被保険者の子
③	被保険者の父母
④	被保険者の孫
⑤	被保険者の祖父母
⑥	被保険者の兄弟姉妹
⑦	被保険者の死亡当時、被保険者の扶助によって生計を維持していた者
⑧	被保険者の死亡当時、被保険者の生計を維持していた者

(3) 胎児である子または孫は、本条(2)の適用については、すでに生まれたものとみなします。

(4) 本条(3)は、胎児が流産または死産等により出生しなかった場合には適用しません。

第2　納税義務者

(5)　本条(2)の遺族が2人以上いるときは、本条(2)の順位が先の者を本条(1)の保険金受取人とします。

(6)　遺族であって故意に被保険者、本条(2)の順位が先の者または同じ者を死亡させた者は、本条(1)の保険金受取人となることができません。

(7)　本条(1)の死亡保険金の保険金受取人がいないときは、死亡保険金受取人の死亡時の法定相続人を死亡保険金受取人とします。

(8)　本条(7)により死亡保険金受取人となった者が死亡した場合に、この者に法定相続人がいないときは、本条(7)により死亡保険金受取人となった者のうち生存している他の死亡保険金受取人を死亡保険金受取人とします。

(9)　本条(5)(7)(8)により保険金受取人となった者が同じ順位に2人以上いるときは、その受取割合は均等とします。

備考（第27条）

［1］保険契約申込書に保険金受取人の記載がなく特定されていないときも、本条(1)の者を保険金受取人とします。

［2］「重度障害による保険金」とは、死亡保険金のうち第2条（重度障害による保険金の支払）(1)により死亡保険金の支払の規定その他この約款の規定が適用されるものをいいます。

［3］「配偶者」には、法律上の婚姻関係がなくても事実上婚姻関係と同様の事情にある者を含みます。

（下線は筆者）

問15　個人ではない法人等に遺贈が行われている場合の申告

> 母が亡くなり、相続人は子どもである私と妹の2人です。母の相続財産は、4,000万円の預貯金と相続税評価額で4,000万円（時価5,000万円）の土地です。母には遺言書があり、預貯金については、私と妹に2分の1ずつ相続させ、土地についてはA社に遺贈するという内容でした。A社は株式会社で、私や妹とは関係がない法人です。このような場合、相続税の申告は、どのようになるのでしょうか。

答

　相続税の申告が必要な者は、相続税法第1条の3第1項に規定されています。日本に居住しているか、日本国籍があるかなどにより課税される財産の範囲が異なるため少し分かりにくい規定となっていますが、対象はいずれも個人（自然人）で、法人は原則として対象とはなりません。法人が相続税の納税義務者になる場合は、相続税法基本通達1の3・1の4共－2で書かれている内容が分かりやすいかと思いますが、本問の場合は相続人と無関係の株式会社であるため、原則どおり法人が取得した財産には、相続税は課税されません。このため、相続税の対象となるのは、質問者と妹が取得する4,000万円で相続税の基礎控除額（3,000万円＋600万円×2＝4,200万円）以下となるので、相続税の申告をする必要はありません。

　なお、法人は土地を無償で取得しているため、法人税で受贈益の申告が必要となります。受贈益は評価額ではなく、時価の5,000万円で課税されます。また、被相続人が法人に土地を遺贈していますので、被相続人が時価で土地を譲渡したものとみなされ、遺贈した土地に譲渡益がある場合は、準確定申告が必要です。準確定申告は、相続人である質問者と妹が行います。

☆Point

□　法人に対して遺贈が行われた場合、原則として相続税の課税対象に当

第 2　納税義務者

> 該遺贈財産は含まれない。
> □　法人に遺贈した財産（土地）に譲渡益がある場合は、相続人が準確定申告をする必要がある。

〔参考法令〕
○**相続税法**（昭和 25 年 3 月法律第 73 号）
　（相続税の納税義務者）
　第 1 条の 3　次の各号のいずれかに掲げる者は、この法律により、相続税を納める義務がある。
　　一　相続又は遺贈（贈与をした者の死亡により効力を生ずる贈与を含む。以下同じ。）により財産を取得した次に掲げる者であつて、当該財産を取得した時においてこの法律の施行地に住所を有するもの
　　　イ　一時居住者でない個人
　　　ロ　一時居住者である個人（当該相続又は遺贈に係る被相続人（遺贈をした者を含む。以下同じ。）が外国人被相続人又は非居住被相続人である場合を除く。）
　　二　相続又は遺贈により財産を取得した次に掲げる者であつて、当該財産を取得した時においてこの法律の施行地に住所を有しないもの
　　　イ　日本国籍を有する個人であつて次に掲げるもの
　　　　(1)　当該相続又は遺贈に係る相続の開始前 10 年以内のいずれかの時においてこの法律の施行地に住所を有していたことがあるもの
　　　　(2)　当該相続又は遺贈に係る相続の開始前 10 年以内のいずれの時においてもこの法律の施行地に住所を有していたことがないもの（当該相続又は遺贈に係る被相続人が外国人被相続人又は非居住被相続人である場合を除く。）
　　　ロ　日本国籍を有しない個人（当該相続又は遺贈に係る被相続人が外国人被相続人又は非居住被相続人である場合を除く。）
　　三　相続又は遺贈によりこの法律の施行地にある財産を取得した個人で当該財産を取得した時においてこの法律の施行地に住所を有する

もの（第1号に掲げる者を除く。）

四　相続又は遺贈によりこの法律の施行地にある財産を取得した<u>個人</u>で当該財産を取得した時においてこの法律の施行地に住所を有しないもの（第2号に掲げる者を除く。）

五　贈与（贈与をした者の死亡により効力を生ずる贈与を除く。以下同じ。）により第21条の9第3項の規定の適用を受ける財産を取得した<u>個人</u>（前各号に掲げる者を除く。）

（以下省略）

（人格のない社団又は財団等に対する課税）

第66条　<u>代表者又は管理者の定めのある人格のない社団又は財団に対し財産の贈与又は遺贈があつた場合においては、当該社団又は財団を個人とみなして</u>、これに贈与税又は<u>相続税を課する</u>。この場合においては、贈与により取得した財産について、当該贈与をした者の異なるごとに、当該贈与をした者の各一人のみから財産を取得したものとみなして算出した場合の贈与税額の合計額をもつて当該社団又は財団の納付すべき贈与税額とする。

2　前項の規定は、同項に規定する社団又は財団を設立するために財産の提供があつた場合について準用する。

3　前2項の場合において、第1条の3又は第1条の4の規定の適用については、第1項に規定する社団又は財団の住所は、その主たる営業所又は事務所の所在地にあるものとみなす。

4　前3項の規定は、<u>持分の定めのない法人に対し財産の贈与又は遺贈があつた場合において、当該贈与又は遺贈により当該贈与又は遺贈をした者の親族その他これらの者と第64条第1項に規定する特別の関係がある者の相続税又は贈与税の負担が不当に減少する結果となると認められるとき</u>について準用する。この場合において、第1項中「代表者又は管理者の定めのある人格のない社団又は財団」とあるのは「持分の定めのない法人」と、「当該社団又は財団」とあるのは「当該法人」と、第2項及び第3項中「社団又は財団」とあるのは「持分の定めのない法人」と読み替えるものとする。

5　第1項（第2項において準用する場合を含む。）又は前項の規定の適用がある場合において、これらの規定により第1項若しくは第2項の社団若しくは財団又は前項の持分の定めのない法人に課される贈与税又は相続税の額については、政令で定めるところにより、これらの社団若しくは財団又は持分の定めのない法人に課されるべき法人税その他の税の額に相当する額を控除する。

6　第4項の相続税又は贈与税の負担が不当に減少する結果となると認められるか否かの判定その他同項の規定の適用に関し必要な事項は、政令で定める。

（特定の一般社団法人等に対する課税）

第66条の2　一般社団法人等の理事である者（当該一般社団法人等の理事でなくなつた日から5年を経過していない者を含む。）が死亡した場合において、当該一般社団法人等が特定一般社団法人等に該当するときは、当該特定一般社団法人等はその死亡した者（以下この条において「被相続人」という。）の相続開始の時における当該特定一般社団法人等の純資産額（その有する財産の価額の合計額からその有する債務の価額の合計額を控除した金額として政令で定める金額をいう。）をその時における当該特定一般社団法人等の同族理事の数に1を加えた数（当該被相続人と同時に死亡した者がある場合において、その死亡した者がその死亡の直前において同族理事である者又は当該特定一般社団法人等の理事でなくなつた日から5年を経過していない者であつて当該被相続人と政令で定める特殊の関係のあるものであるときは、その死亡した者の数を加えるものとする。）で除して計算した金額に相当する金額を当該被相続人から遺贈により取得したものと、当該特定一般社団法人等は個人とそれぞれみなして、当該特定一般社団法人等に相続税を課する。

2　この条において、次の各号に掲げる用語の意義は、当該各号に定めるところによる。

　一　一般社団法人等　一般社団法人又は一般財団法人（被相続人の相続開始の時において公益社団法人又は公益財団法人、法人税法第2

問 15　個人ではない法人等に遺贈が行われている場合の申告

条第9号の2（定義）に規定する非営利型法人その他の政令で定める一般社団法人又は一般財団法人に該当するものを除く。）をいう。
二　同族理事　一般社団法人等の理事のうち、被相続人又はその配偶者、三親等内の親族その他の当該被相続人と政令で定める特殊の関係のある者をいう。
三　特定一般社団法人等　一般社団法人等であつて次に掲げる要件のいずれかを満たすものをいう。
　　イ　被相続人の相続開始の直前における当該被相続人に係る同族理事の数の理事の総数のうちに占める割合が2分の1を超えること。
　　ロ　被相続人の相続の開始前5年以内において当該被相続人に係る同族理事の数の理事の総数のうちに占める割合が2分の1を超える期間の合計が3年以上であること。
3　第1項の規定により特定一般社団法人等に相続税が課される場合には、当該特定一般社団法人等の相続税の額については、政令で定めるところにより、前条第4項において準用する同条第1項又は第2項の規定により当該特定一般社団法人等に課された贈与税及び相続税の税額を控除する。
4　第1項の規定の適用がある場合における第1条の3の規定の適用については、同項の特定一般社団法人等の住所は、その主たる事務所の所在地にあるものとする。
5　第1項の規定の適用がある場合において、同項の特定一般社団法人等が被相続人に係る相続の開始前7年以内に当該被相続人から贈与により取得した財産の価額については、第19条第1項の規定は、適用しない。
6　第1項の規定により特定一般社団法人等に相続税が課される場合における第27条第1項の規定による申告書の提出期限その他第1項の規定の適用に関し必要な事項は、政令で定める。

第2　納税義務者

〔参考通達〕
　○**相続税法基本通達**（昭和34年1月28日直資10）
　　（「個人」の意義）
　　1の3・1の4共－1　法に規定する「個人」とは、自然人をいうものとする。

　　（個人とみなされるもの）
　　1の3・1の4共－2　相続税又は贈与税の納税義務者は、相続若しくは遺贈（贈与をした者の死亡により効力を生ずべき贈与（以下「死因贈与」という。）を含む。以下同じ。）又は贈与（死因贈与を除く。以下同じ。）によって財産を取得した個人を原則とするが、次に掲げる場合においては、それぞれ次に掲げるものは法第9条の4第3項、第66条又は第66条の2の規定により個人とみなされて相続税又は贈与税の納税義務者となることに留意する。

　(1)　法第9条の4第1項又は第2項に規定する信託の受託者（個人以外の受託者に限る。以下1の3・1の4－2において同じ。）について同条第1項又は第2項の規定の適用がある場合　当該信託の受託者

　(2)　代表者若しくは管理者の定めのある人格のない社団若しくは財団を設立するために財産の提供があった場合又はその社団若しくは財団に対し財産の遺贈若しくは贈与があった場合　当該代表者若しくは管理者の定めのある人格のない社団若しくは財団

　(3)　持分の定めのない法人（持分の定めのある法人で持分を有する者がないものを含む。以下1の3・1の4共－2において同じ。）を設立するために財産の提供があった場合又はこれらの法人に対し財産の遺贈若しくは贈与があった場合において、当該財産の提供又は遺贈若しくは贈与をした者の親族その他これらの者と法第64条第1項に規定する特別の関係がある者の相続税又は贈与税の負担が不当に減少する結果となると認められるとき　当該持分の定めのない法人

　(4)　法第66条の2第2項第1号に規定する一般社団法人等の理事

問15　個人ではない法人等に遺贈が行われている場合の申告

である者（当該一般社団法人等の理事でなくなった日から5年を経過していない者を含む。）が死亡した場合において、当該一般社団法人等が同項第3号に規定する特定一般社団法人等に該当するとき　当該特定一般社団法人等

（下線は筆者）

第3 課税財産

問16 一次相続で遺産が未分割の場合の二次相続の申告

> 次のような、一次相続で遺産が未分割の場合の二次相続の申告はどのようになるでしょうか。
> 1　令和2年に父が亡くなりました。相続人は母と子ども2人です。預金等については、相続手続きを行い分割しましたが、自宅の土地建物については未分割です。令和6年に母が亡くなりましたが、自宅の土地建物は母の相続財産となるのでしょうか。
> 2　上記1と同様のケースで、一次相続の相続人が母と子ども1人の場合はどのようになるのでしょうか。

答

1　まず、二次相続の申告期限までに一次相続の遺産分割協議が終了すれば、遺産分割協議の内容に応じて二次相続の被相続人が相続した財産を申告します。遺産分割協議が未了のまま母が死亡した場合でも、母の有していた相続人たる地位が子ども2人に承継されるので、子ども2人により母の分も含めて遺産分割協議をすることが可能です。その結果、父が所有していた自宅の土地建物を亡母が相続すれば二次相続の相続財産になります。逆に、自宅の土地建物を子どもが相続し亡母が相続しなかった場合、二次相続の相続財産として計上する必要はありません。

第3　課税財産

　次に、二次相続の申告期限までに一次相続の遺産分割協議ができなかった場合は、一次相続の相続財産のうち法定相続分を二次相続の相続財産として申告します。本問では、母の法定相続分である1/2部分を申告します。

　なお、申告書提出後（申告期限は経過）に一次相続の遺産分割協議が完了し、法定相続分で申告した財産より実際の取得財産が少なくなった場合でも、二次相続について相続税法第32条第1項第1号の規定に基づく更正の請求はできません。相続税法第32条第1項第1号に規定されている遺産の分割は当該相続の遺産の分割であって、前の相続の遺産の分割は含まれないからです。相続の遺産分割協議は相当の期間を要することも多く、一次相続の遺産分割協議の結果がいつまでも二次相続に影響を与えるのであれば、収税上の安定性を欠くため、このような規定となっています。ただ、全く救済措置をなくしてしまうと納税者に著しい不利益を与える場合もあるので、実務上は、一次相続の被相続人の相続財産に係る遺産分割が確定したことにより二次相続の相続財産が当初申告額より少なくなったにもかかわらず、納税者側から是正する手続がない場合において、これを放置することが課税上著しい不公平になると税務署長が認めるときには、調査結果に基づき国税通則法第71条第1項第2号に規定する「…無効な行為により生じた経済的効果がその行為の無効であることに基因して失われたこと…又は取消うべき行為が取り消されたこと…」に該当するものとして更正（減額）を行っても差し支えない、という取扱いとなっています。

2　本問2のケースでは、二次相続の開始時において、子どもは母の財産全てを取得することになり、父の財産の未分割の状態が解消されるため、遺産分割ができる前提が存在しないことになります。父の財産を母と子どもでどのように分割しても、母が死亡したことにより結局は子どもがその財産を全て取得することとなるからです。このため、一次相続について遺産分割ができず、母の法定相続分1/2については相続財産となります（平成26年9月30日東京高裁判決）。

なお、書面による分割協議ができていなくても、口頭等で子どもが当該土地建物を相続する旨の遺産分割協議が成立していれば、母が土地建物を取得せず、父から直接自宅の土地建物を子どもが相続することも可能な場合もあるようです。遺産分割協議は、書面で行わなければならないという規定はなく、口頭でも有効に成立するためです。口頭等で子どもが当該土地建物を相続する旨の遺産分割協議が成立していれば、子どもへの直接相続登記が可能か、司法書士に相談されてはいかがでしょうか。

☆Point
- □ 二次相続の申告期限までに一次相続の遺産分割協議が終了すれば、遺産分割協議の内容に応じて二次相続の被相続人が相続した財産として申告する。
- □ 二次相続の申告期限までに一次相続の遺産分割協議ができなかった場合は、一次相続の相続財産のうち法定相続分を二次相続の相続財産として申告する。
- □ 二次相続の相続人が1人である場合は、一次相続の遺産分割協議ができていなかった場合は、一次相続の相続財産のうち法定相続分を二次相続の相続財産として申告する。

参考　国税庁　情報

◇第1次相続の分割確定に伴い第2次相続に係る相続税額に変動が生じた場合の更正の請求の可否

（平成14年7月4日　国税庁資産課税課情報第10号）

【照会要旨】

　第2次相続（被相続人乙）に係る相続税の申告書の提出後に、第1次相続（被相続人甲）についての分割協議が平成14年4月に確定した場合、被相続人乙が取得することとなった被相続人甲の相続財産が法定相続分よりも少なくなった。

　この場合、被相続人乙の相続人であるB及びCは、第2次相続について相続税法32条1号の規定に基づく更正の請求をすることができるか。

第3　課税財産

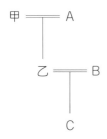

【回答要旨】

B及びCは、第2次相続について相続税法第32条第1号の規定に基づく更正の請求をすることはできない。

ただし、被相続人甲の相続財産に係る遺産分割が確定したことにより被相続人乙の相続財産が当初申告額より少なくなったにもかかわらず、これを納税者側から是正する手続きがない場合において、これを放置することが課税上著しい不公平になると税務署長が認めるときには、調査結果に基づき通則法第71条第2号に規定する「…無効な行為により生じた経済的効果がその行為の無効であることに基因して失われたこと…又は取消うべき行為が取り消されたこと…」に該当するものとして更正（減額）を行っても差し支えない。

【関連法令通達】

　　通則法24、71 二

　　相法32 一

〔参考法令〕

　　○**国税通則法**（昭和37年4月法律第66号）
　　　　（国税の更正、決定等の期間制限の特例）
　　　第71条　更正決定等で次の各号に掲げるものは、当該各号に定める期間の満了する日が前条の規定により更正決定等をすることができる期間の満了する日後に到来する場合には、同条の規定にかかわらず、当該各号に定める期間においても、することができる。
　　　　一　省略

問16　一次相続で遺産が未分割の場合の二次相続の申告

二　申告納税方式による国税につき、<u>その課税標準の計算の基礎となつた事実のうちに含まれていた無効な行為により生じた経済的成果がその行為の無効であることに基因して失われたこと、当該事実のうちに含まれていた取り消しうべき行為が取り消されたことその他これらに準ずる政令で定める理由に基づいてする更正</u>（納付すべき税額を減少させる更正又は純損失等の金額で当該課税期間において生じたもの若しくは還付金の額を増加させる更正若しくはこれらの金額があるものとする更正に限る。）又は当該更正に伴い当該国税に係る加算税についてする賦課決定　当該理由が生じた日から3年間

（以下省略）

〔**参考判決**〕

○<u>平成26年9月30日東京高判・平成26年（行コ）第116号</u>（裁判所ウェブサイト・裁判要旨）

被相続人甲の相続人が乙及び丙の2人であり、被相続人甲の死亡に伴う第1次相続について遺産分割未了のまま乙が死亡し、乙の死亡に伴う第2次相続における相続人が丙のみである場合において、丙が被相続人甲の遺産全部を直接相続した旨を記載した遺産分割決定書と題する書面を添付してした当該遺産に属する不動産に係る第1次相続を原因とする所有権移転登記申請については、<u>被相続人甲の遺産は、第1次相続の開始時において、丙及び乙に遺産共有の状態で帰属し、その後、第2次相続の開始時において、その全てが丙に帰属したというべきであり、上記遺産分割決定書によって丙が被相続人甲の遺産全部を直接相続したことを形式的に審査し得るものではないから</u>、登記官が登記原因証明情報の提供がないとして不動産登記法25条9号に基づき上記申請を却下した決定は、適法である。

（下線は筆者）

第3 課税財産

問17　相続した財産を相続人が特定公益法人等に寄附した場合

> 父が亡くなり相続税の申告をすることになりました。相続で取得した財産のほかに生命保険金を3,000万円受け取りましたが、その中から父が長年入居していた介護施設を運営していた社会福祉法人に1,000万円を寄附しました。この場合、寄附した金額は、相続税の申告ではどのように扱われるのでしょうか。また、申告書にはどのように記載したらよいのでしょうか。

答

　相続や遺贈によって取得した財産を、相続税の申告期限までに、国、地方公共団体、公益を目的とする事業を行う特定の法人又は認定非営利活動法人（認定NPO法人）に寄附した場合等は、その寄附をした財産や支出した金銭は相続税の対象としない特例があります（租税特別措置法70条）。また、相続や遺贈によって取得した財産のなかには、相続や遺贈により取得したものとみなされた保険金又は退職手当金等として取得した金銭を含みます。このため、社会福祉法人に寄附した1,000万円は相続財産に含まれません。

　申告手続きとしては、相続税申告書の第14表の下段の所定の位置（次頁参照）に寄附をした年月日、財産の種類、価額、公益法人等の名称、所在地等を記載します。また、財産の寄附をしたこと等が分かる、社会福祉法人が発行する書類を添付します。

問17 相続した財産を相続人が特定公益法人等に寄附した場合

3 特定の公益法人などに寄附した相続財産又は特定公益信託のために支出した相続財産の明細							
私は、下記に掲げる相続財産を、相続税の申告期限までに、 (1) 国、地方公共団体又は租税特別措置法施行令第 40 条の 3 に規定する法人に対して寄附しましたので、租税特別措置法第 70 条第 1 項の規定の適用を受けます。 (2) 租税特別措置法施行令第40条の 4 第 3 項の要件に該当する特定公益信託の信託財産とするために支出しましたので、租税特別措置法第70条第 3 項の規定の適用を受けます。 (3) 特定非営利活動促進法第 2 条第 3 項に規定する認定特定非営利活動法人に対して寄附しましたので、租税特別措置法第70条第10項の規定の適用を受けます。							
寄附 (支出) 年月日	寄 附（支 出）し た 財 産 の 明 細					公益法人等の所在地・名称 (公益信託の受託者及び名称)	寄附(支出)をした 相続人等の氏名
	種 類	細 目	所 在 場 所 等	数 量	価 額		
・ ・					円		
・ ・							
			合 計				
(注) この特例の適用を受ける場合には、期限内申告書に一定の受領書、証明書類等の添付が必要です。							

第14表(令6.7)　　　　　　　　　　　　　　　　　　　　　　　　　　　　　　　　　　(資4－20－15－A 4 統一)

なお、寄附をした1,000万円は相続財産に含まれないため、相続税申告書の第9表に記載する生命保険金の受取金額は、3,000万円ではなく2,000万円と記載します。ただ、相続税申告書の第14表の記載内容ではどの財産から寄附をしたか明確ではないため、寄附したことにより1,000万円が相続税の対象となっていないことが分かるように、何らかの記載をしておいた方がよいでしょう。

☆Point

□ 相続財産を相続税の申告期限までに特定公益法人等に寄附した場合は、相続税申告書の第14表の「3 特定の公益法人などに寄附した相続財産又は特定公益信託のために支出した相続財産の明細」欄に必要事項を記入する。

〔参考法令〕

○**租税特別措置法**（昭和32年3月法律第26号）

（国等に対して相続財産を贈与した場合等の相続税の非課税等）

第70条 相続又は遺贈により財産を取得した者が、当該取得した財産をその取得後当該相続又は遺贈に係る相続税法第27条第1項又は第29条第1項の規定による申告書（これらの申告書の提出後において同法第4条第1項又は第2項に規定する事由が生じたことにより取得した財産については、当該取得に係る同法第31条第2項の規定に

第3　課税財産

　　よる申告書）<u>の提出期限までに国若しくは地方公共団体又は公益社団</u><u>法人若しくは公益財団法人その他の公益を目的とする事業を行う法人</u><u>のうち、教育若しくは科学の振興、文化の向上、社会福祉への貢献そ</u><u>の他公益の増進に著しく寄与するものとして政令で定めるものに贈与</u><u>をした場合には、</u>当該贈与により当該贈与をした者又はその親族その他これらの者と同法第64条第1項に規定する特別の関係がある者の相続税又は贈与税の負担が不当に減少する結果となると認められる場合を除き、<u>当該贈与をした財産の価額は、当該相続又は遺贈に係る相</u><u>続税の課税価格の計算の基礎に算入しない。</u>

（以下省略）

〔参考通達〕
　○租税特別措置法（相続税法の特例関係）の取扱いについて（昭和50年11月4日直資2－224）
　　（保険金又は退職手当金等）
　70－3－1　措置法第70条第3項に規定する相続又は遺贈により取得した財産に属する金銭には、相続税法第3条第1項第1号又は第2号の規定により相続又は遺贈により取得したものとみなされた保険金又は退職手当金等として取得した金銭を含むものとする。

　　なお、相続税の申告書の提出期限後において、退職手当金等の支給の確定があったときにおける当該退職手当金等については、70－1－5《「相続又は遺贈により取得した財産」の範囲》の後段の取扱いに準じて取り扱うものとする。

（下線は筆者）

問18　被相続人の入院給付金等を生前に家族が受領している場合

> 夫が病気になり意識不明の状態となりました。夫は医療保険や介護保険に加入していたため、介護状態になったことによる保険金や手術給付金、入院給付金などが夫に支払われることになりました。夫は意識不明の状態が続いており、夫の預金口座に入金してしまうと出金が難しくなるため、指定代理人請求制度を利用してそれらの保険金は妻である私の預金口座に入金しました。病気で倒れた1年後に夫は亡くなりましたが、その間、上記保険金は合計で1,000万円支払われました。そのうち、生活費や夫の入院費用として600万円を使い、口座には400万円が残っています。手術給付金、入院給付金や介護費用などとして受け取る金銭に対して所得税は非課税と聞いており、また、相続開始時には私の名義の預金口座に保険金の残金があるので、この残金は相続税の申告財産としなくていいでしょうか。

答

　まず、上記の入院給付金等を受け取ったとしても、所得税は課税されません。所得税法施行令第30条で、損害保険契約に基づく保険金及び生命保険契約に基づく給付金で、身体の傷害に基因して支払を受けるものは非課税とされているためです。

　保険金の受取人が元々妻となっている場合は、妻の預金口座に入金された入院給付金等の保険金は妻自身に帰属するため、その後夫が亡くなったとしても、その金銭は相続税の対象とはなりません。契約者（保険料負担者）＝夫、被保険者＝夫、満期保険金の受取人＝妻の場合で、満期保険金を妻が受け取った場合はみなし贈与財産となり、贈与税の課税対象となります。本来、生命保険金は指定された受取人に支払われるもので、生命保険金請求権は、指定された受取人の固有の財産です。しかし、実態として、贈与で取得

第3　課税財産

した財産と変わらないとして、相続税法第5条で贈与税の対象とされています（みなし贈与）。ただ、同条において、みなし贈与の対象は、「生命保険契約の保険事故（傷害、疾病その他これらに類する保険事故で死亡を伴わないものを除く。）」と規定されているため、傷害、疾病で死亡を伴わない理由により支給を受ける手術給付金や入院給付金については、みなし贈与の対象外となっています。このため、契約者（保険料負担者）＝夫の場合で、妻が高額の入院給付金等を受け取っていたとしても贈与税は課税されません。

　一方、指定代理人請求制度を利用して妻の預金口座に入金された保険金は、本来は夫が受け取るべき金銭であり、妻は仮受領したに過ぎません。なお、指定代理人請求制度とは、被保険者が給付金を請求できない場合に、加入時に指定した指定代理請求人が被保険者に代わって給付金を請求できる制度です。このため、生活費や夫の医療費等で消費された後の残金については、預け金等の名目で相続税の課税対象となるため、本問の場合だと、妻の預金口座にある400万円は預け金として相続税の相続財産として計上します。

　近年の保険契約の中には、高度障害保険金、リビング・ニーズ特約保険金、介護保険金等、被保険者が病気やけがで重篤な状態になった際、高額な保険金が支払われるものが増えています。元々それらの保険金の受取人が妻となっていれば、受け取った保険金は相続財産とはなりませんが、指定代理人請求制度を利用して妻が受領している場合には、相続開始時点で残っている金銭は相続財産となります。

　一般的には身体の傷害に基因して支払を受ける保険金は、約款等で受取人は被保険者のみとなっている場合が多いようです。このため、入院給付金、手術給付金や一定の介護状態になったことによる保険金が配偶者や子どもなどに支払われている場合でも、指定代理人請求制度を利用して支払いが行われていないかの確認が必要です。指定代理人請求制度を利用して支払いが行われていたならば、生活費や被相続人の入院費で使われた分を差し引いた残金については預け金等として相続税の申告が必要です。

　特に比較的年齢の若い方が亡くなった場合等には、介護保険等に加入されている割合も高いため、被相続人の生前にこれらの保険金が指定代理請求人

問 18 被相続人の入院給付金等を生前に家族が受領している場合

に支払われていないかを確認しておいた方がよいでしょう。

　なお、生前に保険金が入金された相続人の預金口座から他の者（例えば子どもなど）の預金口座に金銭が移し替えられたとしても、被相続人が生前に意思表示ができない状態であれば贈与が認められないため、これらについても相続財産として申告が必要となるでしょう（**問 19** 参照）。

▌☆Point
　□　指定代理人請求制度を利用して家族の口座に入金された保険金は残額があれば相続財産となる。

〔参考法令〕
○**所得税法施行令**（昭和 40 年 3 月政令第 96 号）
　（**非課税とされる保険金、損害賠償金等**）
　第 30 条　法第 9 条第 1 項第 18 号（非課税所得）に規定する政令で定める保険金及び損害賠償金（これらに類するものを含む。）は、次に掲げるものその他これらに類するもの（これらのものの額のうちに同号の損害を受けた者の各種所得の金額の計算上必要経費に算入される金額を補塡するための金額が含まれている場合には、当該金額を控除した金額に相当する部分）とする。
　一　損害保険契約（保険業法（平成 7 年法律第 105 号）第 2 条第 4 項（定義）に規定する損害保険会社若しくは同条第 9 項に規定する外国損害保険会社等の締結した保険契約又は同条第 18 項に規定する少額短期保険業者（以下この号において「少額短期保険業者」という。）の締結したこれに類する保険契約をいう。以下この条において同じ。）に基づく保険金、生命保険契約（同法第 2 条第 3 項に規定する生命保険会社若しくは同条第 8 項に規定する外国生命保険会社等の締結した保険契約又は少額短期保険業者の締結したこれに類する保険契約をいう。以下この号において同じ。）又は旧簡易生命保険契約（郵政民営化法等の施行に伴う関係法律の整備等に関する法律（平成 17 年法律第 102 号）第 2 条（法律の廃止）の規定による廃止前の簡易生命保険法（昭和 24 年法律第 68 号）第

第3　課税財産

3条（政府保証）に規定する簡易生命保険契約をいう。）<u>に基づく給付金及び損害保険契約又は生命保険契約に類する共済に係る契約に基づく共済金で、身体の傷害に基因して支払を受けるもの並びに心身に加えられた損害につき支払を受ける慰謝料その他の損害賠償金</u>（その損害に基因して勤務又は業務に従事することができなかったことによる給与又は収益の補償として受けるものを含む。）

（以下省略）

○**相続税法**（昭和25年3月法律第73号）
　（贈与により取得したものとみなす場合）
　第5条　生命保険契約の保険事故（<u>傷害、疾病その他これらに類する保険事故で死亡を伴わないものを除く。</u>）又は損害保険契約の保険事故（偶然な事故に基因する保険事故で死亡を伴うものに限る。）が発生した場合において、これらの契約に係る保険料の全部又は一部が保険金受取人以外の者によつて負担されたものであるときは、これらの保険事故が発生した時において、保険金受取人が、その取得した保険金（当該損害保険契約の保険金については、政令で定めるものに限る。）のうち当該保険金受取人以外の者が負担した保険料の金額のこれらの契約に係る保険料でこれらの保険事故が発生した時までに払い込まれたものの全額に対する割合に相当する部分を当該保険料を負担した者から贈与により取得したものとみなす。

（以下省略）

（下線は筆者）

問19　被相続人の預金口座から相続人等が無断で出金している場合

> 母は以前から妹夫婦と同居していましたが、先に亡くなった父からの相続財産があり金銭的に余裕があったため、生活費について妹夫婦の分も含めて全て負担していました。母は令和4年に認知症と診断され、その後令和6年に亡くなりました。
>
> 相続税の申告のため母の預金通帳を調べていくと、認知症となった令和4年と翌年の令和5年に母の預金口座から1,500万円がそれぞれ出金されていました。妹にその出金について尋ねると、妹の子ども3人に各年500万円ずつ贈与しており、妹の子ども3人は贈与税の申告も行い、納税も済ませているとのことでした。また、令和4年から母は介護施設に入居していましたが、介護施設の費用だけでなく、その後の妹夫婦の生活費も母の預金口座から出金されていました。
>
> 令和4年と令和5年に母の預金口座から出金された合計3,000万円と母が介護施設に入居した以降に出金された妹夫婦の生活費は、相続税の申告でどのように扱われるのでしょうか。

答

　相続税の申告書を作成する際、過去の被相続人の預金口座の動きを見ていくと、生前に多額の預金が出金されている場合があります。また、近年は平均寿命が延びた反面、認知症になる人も増えています。認知症になった被相続人の預金口座から、相続人等が被相続人の許可を得ることなく預金を引き出している場合もあります。

　引き出された金銭が被相続人の入院費、介護の費用などに使われている場合は相続財産とはなりません。また、被相続人が以前から承知していた範囲内で相続人等の生活費などに使われた場合も相続財産にはならないと考えられます。

第3　課税財産

　しかし、被相続人の預金口座から相続人等が無断で出金し、相続人等の名義の預金口座に入金されている場合は取扱いが異なります。相続人等の名義の定期預金などの口座にそのまま預金が残っている場合は、原則として被相続人に帰属する名義預金となるでしょう。被相続人に意思能力がなければ贈与契約が成立しないため、贈与として取り扱うことはできません。また、その預金を相続人等が自己のために使っていた場合も相続財産となります。財産の所有者である被相続人の承諾を得ることなく相続人等がその財産を消費し利益を得ているため、被相続人は生前に不当利得返還請求権を有していたと考えられます。この不当利得返還請求権が相続財産となります。

　本問の場合で見ていくと、被相続人が認知症になった以後に介護施設の費用として出金された金銭については相続財産にはなりません。また、妹夫婦の生活費として使われた金銭についても、従前から被相続人がその費用について負担することを承認していたことがうかがえるので相続財産にはならないと考えられます。しかし、妹の子ども名義の預金口座に移した合計3,000万円の預金については、贈与者とされる被相続人が既に認知症になっていたことから有効に贈与契約が成立したとは考えられません。贈与税の申告をして、納税も行っているとのことですが、贈与税の申告をして納税が行われていても、贈与契約が有効となるわけではありません。このため、妹の子ども名義の定期預金などでそのまま預金が残っていたならば名義預金として相続税の申告をし、その預金が申告期限までに使われていたならば、不当利得返還請求権を相続財産として申告することになります。

　しかし、実際の相続税の事案では、認知症の進行具合の判断が難しく、被相続人の承諾の有無の立証が容易ではありません。また、その使途についても、何に使われたかはっきりしない場合もあります。被相続人の預金口座から相続人等が預金を引き出してその金銭が無くなっているとしても、それだけでは不当利得返還請求権が被相続人に発生していたとはいえません。個別の事案ごとに事実関係を詳細に調査していくことが重要でしょう。

☆Point
□　被相続人の預金口座から無断で出金し、相続人等の名義の預金口座に入金された場合、贈与税の申告をして納税を行ったとしても、有効に贈

問19 被相続人の預金口座から相続人等が無断で出金している場合

与契約は成立しない。

〔参考法令〕

○**民法**（明治29年4月法律第89号）

　　（贈与）

　　第549条　贈与は、当事者の一方がある財産を無償で相手方に与える意思を表示し、相手方が受諾をすることによって、その効力を生ずる。

　　（不当利得の返還義務）

　　第703条　法律上の原因なく他人の財産又は労務によって利益を受け、そのために他人に損失を及ぼした者（以下この章において「受益者」という。）は、その利益の存する限度において、これを返還する義務を負う。

　　（悪意の受益者の返還義務等）

　　第704条　悪意の受益者は、その受けた利益に利息を付して返還しなければならない。この場合において、なお損害があるときは、その賠償の責任を負う。

〔参考裁決1〕

　原処分庁は、被相続人は本件入院日以降、認知症の状態であったと認められること及び被相続人が認知症の状態になる前において、自己の預貯金の引出しについて、請求人に対して包括的に委任していたことを示す事実はないことからすると、請求人による被相続人の預貯金の引出行為は、ただ勝手に請求人が被相続人の預貯金口座から預貯金を引き出していたものと認められる旨主張する。

　しかしながら、平成6年1月から本件入院日までの間、被相続人の預金口座等から引き出された現金については、すべて請求人が被相続人の自宅で受領していること及び当該現金の受領に被相続人の同席があったことも認められることからすると、請求人は、被相続人が認知症の状態にない平成6年の初めころには、既に預貯金の引出しについて被相続人の委任

第3　課税財産

を受けていたと認められる。
　したがって、この点に関する原処分庁の主張には理由がない。
　次に、原処分庁は、本件入院期間中に、請求人が引き出し、費消した被相続人の預貯金については、上記と同様の理由により、請求人が自己のために、法律上の原因なくして被相続人の財産により利益を受け、そのために被相続人の財産に損失を及ぼしたものであるから、被相続人は、請求人に対して本件金員についての不当利得返還請求権を有する旨主張する。
　しかしながら、<u>本件医療費並びに被相続人が承知していた範囲での請求人の生活費及び親戚等との交際費に費消していた部分については、請求人は何ら利益を得ていないから、これらの部分関しては、不当利得返還請求権として被相続人の相続財産を構成する部分はない</u>ので、この点に関する原処分庁の主張は採用できない。
　ところで、請求人は、被相続人が認知症により入院していた約6年間にわたり、被相続人の預貯金から、請求人の親族8名に対して毎年1回、年始にお年玉と称して贈与等したものと認められるが、本件各行為は、請求人が主張するように、被相続人が同人に意思能力があった本件入院日前に請求人に対して黙示の委任を与えていたとは認められないこと及び請求人が被相続人の代理人として行っていたとする客観的な事実も認められないことからすると、<u>本件各行為は、請求人の意思に基づく、請求人自身のための支出であったと認められ、本件金額は法律上の原因もなく請求人が被相続人の財産により利益を受け、そのために被相続人の財産に損失を及ぼしたものと認められる。</u>
　したがって、この点について被相続人は、請求人に対して不当利得返還請求権を有していたことになり、これらの金額は、<u>不当利得返還請求権として被相続人の相続財産を構成する。</u>（平18.6.15東裁（諸）平17-194・国税不服審判所裁決要旨検索システム）

〔**参考裁決2**〕
　原処分庁は、本件102,918,026円につき、Kが本件被相続人名義の銀行預金等から勝手に引き出して費消し、本件被相続人に返還しなければな

問19 被相続人の預金口座から相続人等が無断で出金している場合

らないものであり、本件被相続人はＫに対してその相当額の不当利得返還請求権を有しているから、当該債権は相続財産である旨主張する。

しかしながら、本件102,918,026円は、①本件被相続人がＫに対し本件預金通帳等を預けた以降の平成11年秋ないし平成13年10月にかけて、本件被相続人の意思能力が欠けていたとは認められないこと、②本件被相続人とＫの関係は、その関係がこじれている等の状況は認められないこと、③一般的に、預金貯金通帳、印鑑、キャッシュカードを預けることは、預貯金等を預かるものに対しそれらをいかようにも利用できる状況下に置くことになるが、本件被相続人が本件預金通帳等をＫに預けた後、Ｋに対し、何らその使用状況等を確認しなかったことは不自然であること、④銀行員の答述によれば、本件被相続人はＫに一度預けた本件預金通帳等を、再度自己の支配及び管理下における状況にあったことが推認されることなどを総合的に判断すると、本件被相続人は、Ｋの本件預金引出行為について了知し許諾し、又は当該行為を黙認することにより追認していたものと認めるのが相当である。

そうすると、本件102,918,026円に係る本件預金引出行為及びその金額相当額の費消は、本件被相続人からＫへの贈与と認められるから、原処分庁の主張する不当利得返還請求権は存在せず、当該請求権としての相続財産を構成しない。（平19.5.28東裁（諸）平18-254・国税不服審判所裁決要旨検索システム）

（下線は筆者）

第3　課税財産

問20　有料老人ホームの入居一時金の贈与税・相続税の取扱い

　　被相続人等は生前、民間の有料老人ホームに入居していました。入居に当たっては入居一時金の支払いが必要で、入居から一定年数未満で退去又は死亡した場合は、年数に応じて償却された入居一時金の残額が返還されます。返還金は、入居一時金の負担者が生存していればその者に、入居一時金の負担者が死亡していればその相続人に支払われます。次のような場合、入居時の課税、入居一時金の負担者である被相続人が死亡したとき（入居一時金の返還がある場合に限る。）の課税はどのようになるでしょうか。
　1　入居者：被相続人
　　　入居一時金の負担者：被相続人
　2　入居者：被相続人の妻
　　　入居一時金の負担者：被相続人
　3　入居者：被相続人及び被相続人の妻
　　　入居一時金の負担者：被相続人

答

1　入居時：課税なし
　　死亡時：返還金が相続財産となる

　入居時については、入居者が自分の老人ホームの入居のために費用を拠出しているため特に課税関係は発生しません。

　入居時に一時金の支払いが必要な老人ホームでは、一定年数未満で退去した場合には、入居一時金の一部について返還がされる場合が多いようです。本問1の場合は、入居一時金の負担者である被相続人が死亡しているので、入居一時金の残額は相続人に返還されます。仮に被相続人が生存していて退去すれば被相続人に支払われる金銭債権であるため、死亡時の入

問20 有料老人ホームの入居一時金の贈与税・相続税の取扱い

居一時金の返還金についても、相続税の課税財産として申告が必要になります。

2 本問2の場合は、入居一時金の金額の多寡によって取扱いが異なります。
①入居一時金が高額でない場合
　入居時：課税なし
　死亡時：課税なし
　入居時については、被相続人の妻が入居していますので、本来、入居時の費用は、入居者である妻が負担すべきです。本問2では、夫である被相続人が負担していますので、原則として夫から妻への贈与となります。しかしながら、自宅における介護を伴う生活費の負担に代えるものであり、老人ホームへの入居は妻の介護生活を行うための必要最小限度のものであったとすれば、入居一時金の贈与は、介護を必要とする妻の生活費に充てるために通常必要と認められるものであると考えるのが相当です。したがって、この場合の入居一時金は、相続税法第21条の3第1項第2号に規定する贈与税の非課税財産に当たり、贈与税の課税はありません。

　また、被相続人の死亡時において、入居金のうち定額償却部分については、生活保持義務の履行のための前払金的性格を有するものであり、妻はその履行に係る役務提供を受けていない部分について返還義務があるため、被相続人は妻に対して金銭債権を有しているとし、仮に被相続人が死亡した時に妻が退去したら受け取れる入居一時金の返還金額を相続財産とする、という考え方もあるでしょう。しかし、入居一時金は、一定の役務の提供を終身にわたって受け得る地位に対応する対価の支払であり、妻は、定額償却部分の償却期間が経過しても居住を続けられることからすれば、定額償却部分を純粋な家賃等の前払分と判断することは相当とはいえません。このため、その金額を相続財産とする必要はないと考えられます（参考：平成22年11月19日裁決（105頁参照））。

②入居一時金が高額な場合
　入居時：妻に贈与税課税

第3　課税財産

死亡時：相続の開始時期により相続税法第19条により相続財産に加算

　入居時については、①に示したように被相続人から妻への贈与となります。入居一時金が高額な場合については、相続税法第21条の3第1項第2号に規定する贈与税の非課税財産に当たらないため、原則どおり妻に贈与税が課税されると考えられます（参考：平成23年6月10日裁決（106頁参照））。また、相続開始前7年以内の贈与財産については相続財産に加算されます（令和6年現在は経過措置で3年以内）。

　なお、①で参考とした贈与税が課税されなかった場合の裁決事例の入居一時金は945万円であるのに対し、②で参考とした贈与税が課税された場合の裁決事例の入居一時金は1億3,370万円でした。両者にはかなり差があり、実務において贈与税を申告すべきかどうかは悩ましいところですが、被扶養者の需要と扶養者の資力その他一切の事情を勘案して社会通念上適当と認められる範囲の財産か否かで判定していくことになるでしょう。

3　入居時：課税なし

死亡時：返還金が相続財産となる（死亡してない妻の返還金を含む）

　民間の有料老人ホームの中には、居室が広く夫婦で入居可能なものがあります。入居は1人ですることもできますが、夫婦で入居する場合は、追加入居一時金を支払う場合が多いようです。一つの部屋を夫婦で使いますので、1人で入居する場合の入居一時金の金額に対し、追加入居一時金は相対的に安い金額で設定されている場合が多いようです。夫婦のうちいずれかが死亡又は退去した場合は、退去時期に応じた追加入居一時金の償却残高が返還されます。その後、もう1人が死亡又は退去した場合は、退去時期に応じた入居一時金の償却残高が返還されます。

　入居時には、被相続人も一緒に入居していますので、原則として課税関係は生じないと考えます。ただし、2人分の入居一時金の合計が1人の入居一時金の2倍程度の金額になっている場合で、その金額が高額であれば、本問2の②に準じて配偶者に贈与税が課税される場合が考えられます。

問20 有料老人ホームの入居一時金の贈与税・相続税の取扱い

　被相続人が死亡した場合には、入居者が配偶者1人となるので、追加入居一時金の償却残高は相続人に返還されます。また、被相続人死亡後も配偶者が入居を続ければ入居一時金の返還はありませんが、被相続人の死亡時に妻が退去をしたとすれば受け取れる入居一時金の償却残高も相続財産になると考えます。本問2の場合は、妻のみが入居者で被相続人は入居者でないため、支払った時期の妻に対する贈与となりますが、本問3では被相続人も老人ホームに入居しており、自らが入居するための金銭であり入居時の妻への贈与とはなりません。このため、被相続人は、被相続人らの死亡又は解約権の行使を停止条件とする金銭債権を有していると認められ、当該金銭債権は、金銭に見積もることができる経済的価値のある権利であると考えられます。よって、被相続人が死亡したことにより、本件契約に基づき生じる入居一時金に関する金銭債権は、被相続人に係る相続財産であり、相続人は、被相続人が死亡したことにより、死亡時点で当該金銭を本件契約の内容等により取得したと認めるのが相当と考えられます。

☆Point
　□　有料老人ホームの入居一時金の一部が返還される場合は、入居者や入居一時金の負担者が誰であるかで課税の取扱いが変わる。

〔参考法令〕
　○**相続税法**（昭和25年3月法律第73号）
　　（贈与税の非課税財産）
　　第21条の3　次に掲げる財産の価額は、贈与税の課税価格に算入しない。
　　一　省略
　　二　<u>扶養義務者相互間において生活費又は教育費に充てるためにした贈与により取得した財産のうち通常必要と認められるもの</u>
　　（以下省略）

〔参考通達〕
　○**相続税法基本通達**（昭和34年1月28日直資10）

第3　課税財産

（生活費等で通常必要と認められるもの）
21の3-6　法第21条の3第1項第2号に規定する<u>「通常必要と認められるもの」</u>は、<u>被扶養者の需要と扶養者の資力その他一切の事情を勘案して社会通念上適当と認められる範囲の財産をいうものとする</u>。

〔参考裁決1〕

　請求人は、被相続人の死亡に伴い請求人の弟に支払われた被相続人が入居していた老人ホームの入居一時金に係る返還金は相続税の課税対象とはならない旨主張する。しかしながら、請求人の弟は、被相続人が死亡時の老人ホームの入居一時金に係る返還金受取人であり、その<u>入居契約により、受益者として、入居者である被相続人の死亡を停止条件として当該ホーム設置会社に対して直接、入居一時金に係る返還金の返還を請求する権利を取得したもの</u>であるところ、この取得原因についてみると、本件における入居契約の内容のみをもって、被相続人と請求人の弟との間に入居一時金に係る返還金の返還を請求する権利を贈与する旨の死因贈与契約が成立していたと認めることはできないし、その他当審判所の調査の結果によっても、相続開始時より前に、当該当事者間でその旨の死因贈与契約が成立していた事実や、被相続人がその旨の遺言をしていた事実を認めることはできないものの、入居一時金の原資は被相続人の定期預金の一部であると認められることからすれば、実質的にみて、請求人の弟は、第三者（請求人の弟）のためにする契約を含む入居契約により、相続開始時に、被相続人に対価を支払うことなく、同人から入居一時金に係る返還金の返還を請求する権利に相当する金額の経済的利益を享受したというべきである。したがって、請求人の弟は、当該経済的利益を受けた時、すなわち、<u>相続開始時における当該利益の価額に相当する金額を被相続人から贈与により取得したものとみなす（相続税法第9条）</u>のが相当である。そして、請求人の弟は、被相続人から相続により他の財産を取得していることから、被相続人から贈与により取得したものとみなされる当該利益の価額は、相続税法第19条《相続開始前3年以内に贈与があった場合の相続税額》第

1項の規定により、当該他の財産に加算され、相続税の課税対象となる。（平25.2.12東裁（諸）平24-154・国税不服審判所裁決要旨検索システム）

〔参考裁決2〕

　原処分庁は、本件被相続人の配偶者（本件配偶者）が介護付有料老人ホーム（本件老人ホーム）へ入居する際の入居金（本件入居金）を本件被相続人が支払ったことについて、本件入居金のうち定額償却部分については、生活保持義務の履行のための前払金的性格を有するものであり、本件配偶者はその履行に係る役務提供を受けていない部分について返還義務があるから、本件被相続人は本件配偶者に対して金銭債権を有している旨主張する。しかしながら、本件配偶者は、本件被相続人が本件入居金を支払ったことにより、本件老人ホームに入居し介護サービスを受けることができることになったところ、本件配偶者には本件入居金を一時に支払うに足る資産がないこと等にかんがみれば、本件入居金は、本件被相続人がこれを支払い、本件配偶者に返済を求めることはしないというのが、本件被相続人及び本件配偶者間の合理的意思であると認められるから、本件入居金支払時に、両者間で、本件入居金相当額の金銭の贈与があったと認めるのが相当である。加えて、本件配偶者は高齢かつ要介護状態にあり被相続人による自宅での介護が困難になり、介護施設に入居する必要に迫られ本件老人ホームに入居したこと、本件入居金を一時に支払う必要があったこと、本件配偶者には本件入居金を一時に支払う金銭を有していなかったため本件被相続人が代わりに支払ったこと、本件被相続人にとって本件入居金を負担して本件老人ホームに本件配偶者を入居させたことは、自宅における介護を伴う生活費の負担に代えるものとして相当であると認められること及び本件老人ホームは本件配偶者の介護生活を行うための必要最小限度のものであったことが認められることからすれば、本件入居金相当額の金銭の贈与は、本件においては、介護を必要とする本件配偶者の生活費に充てるために通常必要と認められるものであると解するのが相当である。したがって、本件入居金相当額の金銭は、相続税法第21条の3（贈与税

第3　課税財産

の非課税財産）第1項第2号に規定する贈与税の非課税財産に当たるから、その贈与が本件相続の開始前3年以内に行われているとしても、同法第19条《相続開始前3年以内に贈与があった場合の相続税額》の規定が適用されるものでもない。（平22.11.19東裁（諸）平22-110・国税不服審判所裁決要旨検索システム）

[参考裁決3]

　請求人は、請求人及び本件被相続人が本件相続開始の約2か月半前に入居した老人ホーム（本件老人ホーム）の入居金（本件入居金）を本件被相続人が支払ったことについて、本件入居金の性質は終身利用権の対価であり、請求人は本件被相続人から終身利用権を死因贈与により取得したことになるところ、終身利用権は一身専属権であるから贈与税の対象とはならず、したがって本件相続税において、相続開始前3年以内の贈与として課税価格に加算されない旨主張する。しかしながら、本件被相続人は、自らに支払義務のない請求人に係る入居金のうちの一部に相当する金額を支払ったものであり、これによって請求人は、入居金全額の支払によって初めて取得することのできる施設利用権を、低廉な支出によって取得したものと認められることからすると、請求人は著しく低い対価で本件老人ホームの施設利用権に相当する経済的利益を享受したものということができ、本件被相続人と請求人との間に実質的に利益の移転があったことは明らかであるから、相続税法第9条により、請求人は、その利益を受けた時における当該利益の価額に相当する金額を本件被相続人から贈与により取得したものとみなすのが相当である。なお、本件入居金は極めて高額であり、請求人に係る居室面積も広く、本件老人ホームの施設の状況等をかんがみれば、本件老人ホームの施設利用権の取得のための金員は、社会通念上、日常生活に必要な住の費用であるとは認められないから、相続税法第21条の3《贈与税の非課税財産》第1項第2号の規定する「生活費」には該当せず、贈与税の非課税財産に該当しない。したがって、贈与により取得したものとみなされた金額は、相続開始前3年以内の贈与として本件相続税の課税価格に加算されることとなる。（平23.6.10東裁（諸）

問20 有料老人ホームの入居一時金の贈与税・相続税の取扱い

平22-224・国税不服審判所裁決要旨検索システム）

〔参考裁決4〕

　請求人らは、有料老人ホームに夫婦で入居していた被相続人が相続時点で有していた権利は、①有料老人ホームの施設を終身利用できる権利であって、入居一時金、追加入居一時金及び健康管理費（以下「入居一時金等」という。）の返還請求権ではないこと、②当該返還請求権は、終身利用権が消滅して初めて発生するものであるから、終身利用権に返還請求権が内包しているとは解されないこと、③終身利用権は、民法上の一身専属権であることなどから、被相続人が有料老人ホーム入居時に支払った入居一時金等に関する返還金及び返還見込額は、相続税法第2条に規定する本来の相続財産に該当しない旨主張する。しかしながら、有料老人ホーム入居契約（以下「本件契約」という）の内容等によれば、被相続人及びその妻（以下「被相続人ら」という。）は、契約締結日時点において、今後、契約に定める有料老人ホームの居室等を終身にわたって利用し、各種サービスを享受する権利とともに、被相続人らの死亡又は解約権の行使を停止条件とする金銭債権を有していると認められ、当該金銭債権は、金銭に見積もることができる経済的価値のある権利であり、身分法上の権利とも性質を異にするから、一身専属的権利ということはできない。そして、被相続人が死亡したことにより、本件契約に基づき生じる入居一時金等に関する金銭債権の一部は、被相続人に係る相続財産であり、被相続人の妻は、被相続人が死亡したことにより、死亡時点で当該金員を本件契約の内容等により取得したと認めるのが相当であるから、請求人らの主張は採用できない。（平18.11.29大裁（諸）平18-36・国税不服審判所裁決要旨検索システム）

（下線は筆者）

第3　課税財産

問21　セーフティ共済の契約者が死亡した場合の相続税の課税

> 被相続人は個人事業を行っており、独立行政法人中小企業基盤整備機構の中小企業倒産防止共済（以下「セーフティ共済」といいます。）に加入していました。被相続人が死亡したことにより解約手当金800万円が相続人に支払われましたが、相続税の申告ではどのようになるでしょうか。また、申告において注意する点はないでしょうか。

答

　セーフティ共済は、中小企業倒産防止共済法に基づく共済制度で、中小企業の取引先事業者が倒産してしまった際の連鎖倒産を防ぐことを目的として、共済契約者の拠出による掛金を原資として共済金の貸付けが受けられる制度です。独立行政法人中小企業基盤整備機構が運営しています。

　本来は取引先が倒産して急な資金繰りが必要となった際に、すぐに無担保・無保証人で借入を行えることで連鎖倒産を防ぐ制度ですが、掛金が全額経費となり、40か月以上納めていれば、納めた掛金全額と同じ額を受け取ることができるため、課税を繰り延べしたい納税者が節税のため加入している場合を多く見かけます。掛金の上限は、令和6年現在800万円です。法人事業者が多く加入していますが、所得が大きい個人事業者などの加入も見受けられます。

　セーフティ共済加入者が死亡した際には、共済契約が承継される場合と共済契約が解約される場合があります。事業を承継した相続人がいる場合、相続人の一人がその共済契約を承継することができます。事業の承継者がいない場合や共済契約の承継を望まない場合は、共済契約は解約され、相続人の一人に解約手当金が支払われます。

　共済契約を承継する場合は、相続人が承継する共済契約に関する権利が相続財産となり、その評価額は相続開始時の解約手当金相当額となります。共

済契約を承継しない場合は、当該共済契約の解約手当金の支給を受ける相続人の相続財産となり、その評価額は解約手当金の額となります。

結果として、いずれの場合も被相続人の死亡時点での共済契約金の解約手当金相当額が相続財産となります。また、これらは本来の相続財産であり、遺言がない場合は遺産分割協議で取得する相続人を決める必要があります。相続税の申告期限までに協議が調わない場合は、未分割財産として共同相続人が各相続分に応じて申告することになります。

本問の場合は共済契約を解約していますので、相続税の申告では、解約手当金を受け取った相続人の相続財産として計上します。また、被相続人は事業を行っていたため、所得税の準確定申告が必要かと思われます。解約手当金の額が被相続人の死亡年度の事業所得に係る収入金額に算入されます。被相続人の死亡年度の準確定申告を計算した結果、所得税額が算出されれば、その額は、相続税の申告において債務控除の対象となります。

また、共済金の貸付けがある場合は、共済契約を承継する時は、承継した相続人が貸付金の返還義務を引き受けます。解約手当金を受ける時は、解約手当金の額からその貸付金の額を控除することになります。このため、当該貸付金の額は、承継した相続人又は解約金を受け取る相続人の債務控除の対象となります。

共済契約が解約された場合は相続人に解約手当金が振り込まれるため、当該金銭が相続財産であるという認識はあるでしょう。しかし、共済契約を承継する場合は、何らの金銭の移動もないため相続財産であるという認識が薄いと考えられます。このため、被相続人が個人事業を行っており事業継続中に死亡した場合には、セーフティ共済の加入の有無を確認する必要があるでしょう。また、共済契約を引き継がない場合は、準確定申告を行う際の事業所得において、解約手当金の計上漏れに注意する必要があります。

☆Point

□ 被相続人の死亡により支払われるセーフティ共済の解約手当金又は解約手当金相当額は、相続人が共済契約を承継するかどうかにかかわらず、相続財産となる。

第3 課税財産

問22　債務超過の同族法人に対する貸付金

> 先日亡くなった父は、以前代表取締役であった同族法人に対して貸付金があります。現在は私が代表取締役で、株式は父と私で全て保有しています。父の貸付金は3億円で、同族法人は金融機関からも約1億円を借り入れています。直近3期の業績は売上約8,000万円、純利益約100万円で、金融機関には元利合わせて毎期700万円程度を返済しています。相続税申告で株価の評価を行ったところ、純資産価額が3億円を超える債務超過でした。債務超過の状態は、少なくとも10年以上は続いています。また、父の貸付金は無利息・無担保で、返済について直近10年は行ったことがありません。今後、業績が好転する見込みもなく、父の貸付金を相続したとしても、法人から返済する見込みもありません。今後、場合によっては法人を解散することも考えていますが、財産評価基本通達205を適用して、父の同族法人に対する貸付金は相続財産に計上しなくてもよいでしょうか。また、貸付金3億円を相続財産とする申告を行った後で、実際に法人を解散した場合は、父の貸付債権に対する配当金の額を相続財産とする更正の請求は行えるでしょうか。

答

　貸付金があるものの相続税の財産に計上しなくてもよい場合は、客観的に見て相続開始時点でその債権の回収が不可能又は著しく困難であると見込まれるときです。同族法人の中には、債務超過や経常赤字を毎期計上している状況でも事業を継続している会社は多数あります。同族法人では、同族関係者からの借入金については、返済期限の定めがなく無利息である場合も多く、事業を継続しながら借入金の返済を行うことは可能であるため、債務超過であることをもって直ちにその会社が経済的に破綻していると見ることは

問22 債務超過の同族法人に対する貸付金

できません。

本問の場合は、毎期利益も計上し、金融機関に対する返済も行われているため、相続開始時点で債務超過であったとしても、直ちに経済的に破綻している状況とはいえません。このため、相続開始時点で財産評価基本通達205の(1)から(3)に規定する「回収が不可能又は著しく困難であると見込まれる」場合には当たらないため、貸付金3億円は全額相続財産に計上する必要があります。

また、相続税の申告期限後、同族法人を解散するなどして貸付金3億円の回収ができなかったとしても更正の請求を行う理由にはなりません。貸付金の評価額は、相続開始時で判断されるべきで、財産の評価額から除外されるのは、その時点で回収が不可能又は著しく困難であると見込まれる金額の部分のみです。相続開始後に同族法人が営業を停止したことや、その後の解散、清算結了等をもって、相続開始日において同族法人の営業状況及び資産状況が破綻していたということはできず、結果的に貸付金の回収ができなかったとしても更正の請求は認められないでしょう。

貸付金の財産性を巡って納税者と国税当局で争われた事案では、過去の国税不服審判所の裁決でも納税者側にとって厳しい判断がなされています。国税当局の主張ではなく、納税者側の主張が認められた事案は平成18年5月12日の裁決など、わずかしかありません。

実際の相続税の事案を見ていると、なぜもっと早くに貸付金の放棄をし、相続財産に計上されないようにしなかったのか、と思うものが一定数あります。会社の業績、資産状況、今後の経営状態を考えて、貸付金について回収することが非常に厳しい状況でも、財産評価基本通達205の規定に則れば相続財産に計上するほかなく、相続人が会社を清算し、貸付金の回収が実際に行えなかったとしても、更正の請求が認められることは非常に少ないでしょう。

個人的な意見ですが、相続開始から3年程度について、第三者機関を入れて会社を解散し実際に貸付金の回収が全額できなかった場合には、相続開始後の業績の悪化等を除き、更正の請求で貸付金の減額を認めるなどの規定ができればと思います。

☆Point

□ 同族法人が債務超過であっても、客観的に見て相続開始時点で債権の

第3　課税財産

> 回収が不能又は著しく困難であると見込まれる場合に該当しなければ、同族法人の貸付金は相続財産として計上する必要がある。

〔参考通達〕
　○財産評価基本通達（昭和39年4月25日直資56）
　　（貸付金債権の評価）
　204　貸付金、売掛金、未収入金、預貯金以外の預け金、仮払金、その他これらに類するもの（以下「貸付金債権等」という。）の価額は、次に掲げる元本の価額と利息の価額との合計額によって評価する。
　　(1)　貸付金債権等の元本の価額は、その返済されるべき金額
　　(2)　貸付金債権等に係る利息（208《未収法定果実の評価》に定める貸付金等の利子を除く。）の価額は、課税時期現在の既経過利息として支払を受けるべき金額
　　（貸付金債権等の元本価額の範囲）
　205　前項の定めにより貸付金債権等の評価を行う場合において、その債権金額の全部又は一部が、課税時期において次に掲げる金額に該当するときその他その回収が不可能又は著しく困難であると見込まれるときにおいては、それらの金額は元本の価額に算入しない。
　　(1)　債務者について次に掲げる事実が発生している場合におけるその債務者に対して有する貸付金債権等の金額（その金額のうち、質権及び抵当権によって担保されている部分の金額を除く。）
　　　イ　手形交換所（これに準ずる機関を含む。）において取引停止処分を受けたとき
　　　ロ　会社更生法（平成14年法律第154号）の規定による更生手続開始の決定があったとき
　　　ハ　民事再生法（平成11年法律第225号）の規定による再生手続開始の決定があったとき
　　　ニ　会社法の規定による特別清算開始の命令があったとき
　　　ホ　破産法（平成16年法律第75号）の規定による破産手続開始の決定があったとき

問 22　債務超過の同族法人に対する貸付金

　　へ　業況不振のため又はその営む事業について重大な損失を受けたため、その事業を廃止し又は 6 か月以上休業しているとき
(2)　更生計画認可の決定、再生計画認可の決定、特別清算に係る協定の認可の決定又は法律の定める整理手続によらないいわゆる債権者集会の協議により、債権の切捨て、棚上げ、年賦償還等の決定があった場合において、これらの決定のあった日現在におけるその債務者に対して有する債権のうち、その決定により切り捨てられる部分の債権の金額及び次に掲げる金額
　　イ　弁済までの据置期間が決定後 5 年を超える場合におけるその債権の金額
　　ロ　年賦償還等の決定により割賦弁済されることとなった債権の金額のうち、課税時期後 5 年を経過した日後に弁済されることとなる部分の金額
(3)　当事者間の契約により債権の切捨て、棚上げ、年賦償還等が行われた場合において、それが金融機関のあっせんに基づくものであるなど真正に成立したものと認めるものであるときにおけるその債権の金額のうち(2)に掲げる金額に準ずる金額

〔参考裁決 1〕

　請求人らは、請求人 A が相続により取得した被相続人と販売会社（本件法人）との間の売買契約及び預託等取引契約に係る権利は、財産評価基本通達（評価通達）204《貸付金債権の評価》に定める貸付金債権等に当たるが、本件法人は、相続開始日において、債務超過であり、かつ、支払不能の状態であったので、本件法人から支払を受けていない金額の部分（本件未払部分）は、評価通達 205《貸付金債権等の元本価額の範囲》に定める「その他その回収が不可能又は著しく困難であると見込まれるとき」に該当するとして評価すべきである旨主張する。しかしながら、本件法人は、相続開始日から約 2 年経過した後、立て続けに数回の業務停止命令等を受けたと認められるものの、これより前に営業を停止していたといえる事実は認められず、また、上記数回の業務停止命令等の行政処分よ

り前に債権者に対する支払が遅滞し又は停止していた事実は認められないことからすると、本件法人は、<u>相続開始日時点において債務超過であったことは否定できないものの、相続開始日において、営業を継続していた上、債権者に対する支払が遅滞し又は停止していたなどの事実は認められないから、本件法人が、経済的に破綻していることが客観的に明白で、そのため、本件未払部分の回収の見込みがないか、又は著しく困難であると確実に認められるものであったとはいえない。</u>したがって、本件未払部分について、「その他その回収が不可能又は著しく困難であると見込まれるとき」に当たるとはいえない。（令4.6.7東裁（諸）令3-125・国税不服審判所裁決要旨検索システム）

〔参考裁決2〕

請求人は、被相続人の貸付金（本件貸付金）の一部が財産評価基本通達205《貸付金債権等の元本価額の範囲》に定める「その回収が不可能又は著しく困難であると見込まれるとき」に当たる理由として、①不動産賃貸業を営んでいた債務者（本件法人）は長期間債務超過に陥っており、所有する賃貸物件（本件建物）の老朽化などから事業が黒字化する見込みもなく、相続開始日前に事業を継続しないことを決定していた旨、及び②請求人の返済を受けた金額は市場における財産処分を行った場合の清算価値であり、その金額が本件貸付金の時価であると客観的に立証している旨主張する。しかしながら、①本件建物に賃貸業の継続に支障を生じさせるような事情はなく、相続開始日前に本件法人において事業を継続しない旨を決定していた事実を認めることはできない。また、②請求人が本件貸付金の時価であると主張する金額とは、本件法人が、相続開始日後に、本件建物を売却したほか、被相続人に対する退職金の支払等を経た後の金額であって、相続開始日における本件貸付金の客観的な交換価値すなわち時価を表すものとは認められない。そして、本件法人は、資産状況においては、<u>本件建物に加え、第三者への支払に充当し得る程度の現金及び預金を保有していたものであり、債務超過であることをもって直ちに経済的に破綻しているとはいえず、また、営業状況においても、相続開始後の本件建物の売</u>

却時まで安定的に賃料収入を得ていたものであり、上記の資産状況からして、少なくとも、賃料収入の基となる本件建物の売却を余儀なくされる状況であったとはいえないため、相続開始日において、本件法人が、資産状況及び営業状況等から経済的に破綻していることが客観的に明白であったとは認められない。したがって、本件貸付金の債権金額の一部が、相続開始日において財産評価基本通達205に定める「その回収が不可能又は著しく困難であると見込まれるとき」に該当するとは認められない。(令3.11.1東裁(諸)令3-30・国税不服審判所裁決要旨検索システム)

〔参考裁決3〕

　請求人は、相続財産である貸付金債権(本件貸付金)について、債務者である同族法人(本件会社)の資産状況は、被相続人から毎期多額の債務免除を受けても債務超過であり、かつ、被相続人から多額の資金提供がないと経営の継続が困難であり、実質的、客観的に破綻していることは明白であることなどから、財産評価基本通達(評価通達)205《貸付金債権等の元本価額の範囲》に定める「その他その回収が不可能又は著しく困難であると見込まれるとき」に該当する旨主張する。しかしながら、本件会社の資産及び負債、損益の状況は良好であったとは必ずしもいえないものの、①本件会社の負債の大部分は、本件会社の全株式を有する被相続人からの借入金であることから、強制執行などの回収手段によって経営に必要な財産を失う可能性は低かったものと認められること、②本件会社は、売上額が増加傾向にあったことや、被相続人及びその親族である役員に対して役員報酬及び地代として毎期一定額の支出が認められ、相続開始日までに大幅な支出削減を余儀なくされるなどの営業活動が制限される状況であったとは認められないこと、③本件会社の経営は平成25年頃からは被相続人の子が統括し、本件会社が経営するホテル及びレストランの建物の敷地が被相続人の妻の土地であることから、相続開始日以降も、事業を継続できる状況であったことを考慮すると、相続開始後に本件会社が営業を停止したことや、その後の解散、清算結了等をもって、相続開始日において本件会社の営業状況及び資産状況が破綻していたということはできず、評

第3　課税財産

価通達205の(1)ないし(3)に掲げる事情と同視できる程度に債務者の経済状態等の悪化が著しく、その貸付金債権等の回収の見込みがないことが客観的に明白であって、本件貸付金の回収の見込みがないことが客観的に確実であるということはできない。したがって、本件貸付金は、本件相続開始日において、評価通達205が定める「その他その回収が不可能又は著しく困難であると見込まれるとき」には該当しない。（令2.3.18仙裁（諸）令元-12・国税不服審判所裁決要旨検索システム）

〔参考裁決4〕

○国税不服審判所ホームページ（公表裁決事例）
相続税の申告期限前に受贈益として確定していた同族法人に対する貸付金（平成14年2月26日裁決・裁決事例集No.63・576頁）

請求人は、相続税の申告に当たり同族法人に対する貸付金を申告していたが、これを相続税の申告期限前の当該法人の決算時において一部受贈益として確定させたものであるから、この部分に関してはその回収が不可能なことは動かしがたい事実である旨主張するが、債務者が弁済不能の状態にあるか否かは、一般には、破産、和議、会社更生あるいは強制執行等の手続開始を受け、又は事業閉鎖、行方不明、刑の執行等により、債務超過の状態が相当期間継続しながら、他から融資を受ける見込みがなく、再起の目途が立たないなどの事情により、事実上債権の回収が不可能又は著しく困難な状況であることが客観的に認められるか否かにより判断すべきと解されるところ、当該法人は、本件相続の開始日当時、赤字申告が続いていた事実は認められるが、債務超過の状態が継続していた事実は認められず、事業活動を継続しており、事業閉鎖等の事実、会社更生又は強制執行の申立て等を受けた事実はなく、弁済不能の状態にあったとは認められない。また、回収不能の判断時期は、相続開始時であるから、本件相続の開始時点において、貸付金の回収が不可能又は著しく困難な状況であると認められない以上、相続開始後に起きた事実等に基づいて、貸付金の価額の評価が左右されるものではない。

〔参考裁決5〕

　　原処分庁は、本件相続開始時に債務者（法人）が客観的に破たんしていることが明白であって、本件貸付金の回収の見込みのないことが客観的に確実であるとまでは認められず、同日において本件貸付金の一部が回収不可能であったとは認められないと主張する。しかしながら、①債務者は債務超過及び大幅な赤字営業の状態が相当期間続いている上に、それらの状況が飛躍的に改善される見込みがないと認められること、②債務者の事業活動が維持されたのは関連法人の無制限な資金援助によるものであると認めれることからすれば、営業活動は継続しているものの債務者の営業状況、資産状況は極めて危機的な状況にあったと認められる。また、本件営業譲渡は、①取引銀行の強い申し入れにより行われたもので、その意向が強く反映されており、し意性がないと認められること、②遅くとも平成13年12月ころには、本件貸付金を営業譲渡対象外とすることが計画されていたこと、③債務者において、本件相続開始日の2月前の平成15年2月の株主総会及び取締役会で営業譲渡、解散の時期を平成16年2月期中とすることが決定されたことからすれば、債務者は、本件貸付金を営業譲渡の譲受会社に引き継がずに営業譲渡し、解散・清算することが事実上、平成15年2月には確実であったと認められる。以上のことから、資産状況、営業状況が危機的状況にあった債務者は、本件相続開始日において、本件貸付金を除いた営業用の資産・負債を譲受会社に対し、営業譲渡し、解散・清算することが確実であったのであるから、同日における本件貸付金の客観的価値は、債務者の営業譲渡見込額及び残余財産見込額を合理的に算出した場合の本件貸付金の配当見込相当額にとどまるというべきであり、すなわち、本件貸付金の一部は、同日において、回収の見込みのないことが客観的に確実であったというべきである。（平18.5.12東裁（諸）平17-170・国税不服審判所裁決要旨検索システム）

（下線は筆者）

第3　課税財産

問23　被相続人が火災により死亡した場合の相続財産

> 被相続人は自宅の火災により死亡しました。自宅は全焼し、被相続人は鎮火後に焼死体で発見されました。自宅には火災保険が掛けられており、建物保険金3,000万円と家財保険金500万円が相続人に支払われています。相続人は、同居していた子ども1人のみです。このような場合、相続税の申告において、建物や家財、保険金の申告、居住用の小規模宅地の特例の適用はどのようになるでしょうか。
> また、仮に被相続人が自宅から救助後、数日後に病院で死亡した場合はどうなるでしょうか。

答

　火災の焼け跡から被相続人の焼死体が発見された場合、被相続人の死亡時期は明らかではありませんが、建物の火災発生中に亡くなったとみるのが相当でしょう。このような場合、火災発生中なので保険金の請求権は被相続人の死亡時には発生していないと考えられます。このため、相続財産は建物や家財となります。建物は通常、固定資産税評価額で相続税の申告をしますが、火災発生中に死亡していることから、死亡時、つまり焼失中の時価で相続税の申告をします。焼失している状態の建物なので、その時価はゼロと考えられます。また、家財についても、耐火性の金庫内にあり焼失を逃れた動産があるなど特殊なケースを除いては、火災や消火のための水損により時価はゼロとするのが相当と考えられます。

　建物保険金3,000万円と家財保険金500万円については、相続人である子どもが取得することになりますが、所得税法第9条第1項第18号の規定により所得税は課税されません。

　なお、居住用の小規模宅地の特例の適用については、相続税の申告時期において、子どもにより居住の再開のための準備が進められていると認められ

問23 被相続人が火災により死亡した場合の相続財産

るときは、適用を受けることができます。

　仮に被相続人が焼失中の建物から救出され、その後死亡した場合は、被相続人に火災保険の請求権が発生しているとみるのが相当でしょう。このため、相続財産は、火災保険請求権となり、未払金である建物保険金3,000万円と家財保険金500万円を相続財産として相続税の申告をします。なお、先に述べたように当該保険金については所得税法第9条第1項第18号の規定により所得税は課税されませんので、被相続人の準確定申告で申告の対象とする必要はありません。建物については消失しているため申告は不要で、家財についても焼失等を逃れたものがなければ時価はゼロと考えられるため申告は不要と考えます。居住用の小規模宅地の特例の適用については、前述したとおりです。

　なお、被相続人が焼死以外の理由（他殺・事故・病気）で死亡した後、何らかの原因で自宅が火災となり全焼したような場合では、相続財産は消失する前の自宅や家財となります。この場合は、相続開始後申告期限までに災害を受けたことになり、災害減免法の適用があります。相続等により取得した財産の価額から、被害を受けた部分で、保険金、損害賠償金等で補てんされなかった部分の価額を控除して課税価格を計算します。自宅や家財の被害額は100％と考えられるため、焼失等する前の自宅や家財の価額から保険金等の額で補てんされる金額を控除して申告することとなります。保険金等の額の方が大きければ、焼失等する前の自宅や家財の価額で申告します。

☆Point

□ 被相続人が火災により死亡した場合、死亡の時期によって対象となる相続財産が異なる。

〔参考法令〕
　○**所得税法**（昭和40年3月法律第33号）
　　（非課税所得）
　　第9条　次に掲げる所得については、所得税を課さない。
　　　一～十七　省略
　　　十八　保険業法（平成7年法律第105号）第2条第4項（定義）に

第3 課税財産

　　　　　規定する損害保険会社又は同条第9項に規定する外国損害保険会
　　　　　社等の締結した<u>保険契約に基づき支払を受ける保険金及び損害賠償
　　　　　金（これらに類するものを含む。）で</u>、心身に加えられた損害又は
　　　　　<u>突発的な事故により資産に加えられた損害に基因して取得するもの</u>
　　　　　その他の政令で定めるもの
（以下省略）

〔**参考通達**〕
○**租税特別措置法（相続税法の特例関係）の取扱いについて**（昭和50年
11月4日直資2－224）
　（災害のため事業が休止された場合）
　69の4－17　措置法第69条の4第3項第1号イ又はロの要件の判定
　　において、<u>被相続人等の事業の用に供されていた施設が災害により損
　　害を受けたため、同号イ又はロの申告期限において当該事業が休業中
　　である場合には、同号に規定する親族</u>（同号イの場合にあっては、そ
　　の親族の相続人を含む。）<u>により当該事業の再開のための準備が進め
　　られていると認められるときに限り、当該施設の敷地は、当該申告期
　　限においても当該親族の当該事業の用に供されているものとして取り
　　扱う。</u>
　　（注）　措置法第69条の4第3項第2号イ及びハ、同項第3号並び
　　　　に同項第4号イ及びロの要件の判定<u>については、上記に準じて取
　　　　り扱う。</u>
　　（編注：措置法第69条の4第3項第2号イ及びハが居住用の小規模
　　宅地の規定）

（下線は筆者）

問24　相続時精算課税の相続税の納付義務の承継

> 　令和2年にAは父から現金3,000万円の生前贈与を受け、相続時精算課税の適用を受ける申告をし、贈与税額100万円を納税しました。その後、相続時精算課税適用者であるAは相続時精算課税に係る財産の贈与者（以下「特定贈与者」といいます。）である父よりも先に死亡しました。次のような場合、父が死亡した時のAの相続時精算課税の適用に伴う権利義務は、誰に、どのように承継されるでしょうか。なお、Aは遺言書を作成していません。
> 1　Aの相続人がAの配偶者とAの子2人の場合
> 2　Aの相続人がAの配偶者とAの父及び母の場合
> 3　Aの相続人がAの父のみの場合。なお、Aには兄弟（父の子）が2人いる

答

　相続時精算課税の適用を受けた場合、特定贈与者であるAの父が死亡した際の相続税の申告では、相続時精算課税適用者である子Aは相続時精算課税の適用を受けた贈与財産3,000万円を相続財産に計上して相続税の申告をします。また、相続時精算課税の適用を受けた際に支払った100万円の贈与税額は相続税額から差し引きます。

　しかし、相続時精算課税適用者であるAが特定贈与者である父より先に死亡した場合は、Aは相続人として相続税の申告ができませんので、これらの権利義務をAの相続人が承継して相続税の申告をします。相続時精算課税適用者の相続人（包括受遺者を含み、特定贈与者を除く。）が2人以上いる場合の権利義務の承継割合は、民法第900条から第902条まで（法定相続分・代襲相続分・指定相続分）に規定する相続分によります。本問のケースではAの遺言書がないため法定相続割合で承継します。なお、相続時精

第3 課税財産

算課税適用者の相続人への権利義務の承継については、相続税申告書の第1表の付表の1に記載します。

なお、相続人の中に特定贈与者が含まれる場合は、当該特定贈与者は、納税に係る権利又は義務については承継しません。このため、特定贈与者がいないものとして計算した法定相続割合により承継します。また、相続人が特定贈与者のみである場合は、相続時精算課税の適用に伴う権利義務は承継されません。

1 Aの相続人はAの配偶者とAの子2人のため次のように継承します。

承継者	割合	相続財産への計上額	相続税からの控除税額
配偶者	1/2	1,500万円	50万円
子1	1/4	750万円	25万円
子2	1/4	750万円	25万円

2 Aの父は特定贈与者なので承継せず、Aの配偶者とAの母が承継します。

承継者	割合	相続財産への計上額	相続税からの控除税額
配偶者	2/3	2,000万円	666,667円
母	1/3	1,000万円	333,333円

3 Aの相続人が相続時精算課税の特定贈与者であるAの父のみなので、相続時精算課税の適用に伴う権利義務は承継されません。なお、Aの父母の後順位の相続人であるAの兄弟姉妹にも承継されませんので、当該特定贈与者である父の死亡に係る当該相続時精算課税適用者の相続税の申告は必要がないということになります（相続税法基本通達21の17-3）。

☆Point
□ 相続時精算課税の適用者が特定贈与者より先に死亡した場合、当該特定贈与者は当該相続時精算課税の適用に伴う権利義務は承継しない。
□ 特定贈与者のみが相続時精算課税の適用者の相続人であり、当該特

問 24 相続時精算課税の相続税の納付義務の承継

定贈与者が死亡した場合は、当該相続時精算課税適用者の相続税の申告は必要がない。

〔参考法令〕
○**相続税法**（昭和 25 年 3 月法律第 73 号）
　（相続時精算課税に係る相続税の納付義務の承継等）
　第 21 条の 17　<u>特定贈与者の死亡以前に当該特定贈与者に係る相続時精算課税適用者が死亡した場合には、当該相続時精算課税適用者の相続人（包括受遺者を含む。以下この条及び次条において同じ。）は、当該相続時精算課税適用者が有していたこの節の規定の適用を受けていたことに伴う納税に係る権利又は義務を承継する。ただし、当該相続人のうちに当該特定贈与者がある場合には、当該特定贈与者は、当該納税に係る権利又は義務については、これを承継しない。</u>
　2　前項本文の場合において、相続時精算課税適用者の相続人が限定承認をしたときは、当該相続人は、相続により取得した財産（当該相続時精算課税適用者からの遺贈又は贈与により取得した財産を含む。）の限度においてのみ同項の納税に係る権利又は義務を承継する。
　3　国税通則法第 5 条第 2 項及び第 3 項（相続による国税の納付義務の承継）の規定は、この条の規定により相続時精算課税適用者の相続人が有することとなる第 1 項の納税に係る権利又は義務について、準用する。
　4　前 3 項の規定は、第 1 項の権利又は義務を承継した者が死亡した場合について、準用する。

〔参考通達〕
○**相続税法基本通達**（昭和 34 年 1 月 28 日直資 10）
　（承継の割合）
　21 の 17－2　相続時精算課税適用者の相続人が 2 人以上あるときに各相続人が承継する相続時精算課税の適用に伴う権利義務の割合について、基本的な設例を基に示せば、次のとおりである。

第3 課税財産

設例1

上記の場合において、特定贈与者の死亡前に相続時精算課税適用者が死亡したときには、配偶者及び子が相続時精算課税の適用に伴う権利義務を承継することになり、その割合は、配偶者と子がそれぞれ2分の1ずつとなる。

設例2

上記の場合において、特定贈与者の死亡前に相続時精算課税適用者が死亡したときには、母及び配偶者が相続時精算課税の適用に伴う権利義務を承継することになり（特定贈与者には承継されない。）、その割合は、母が3分の1、配偶者が3分の2となる。

（相続人が特定贈与者のみである場合）

<u>21の17-3 相続時精算課税適用者の相続人が特定贈与者のみである場合には、相続時精算課税の適用に伴う権利義務は当該特定贈与者及び当該相続時精算課税適用者の民法第889条《直系尊属及び兄弟姉妹の相続権》の規定による後順位の相続人となる他の者には承継されないのであるから留意する。</u>

したがって、この場合には、当該特定贈与者の死亡に係る当該相続時精算課税適用者の相続税の申告は必要がないこととなる。

問24 相続時精算課税の相続税の納付義務の承継

> **参考** 国税庁ホームページ 質疑応答事例

◇相続時精算課税における相続税の納付義務の承継等
【照会要旨】
　相続時精算課税適用者が特定贈与者よりも先に死亡した場合の相続時精算課税の適用に伴う納税に係る権利義務はどのように承継されるのでしょうか。
【回答要旨】
1. 特定贈与者の死亡以前にその特定贈与者に係る相続時精算課税適用者が死亡した場合には、その相続時精算課税適用者の相続人（包括受遺者を含み、その特定贈与者を除きます。）は、その相続時精算課税適用者が有していた相続時精算課税の適用を受けていたことに伴う納税に係る権利又は義務（以下「相続時精算課税の適用に伴う権利義務」といいます。）を承継します。
　　この場合、相続時精算課税適用者の相続人（包括受遺者を含み、その特定贈与者を除きます。）が2人以上いる場合の各相続人が承継する相続時精算課税の適用に伴う権利義務の割合は、民法第900条から第902条まで（法定相続分・代襲相続分・指定相続分）に規定する相続分（その特定贈与者がいないものとして計算した相続分）によります。
2. なお、相続時精算課税適用者の相続人が特定贈与者のみである場合には、相続時精算課税の適用に伴う権利義務はその特定贈与者及び相続時精算課税適用者の民法第889条の規定による後順位の相続人となる者には承継されず消滅することになります。
3. 相続時精算課税適用者が死亡した後にその特定贈与者が死亡した場合には、相続時精算課税適用者の相続人（包括受遺者を含み、その特定贈与者を除きます。）が、その相続時精算課税適用者に代わって、特定贈与者の死亡に係る相続税の申告をすることとなりますが、その申告をするまでは、納付すべき税額が算出されるか、あるいは還付を受けることができる税額が算出されるかが明らかでないことから、相続時精算課税適用者の死亡に係る相続税額の計算においては、この相続時精算課税の適用に伴う納税に係る義務は、当該相続時精算課税適用者の死亡に係る相続税の課税価

第3　課税財産

格の計算上、債務控除の対象とはなりません。
【関係法令通達】
　相続税法第21条の17第1項、第3項
　相続税法施行令第5条の4第3項、第5条の5
　相続税法基本通達21の17-3

（下線は筆者）

問 25　死亡払戻金等を受け取った場合の生命保険金の非課税の適用

　父が亡くなり、子どもである私がかんぽ生命の生命保険金 300 万円（剰余金、前納保険料を含む）を受け取りました。それ以外にかんぽ生命からは、特約還付金 150 万円も受け取っています。また、父はがん保険にも入っていたのですが、がん以外で死亡したため、保険会社から死亡払戻金 10 万円を受け取っています。被相続人が死亡したことにより受け取った保険金は法定相続人 1 人につき 500 万円は非課税になると聞いていますので、受け取った金銭については全て相続税の課税財産にはならないのでしょうか。なお、相続人は私だけで、父が死亡したことにより受け取った保険金等は上記以外にはありません。

答

　被相続人の死亡によって取得した生命保険金や損害保険金で、その保険料の全部又は一部を被相続人が負担していたものは、本来の相続財産ではありませんが、みなし相続財産として相続税の課税対象となります。

　この死亡保険金の受取人が相続人（相続を放棄した人や相続権を失った人は含まれません。）である場合、総額で法定相続人の数×500 万円の非課税限度額があり、これを超えなければ相続税の課税財産とはなりません。ところで、保険金が支払われる際、保険金とともに剰余金（一般的には配当金と呼ばれる）や前納保険料が保険金と一緒に支払われるケースも多くみられます。この剰余金及び前納保険料は、保険約款等の規定に基づき保険金受取人が固有の権利として原始的に取得するもので、実質的には保険金と異ならないため相続税法基本通達 3－8 の規定で保険金と同様に非課税限度額の対象となります。なお割戻金は生命共済において用いられる用語で剰余金（配当金）と同等の性質のものです。

　しかし、本問にある特約還付金は非課税限度額の対象とはなりません。生

第3 課税財産

命保険には基本契約に付随して災害、介護や入院などに備えるために特約をつけることがあります。相続が発生するとこの特約部分の保険料のうち積み立てられていた部分の返還を受けることがあります。保険金の支払い事由が発生したことに伴い保険金受取人に支払われるものではなく、主契約の消滅等に伴い、保険契約者に支払われる金銭のため、本来の相続財産となり遺産分割の対象となります。このため、保険金の非課税限度額の対象外です。

また、がん保険の中には、がん以外で死亡した場合に死亡払戻金が支払われる場合があります。同じように保険契約から一定期間内に自殺した場合に、保険金の支払いをしない代わりに、保険料の一部が払い戻される場合もあります。

これらについても相続税の非課税限度額の対象となる保険金とはなりません。なぜなら、保険金とは、相続税法基本通達3−8に「保険金とともに当該保険契約に係る保険金受取人が取得するもの」である必要があるため、死亡保険金に代わって支払われる払戻金は保険金とはならないからです。相続税法基本通達3−39でも、返還金その他これに準ずるものとして「一定の事由（被保険者の自殺等）に基づき保険金の支払をしない場合において支払を受ける払戻金等」と規定され、保険金ではないことが規定されています。

なお、保険会社によっては払戻金という名目となっていても、実質的には生命保険金に該当する場合もあるようです。内容の判断がつきかねる場合は、生命保険会社に死亡保険金か契約が失効したことによる払戻金か確認された方がよいでしょう。

以上のことから、かんぽ生命の特約還付金及びがん保険の死亡払戻金については、保険金の非課税限度額の適用はなく、本来の相続財産として課税されます。

☆Point
□ 被相続人の死亡によって支払われる特約還付金や死亡払戻金等は本来の相続財産となるため、保険金の非課税限度額の適用対象とならない。

〔参考通達〕
○相続税法基本通達（昭和34年1月28日直資10）

問25 死亡払戻金等を受け取った場合の生命保険金の非課税の適用

(保険金とともに支払を受ける剰余金等)

3-8　法第3条第1項第1号の規定により相続又は遺贈により取得したものとみなされる保険金には、保険契約に基づき分配を受ける剰余金、割戻しを受ける割戻金及び払戻しを受ける前納保険料の額で、当該保険契約に基づき保険金とともに当該保険契約に係る保険金受取人（共済金受取人を含む。以下同じ。）が取得するものを含むものとする。

(「返還金その他これに準ずるもの」の意義)

3-39　法第3条第1項第3号に規定する「返還金その他これに準ずるもの」とは、生命保険契約の定めるところにより生命保険契約の解除（保険金の減額の場合を含む。）又は失効によって支払を受ける金額又は一定の事由（被保険者の自殺等）に基づき保険金の支払をしない場合において支払を受ける払戻金等をいうものとする。

（下線は筆者）

第3 課税財産

問 26　収益物件の家賃を受け取っている場合の相続財産と債務控除

> 　被相続人は収益不動産を所有しており、家賃の支払期限は当月分を毎月月末に支払うと決まっていました。被相続人は11月25日に死亡しましたが、当該月の家賃について、A社は11月30日に300万円を支払い、B社は11月20日に300万円を支払っています。入金がある預金口座については、11月25日の残高証明をとってその額で相続税の申告をする予定です。
> 　A社については、相続開始日に家賃の支払いがありませんが、1日から25日までの日割りの家賃250万円を未収家賃として申告すべきでしょうか。また、B社については相続開始日前に家賃の支払いがありますが、26日から30日までの日割りの家賃50万円を債務として計上することはできるのでしょうか。

答

　まず、家賃等の法定果実は、収入すべき時期が来ているか否かで相続財産として計上すべきかどうかを判定します。本問では、支払期限が毎月月末なので相続開始時点では当月の家賃の収入すべき期限は来ていません。そのため、相続開始時点で当月分の家賃の支払いがなかった場合でも相続財産として計上する必要はありません。よって、A社の1日から25日までの日割りの家賃250万円は、未収金として計上しません。なお、前月分の家賃が未払いなど、支払期限が来ているのに支払いがないものについては未収金として計上します。

　次に、B社の家賃ですが、相続開始前に当月分の全額が支払われています。未経過の26日から30日までの日割りの家賃50万円について債務計上が可能と思われるかもしれませんが、原則債務計上はできません。相続税において債務として控除できるものは、「確実と認められるものに限る」(相続

問26 収益物件の家賃を受け取っている場合の相続財産と債務控除

税法第14条第1項）と規定されています。通常、不動産の賃貸借契約を解約する場合は、契約書に○カ月前に申出を行う必要があると条項があります。仮にすぐに契約を解約しても、その期間の家賃は支払う必要があります。本問の場合も、仮に相続開始日に賃借人が契約の解約の申出を行ったとしても、月末である11月30日までの5日間の家賃を返還する義務が相続人に発生するとは考えられません。このため、未経過分の5日間に相当する家賃50万円は、確実な債務ではないため債務控除できないことになります。

☆Point
- □ 支払期限が到来していない家賃については、当月分の家賃が支払われていなくても日割りの家賃を未収金として計上する必要はない。
- □ 相続開始前に当月分の家賃全額が支払われていた場合でも、未経過の日割り家賃を債務として計上することはできない。

〔参考通達〕
○**財産評価基本通達**（昭和39年4月25日直資56）
（未収法定果実の評価）
208 課税時期において<u>既に収入すべき期限が到来しているもので同時期においてまだ収入していない地代、家賃その他の賃貸料</u>、貸付金の利息等の法定果実<u>の価額は、その収入すべき法定果実の金額によって評価する</u>。

参考　国税庁ホームページ　質疑応答事例
◇**支払期日未到来の既経過家賃と相続財産**
【照会要旨】
　アパートの賃貸を業務としている者が本年4月24日に死亡しました。
　賃貸借契約において、そのアパートの賃貸料の支払期日は、毎月の末日とする旨が明定されており、その契約に従って賃貸料が支払われてきました。未収家賃はありません。
　4月分の家賃は、4月30日に相続人が収受しましたが、その家賃のうち4月1日から24日までの期間に対応する既経過分の家賃については、相続

第3　課税財産

税の課税価格に算入する必要がありますか。

【回答要旨】

　死亡した日においてその月の家賃の支払期日が到来していない場合は、既経過分の家賃相当額を相続税の課税価格に算入しなくて差し支えありません。

【関係法令通達】

　財産評価基本通達208

> **参考**　国税庁ホームページ　文書回答事例

◇定期借地権の賃料の一部又は全部を前払いとして一括して授受した場合における相続税の財産評価及び所得税の経済的利益に係る課税等の取扱いについて（平成17年7月7日・一部抜粋）

平成17年6月28日　国土交通省土地・水資源局土地政策課土地市場企画室長照会

平成17年7月7日　国税庁課税部審理室長回答

　定期借地権の設定時において、借地権者が借地権設定者に対して、借地に係る契約期間の賃料の一部又は全部を一括前払いの一時金（以下「前払賃料」といいます。）として支払う場合の借地権者及び借地権設定者の所得計算上の取扱いについては、平成17年1月7日付の文書回答「定期借地権の賃料の一部又は全部を前払いとして一括して授受した場合における税務上の取扱いについて」により、一定の書式例に準拠した定期借地権設定契約書により契約し、契約期間にわたって保管している場合で、その取引の実態も当該契約書に沿うものであるときは、当該前払賃料は、借地権者にとっては「前払費用」として、借地権設定者にとっては「前受収益」として取り扱われることが明らかにされました。

　ところで、上記の文書回答に示された定期借地権（以下「前払賃料方式による定期借地権」といいます。）が設定された場合に、その後、借地権者が死亡して相続人が当該権利を相続したときの相続税における財産評価の方法などについて若干の疑義が生じております。そこで、前払賃料方式による定期借地権が設定されている場合の相続税の財産評価及び所得税の経済的利益

問26 収益物件の家賃を受け取っている場合の相続財産と債務控除に係る課税等について、下記のとおり取り扱って差し支えないか、お伺い申し上げます。

記

《1 前払賃料方式による定期借地権が設定されている場合の相続税の取扱い》

(1) 省略

(2) 省略

(理由)

イ 定期借地権の目的となっている宅地の評価

　省略

ロ 前払賃料の未経過分相当額の取扱い

　<u>課税時期において借地権設定者が「前受収益」として計上している前払賃料の未経過分相当額については、借地契約の存続を前提とする限り返還を要しないものであるから相続税法第14条に規定する「確実と認められる」債務とはいえず、被相続人等が前払賃料を受領していることにより、上記のとおり定期借地権の目的となっている宅地として評価上減額されるのであるから、相続税の課税価格の計算上は、債務として控除することはできない。</u>

　(以下省略)

(下線は筆者)

第3　課税財産

問27　相続人名義の建物更生共済の掛金を被相続人が負担していた場合

> 父と子が、農業協同組合で次のような契約内容で建物更生共済に加入しています。なお、共済掛金は毎月1万円を支払っています。
> 共済契約者：子
> 共済掛金の負担者：父
> 満期金の受取人：子
> 共済金の受取人：子
> 建物の所有者：子
> 契約途中で令和6年に父が死亡して相続が発生した場合、相続税等の課税関係はどうなるでしょうか。また、相続が発生する前に満期を迎え、子が満期金を受け取った場合の課税はどうなるでしょうか。

答

　建物更生共済とは、農業協同組合が販売する火災や台風、地震などの自然災害による建物や動産などの被害を幅広く保障する共済で、特約の附加で長期間の保証を受けることもでき、共済期間の満了時には満期金を受け取れる損害保険の一種です。省略して、「建更（たてこう）」と呼ばれることも多く、農家など農業協同組合との取引がある場合は、自宅や収益物件について建物更生共済に加入している場合が多く見られます。民間の損害保険との違いは、長期契約が可能な点と契約満了時に満期金の支払いがあることです。被相続人が契約者の場合は、相続開始時点の解約返戻金相当額が相続財産となるため、農業協同組合との取引がある場合は、建物更生共済の加入の有無の確認が必須です。

　生命保険契約の場合は、被相続人以外が保険契約者の生命保険契約で保険料の負担を被相続人が行っていた場合において、解約返戻金等があれば、被相続人が負担した部分については、被相続人の死亡時の解約返戻金が相続財

問27 相続人名義の建物更生共済の掛金を被相続人が負担していた場合

産となります（相続税法3条1項3号）。しかし、相続税法第3条第1項第3号に規定されているものは、生命保険契約で建物更生共済契約など建物や動産を保険の対象とする損害保険契約は含まれていません。このため、相続人が契約者である建物更生共済の共済掛金を被相続人が負担していたとしても、解約返戻金は相続財産とはなりません。

しかし、共済掛金は本来契約者が負担する必要がありますが、本問では父が負担しており、その部分について子は経済的利益を受けていたこととなるため贈与税の課税対象となります。

本問の場合は年間の共済掛金の額は12万円であり、子が他に贈与を受けていなければ贈与税の申告は不要です。相続が発生した場合は、相続税法第19条により相続開始前の一定年数の間に受けた贈与金額については相続財産に加算されます。本問の場合、3年間分の掛金36万円を相続財産に加算します。なお、逆に被相続人を契約者とする建物更生共済の掛金を相続人が負担していた場合には、掛金の負担者が相続人であっても、建物更生共済契約の解約返戻金相当額は被相続人の相続財産になります。この場合には、被相続人が贈与を受けていたことになり、年間の贈与財産の額によっては贈与税の申告が必要になります。

また、相続が発生する前に満期を迎え、満期金を子が受け取った場合は、受取人である子の一時所得として課税されます。一時所得の計算においては、父が支払った共済掛金は子の一時所得の計算上経費とすることができます。

☆Point

□ 子の建物更生共済の掛金を被相続人の父が負担していた場合、父の死亡による相続が発生した時点の解約返戻金相当額は相続財産とならないが、契約者である子が経済的利益を受けていたこととなり贈与税の課税対象となる。

〔参考法令〕

○**相続税法**（昭和25年3月法律第73号）

（相続又は遺贈により取得したものとみなす場合）

第3 課税財産

第3条 次の各号のいずれかに該当する場合においては、当該各号に掲げる者が、当該各号に掲げる財産を相続又は遺贈により取得したものとみなす。この場合において、その者が相続人（相続を放棄した者及び相続権を失つた者を含まない。第15条、第16条、第19条の2第1項、第19条の3第1項、第19条の4第1項及び第63条の場合並びに「第15条第2項に規定する相続人の数」という場合を除き、以下同じ。）であるときは当該財産を相続により取得したものとみなし、その者が相続人以外の者であるときは当該財産を遺贈により取得したものとみなす。

一・二　省略

三　相続開始の時において、まだ保険事故（共済事故を含む。以下同じ。）が発生していない生命保険契約（一定期間内に保険事故が発生しなかつた場合において返還金その他これに準ずるものの支払がない生命保険契約を除く。）で被相続人が保険料の全部又は一部を負担し、かつ、被相続人以外の者が当該生命保険契約の契約者であるものがある場合においては、当該生命保険契約の契約者について、当該契約に関する権利のうち被相続人が負担した保険料の金額の当該契約に係る保険料で当該相続開始の時までに払い込まれたものの全額に対する割合に相当する部分

（以下省略）

○**所得税法施行令**（昭和40年3月政令第96号）

（損害保険契約等に基づく年金に係る雑所得の金額の計算上控除する保険料等）

第184条　省略

2　損害保険契約等（前項に規定する損害保険契約等及び保険業法第2条第18項（定義）に規定する少額短期保険業者の締結した同条第4項に規定する損害保険会社又は同条第9項に規定する外国損害保険会社等の締結した保険契約（第4項において「損害保険契約」という。）に類する保険契約をいう。以下この項及び次項において同じ。）

問 27　相続人名義の建物更生共済の掛金を被相続人が負担していた場合に基づく満期返戻金等の支払を受ける居住者のその支払を受ける年分の当該満期返戻金等に係る一時所得の金額の計算については、次に定めるところによる。

一　当該満期返戻金等の支払の基礎となる損害保険契約等に基づき分配を受ける剰余金又は割戻しを受ける割戻金の額で、当該満期返戻金等とともに又は当該満期返戻金等の支払を受けた後に支払を受けるものは、その年分の一時所得に係る総収入金額に算入する。

二　<u>当該損害保険契約等に係る保険料又は掛金の総額は、その年分の一時所得の金額の計算上、支出した金額に算入する。</u>

（下線は筆者）

第3　課税財産

問28　死亡保険金を受領した相続人が他の相続人に代償金を支払った場合

> 被相続人の相続人は配偶者と子どもの計2名です。相続財産の遺産分割協議において次のような代償金の支払いがあった場合、相続税ではどのように申告するのでしょうか。
> 1　相続財産は、預金3,000万円（時価3,000万円）です。それ以外に生命保険金5,000万円があり、保険金の受取人は配偶者となっています。遺産分割協議の結果、預金は全て配偶者が取得し、その代償金として5,000万円が配偶者から子どもに支払われることになりました。
> 2　相続財産は、土地建物3,000万円（時価5,000万円）です。それ以外に生命保険金5,000万円があり保険金の受取人は配偶者となっています。遺産分割協議の結果、土地建物は全て配偶者が取得し、その代償金として5,000万円が配偶者から子どもに支払われることになりました。

答

1　まず、生命保険金については、本来の相続財産ではないので遺産分割の対象とはなりません。生命保険金は契約上の受取人が原始的に取得し、相続人から相続する財産に該当しないためです。しかし、相続税法上はみなし相続財産となり、相続税の課税財産となります（生命保険金の非課税限度額は除く。）。

　本問1では、配偶者は相続財産である3,000万円の預金しか取得していません。このため、取得した相続財産を超える金額2,000万円については、遺産分割の代償金ではなく子どもに贈与したものとして取り扱われます。

問28 死亡保険金を受領した相続人が他の相続人に代償金を支払った場合

○相続税の申告　　　　　　　　　　　　　　　　　（単位：万円）

	①取得財産	②保険金	③非課税額	④代償金	⑤①+②-③+④
配偶者	3,000	5,000	1,000	−3,000	4,000
子ども	0	0	0	3,000	3,000

○贈与税の申告

　子どもは、母（配偶者）から2,000万円の贈与を受けたとする贈与税の申告が必要。

2　代償金は、原則として代償分割の時における相続財産の通常の取引価額を基として決定されます。しかし、相続人間に争いがないケースなどでは、相続税評価額を基として代償金の金額を決定する場合もあります。しかし、相続人間に争いがあるケースなどでは、相続税評価額ではなく、時価で代償金の金額を決定している場合も見受けられます。土地や建物などは、市場における時価と相続税評価額が乖離しているケースも多くあるため、相続税評価額で代償金額を決めると平等な遺産の分割ができないためです。この場合、代償分割の対象となった財産が特定され、かつ、当該財産の代償分割の時における通常の取引価額を基として決定されているときは、相続税申告に計上する代償金の価額は、次のようになります。なお、代償金算定の時価は、相続開始時点ではなく、代償分割の時の時価となります。

$$A \times \frac{C}{B}$$

算式中の符号は、次のとおりです。

　Aは、代償債務の額

　Bは、代償債務の額の決定の基となった代償分割の対象となった財産の代償分割の時における価額

　Cは、代償分割の対象となった財産の相続開始の時における価額（評価基本通達の定めにより評価した価額をいう。）

本問2の金額に当てはめると、5,000万円×3,000万円／5,000万円＝3,000

第3　課税財産

万円であり、相続税の申告において計上する代償金の価格は3,000万円となります。本問2では、配偶者が取得する相続財産は3,000万円ですが、相続税の申告上計上される代償金の金額が3,000万円となるため、代償金5,000万円を支払ったとしても本問1とは異なり、贈与したとして取り扱われる金額はありません。

○相続税の申告　　　　　　　　　　　　　　　　　　（単位：万円）

	①取得財産	②保険金	③非課税額	④代償金	⑤ ①＋②－③＋④
配偶者	3,000	5,000	1,000	－3,000	4,000
子ども	0	0	0	3,000	3,000

☆Point
- □　取得した相続財産の課税価格を超える額の代償金を他の相続人に支払う場合、遺産分割の代償金ではなく贈与として扱われる。
- □　土地建物の代償金算定は、相続税評価額ではなく、時価額をベースとして算定することもできる場合がある。

〔参考通達〕
○**相続税法基本通達**（昭和34年1月28日直資10）
　　（代償分割が行われた場合の課税価格の計算）
　　11の2－9　代償分割の方法により相続財産の全部又は一部の分割が行われた場合における法第11条の2第1項又は第2項の規定による相続税の課税価格の計算は、次に掲げる者の区分に応じ、それぞれ次に掲げるところによるものとする。
　（1）　代償財産の交付を受けた者　相続又は遺贈により取得した現物の財産の価額と交付を受けた代償財産の価額との合計額
　（2）　代償財産の交付をした者　相続又は遺贈により取得した現物の財産の価額から交付をした代償財産の価額を控除した金額
　（注）「代償分割」とは、共同相続人又は包括受遺者のうち1人又は数人が相続又は包括遺贈により取得した財産の現物を取得し、その現物を取得した者が他の共同相続人又は包括受遺者に対して債務を

問28 死亡保険金を受領した相続人が他の相続人に代償金を支払った場合

負担する分割の方法をいうのであるから留意する。

(代償財産の価額)

11の2−10 11の2−9の(1)及び(2)の代償財産の価額は、代償分割の対象となった財産を現物で取得した者が他の共同相続人又は包括受遺者に対して負担した債務(以下「代償債務」という。)の額の相続開始の時における金額によるものとする。

ただし、次に掲げる場合に該当するときは、当該代償財産の価額はそれぞれ次に掲げるところによるものとする。

(1) 共同相続人及び包括受遺者の全員の協議に基づいて代償財産の額を次の(2)に掲げる算式に準じて又は合理的と認められる方法によって計算して申告があった場合　当該申告があった金額

(2) (1)以外の場合で、代償債務の額が、代償分割の対象となった財産が特定され、かつ、当該財産の代償分割の時における通常の取引価額を基として決定されているとき　次の算式により計算した金額

$$A \times \frac{C}{B}$$

(注)　算式中の符号は、次のとおりである。

Aは、代償債務の額

Bは、代償債務の額の決定の基となった代償分割の対象となった財産の代償分割の時における価額

Cは、代償分割の対象となった財産の相続開始の時における価額(評価基本通達の定めにより評価した価額をいう。)

第4　税額控除

問29　遺贈により財産を取得している被相続人の相次相続控除

> 父が亡くなり相続税の申告を行いますが、父は5年前に伯父（父の兄）が亡くなった際に相続税の申告を行っていて相続税を約300万円支払っています。伯父は早くに離婚しており、相続人である子どもと疎遠となっていたため、相続人である子どもがいましたが、父に全財産を遺贈するという遺言を作成しており、全ての財産を父が取得しました。また、3年前に祖父（父の父）が亡くなりましたが、父は相続人である伯母（父の姉）との折り合いが悪く、遺産分割の争いに巻き込まれるのが嫌だったため、父は家庭裁判所で相続放棄の手続きをしました。しかし、父受取りの生命保険金5,000万円があったため、結果として相続税の申告を行い、相続税も約500万円支払っています。相続開始前10年以内に相続財産を取得して、相続税を支払っている場合、相次相続控除という税金の控除があると聞きましたが、このような場合、税金の控除を受けることができるでしょうか。

答

　相次相続控除の適用があるのは、第一次相続も第二次相続も、相続（被相続人からの相続人に対する遺贈を含む。）により財産を取得した場合のみです。このため、相続人以外の者が遺贈により財産を取得し、相続税を支払っ

ていたとしても相次相続控除の対象とはなりません。

　本問の場合、父は兄から全財産を遺贈により取得していますが、兄には相続人である子がいたため、父は兄の相続人に該当しません。

　また、相続人であったとしても家庭裁判所で相続放棄の手続きをした場合は、民法第939条で初めから相続人とならなかったものとみなされますので、生命保険金等を遺贈により取得した場合においても、相次相続控除は適用されません。

　以上のことから、父の相続においては、伯父（父の兄）及び祖父（父の父）の相続税の申告で支払われたいずれの相続税についても、相次相続控除の対象とすることはできません。

☆Point
- □ 相次相続控除が適用できるのは、第一次相続も第二次相続も相続（被相続人からの相続人に対する遺贈を含む。）により財産を取得した場合のみである。
- □ 被相続人から遺贈により財産を取得した場合でも、相続人が相続放棄の手続きをしていた場合は、相次相続控除の適用はない。

〔参考法令〕

　○**相続税法**（昭和25年3月法律第73号）

　　（相次相続控除）

　　第20条　相続（被相続人からの相続人に対する遺贈を含む。以下この条において同じ。）により財産を取得した場合において、当該相続（以下この条において「第二次相続」という。）に係る被相続人が第二次相続の開始前10年以内に開始した相続（以下この条において「第一次相続」という。）により財産（当該第一次相続に係る被相続人からの贈与により取得した第21条の9第3項の規定の適用を受けた財産を含む。）を取得したことがあるときは、当該被相続人から相続により財産を取得した者については、第15条から前条までの規定により算出した金額から、当該被相続人が第一次相続により取得した財産（当該第一次相続に係る被相続人からの贈与により取得した第21

問29 遺贈により財産を取得している被相続人の相次相続控除

条の9第3項の規定の適用を受けた財産を含む。）につき課せられた相続税額（延滞税、利子税、過少申告加算税、無申告加算税及び重加算税に相当する相続税額を除く。第1号において同じ。）に相当する金額に次の各号に掲げる割合を順次乗じて算出した金額を控除した金額をもつて、その納付すべき相続税額とする。
一　第二次相続に係る被相続人から相続又は遺贈（被相続人からの相続人に対する遺贈を除く。次号において同じ。）により財産を取得したすべての者がこれらの事由により取得した財産の価額（相続税の課税価格に算入される部分に限る。）の合計額の当該被相続人が第一次相続により取得した財産（当該第一次相続に係る被相続人からの贈与により取得した第21条の9第3項の規定の適用を受けた財産を含む。）の価額（相続税の課税価格計算の基礎に算入された部分に限る。）から当該財産に係る相続税額を控除した金額に対する割合（当該割合が100分の100を超える場合には、100分の100の割合）
二　第二次相続に係る被相続人から相続により取得した財産の価額（相続税の課税価格に算入される部分に限る。）の第二次相続に係る被相続人から相続又は遺贈により財産を取得したすべての者がこれらの事由により取得した財産の価額（相続税の課税価格に算入される部分に限る。）の合計額に対する割合
三　第一次相続開始の時から第二次相続開始の時までの期間に相当する年数を10年から控除した年数（当該年数が1年未満であるとき又はこれに1年未満の端数があるときは、これを1年とする。）の10年に対する割合

○**民法**（明治29年4月法律第89号）
　第939条　相続の放棄をした者は、その相続に関しては、初めから相続人とならなかったものとみなす。

第4 税額控除

〔参考通達〕

　○相続税法基本通達（昭和34年1月28日直資10）

　　（相続を放棄した者等の相次相続控除）

　20-1　<u>相続を放棄した者及び相続権を失った者については、たとえその者について遺贈により取得した財産がある場合においても、相次相続控除の規定は適用されない</u>のであるから留意する。

（下線は筆者）

問30　配偶者の障害者控除

> 　父が亡くなり、相続人は配偶者である母と子どもである私の計2名です。相続財産は、総額1億円で母と私が2分の1ずつ相続します。母は相続開始時点で70歳ですが、心臓が悪く身体障害者の1級に該当しています。母が取得する相続財産は5,000万円で、相続税の計算上は385万円の税額が算出されますが、配偶者に対する相続税額の軽減の範囲内であるため相続税は課税されません。母は身体障害者の1級であるため、特別障害者として本来相続税の税額控除があるとのことですが、納める相続税額がないため特別障害者であることは考慮する必要はないでしょうか。

答

　配偶者は、配偶者の税額軽減を受けることができます。この税額軽減を受けると、債務等を控除した正味の遺産額が、1億6,000万円か配偶者の法定相続分相当額のいずれか多い方の金額までは相続税が課税されないため、実際の相続税の申告においては、配偶者の税額は「0」の場合が多いのではないでしょうか。

　相続人が障害者であった場合、相続税の申告では、その者が85歳になるまでの年数×10万円（特別障害者である場合には20万円）の税額控除を受けることができます。また、その相続人の相続税額よりも障害者控除の金額が大きく、控除しきれない金額は、その者の扶養義務者の相続税額から控除します。未成年者控除についても、控除税額が相続税額を上回った場合、その者の扶養義務者から控除することができます。

　ところで、配偶者の税額軽減を受けて納付税額がない場合については、障害者控除を考える余地はないのでは、と思ってしまいます。しかし配偶者の税額軽減を受けて税額が「0」となっている場合は、障害者控除額は控除し

第4　税額控除

きれないものとして、その扶養義務者から控除することが可能です。未成年者控除の取扱いですが、相続税法基本通達19の3―4に、「相続又は遺贈により財産を取得した者が当該相続に係る被相続人の民法第5編第2章の規定による相続人に該当し、かつ、18歳未満の者である場合においては、その者について法第15条から第19条の2までの規定により算出した相続税額がない場合においても、その者に係る未成年者控除額は、法第19条の3第2項の規定によりその者の扶養義務者の相続税額から控除するものとする」とあります。

未成年者控除の控除しきれない部分をその扶養義務者から控除できる場合を整理すると次のとおりです。

①相続又は遺贈により財産を取得

②相続人に該当

③相続税法第15条から第19条の2までの規定により算出した相続税額がない場合（相続税法第19条の2は配偶者の税額軽減）

このように配偶者の税額軽減を受けて税額が出ない場合も、未成年者控除の控除しきれない部分は、その扶養義務者から控除できるとされています。ただ、相続人となる配偶者が18歳未満である場合は極めてまれで、この規定を適用する機会は少ないでしょう。

一方、障害者控除の規定である相続税法第19条の4第3項には、上記の未成年者控除の規定を準用することが定められており、障害者控除についても配偶者の税額軽減を受けて税額が算出されない場合でも、障害者控除の控除しきれない部分はその扶養義務者から控除することができるとされています。相続税を申告する配偶者は高齢である場合も多く、加齢による病気などで障害者である場合もあり得ます。しかし、配偶者が障害者である場合でも、配偶者の税額軽減を受けて配偶者の税額が算出されないため、障害者控除の適用を忘れているケースもあるのではないでしょうか。

本問の場合では、母の障害者控除は20万円×15年（85歳－70歳）＝300万円となります。母は配偶者の税額軽減を受けて納税額がありませんので、障害者控除の全額を子どもの税額から控除します。この結果、子どもの納税額は、385万円－300万円で85万円となります。

☆Point

□ 配偶者の税額軽減の適用を受けて相続税額が算出されない場合でも、障害者控除の適用は可能であり、その者の扶養義務者から控除できる。

〔参考法令〕

○**相続税法**（昭和25年3月法律第73号）

（配偶者に対する相続税額の軽減）

第19条の2 被相続人の配偶者が当該被相続人からの相続又は遺贈により財産を取得した場合には、当該配偶者については、第1号に掲げる金額から第2号に掲げる金額を控除した残額があるときは、当該残額をもつてその納付すべき相続税額とし、第1号に掲げる金額が第2号に掲げる金額以下であるときは、その納付すべき相続税額は、ないものとする。

（以下省略）

（未成年者控除）

第19条の3 相続又は遺贈により財産を取得した者（第1条の3第1項第3号又は第4号の規定に該当する者を除く。）が当該相続又は遺贈に係る被相続人の民法第5編第2章（相続人）の規定による相続人（相続の放棄があつた場合には、その放棄がなかつたものとした場合における相続人）に該当し、かつ、18歳未満の者である場合においては、その者については、第15条から前条までの規定により算出した金額から10万円にその者が18歳に達するまでの年数（当該年数が1年未満であるとき、又はこれに1年未満の端数があるときは、これを1年とする。）を乗じて算出した金額を控除した金額をもつて、その納付すべき相続税額とする。

2 前項の規定により控除を受けることができる金額がその控除を受ける者について第15条から前条までの規定により算出した金額を超える場合においては、その超える部分の金額は、政令で定めるところにより、その控除を受ける者の扶養義務者が同項の被相続人から相続又は遺贈により取得した財産の価額について第15条から前条までの規

第4　税額控除

定により算出した金額から控除し、その控除後の金額をもつて、当該扶養義務者の納付すべき相続税額とする。

3　第1項の規定に該当する者がその者又はその扶養義務者について既に前2項の規定による控除を受けたことがある者である場合においては、その者又はその扶養義務者がこれらの規定による控除を受けることができる金額は、既に控除を受けた金額の合計額が第1項の規定による控除を受けることができる金額（2回以上これらの規定による控除を受けた場合には、最初に相続又は遺贈により財産を取得した際に同項の規定による控除を受けることができる金額）に満たなかつた場合におけるその満たなかつた部分の金額の範囲内に限る。

（障害者控除）

第19条の4　相続又は遺贈により財産を取得した者（第1条の3第1項第2号から第4号までの規定に該当する者を除く。）が当該相続又は遺贈に係る被相続人の前条第1項に規定する相続人に該当し、かつ、障害者である場合には、その者については、第15条から前条までの規定により算出した金額から10万円（その者が特別障害者である場合には、20万円）にその者が85歳に達するまでの年数（当該年数が1年未満であるとき、又はこれに1年未満の端数があるときは、これを1年とする。）を乗じて算出した金額を控除した金額をもつて、その納付すべき相続税額とする。

2　前項に規定する障害者とは、精神上の障害により事理を弁識する能力を欠く常況にある者、失明者その他の精神又は身体に障害がある者で政令で定めるものをいい、同項に規定する特別障害者とは、同項の障害者のうち精神又は身体に重度の障害がある者で政令で定めるものをいう。

3　前条第2項及び第3項の規定は、第1項の規定を適用する場合について準用する。この場合において、同条第2項中「前条」とあるのは、「第19条の3」と読み替えるものとする。

〔参考通達〕

○**相続税法基本通達**（昭和 34 年 1 月 28 日直資 10）

　（未成年者に相続税額がない場合の未成年者控除）

　19 の 3 ― 4　<u>相続又は遺贈により財産を取得した者</u>（制限納税義務者を除く。）<u>が当該相続に係る被相続人の民法第 5 編第 2 章の規定による相続人（相続の放棄があった場合には、その放棄がなかったものとした場合における相続人）に該当し</u>、かつ、18 歳未満（注）の者である場合においては、<u>その者について法第 15 条から第 19 条の 2 までの規定により算出した相続税額がない場合においても、その者に係る未成年者控除額は、法第 19 条の 3 第 2 項の規定によりその者の扶養義務者の相続税額から控除するものとする。</u>

　（注）　令和 4 年 3 月 31 日以前に相続又は遺贈により財産を取得する者については、20 歳未満。

（下線は筆者）

コラム2　銀行等の遺言執行者を指定した方がよい場合

　コラム1で、相続税の申告をしていると、遺言書を書かれている方を多く見かけるようになったという話をしましたが、同時に遺言執行者が指定されている場合も多く見かけます。
　遺言執行者とは、遺言書に書かれた内容を実現するために、遺言者の死後に手続きを行う人で、相続財産を調べて確定し、遺言書に書かれた方へ分配する手続きをします。遺言執行者は、遺言者が亡くなった時に未成年者や破産者でなければ、誰でもなれますが、遺言書を作成した際に手伝った銀行などの金融機関、弁護士、司法書士、税理士などから選ばれることが多いようです。中には、相続人の一人を遺言執行者としている場合もありますが、このコラム内では、金融機関等、遺言執行を業務の一環として行う遺言執行者を指定している場合を前提とします。
　では、遺言執行者を指定した方がよいのはどのような場合でしょうか。
　まず、あまり無いとは思いますが、遺言による相続人の廃除・廃除の取消、相続人の認知、一般財団法人の設置は遺言執行者でないとできないので、このような場合は遺言執行者を指定しておく必要があります。
　次に、遺言執行者が指定されていないと、相続人や受遺者が協力して、実際の遺産の分配を進めていきます。逆に言えば、相続人等が遺言の内容に従って遺産の分配を進めていくのに支障がなければ、遺言執行者を指定しなくても特に問題は生じないということです。しかし、相続人以外の受遺者がいる場合などで、相続人の協力を受けにくいと想定される場合は、遺言執行者を指定しておいた方がよいでしょう。
　遺言者に実子や配偶者がいない場合は、兄弟姉妹が相続人となります。兄弟姉妹が遺言者より先に死亡していれば、その子どもである甥や姪が相続人となります。甥や姪と生前に親しく付き合っている人もいますが、関係が疎遠で何年も会っていない、という場合もあるでしょう。そのような場合、他人だけど生前に親しく付き合っている人がいれば、財産をその人に渡すという遺言を書かれる方も見かけます。この場合、

コラム2　銀行等の遺言執行者を指定した方がよい場合

財産を受け取ることとなった人が、会ったこともない甥や姪などの法定相続人に連絡をとり、必要な手続きについて協力を求めるのは難しいと思います。法定相続人である甥や姪は、遺言書がなければ自分たちが財産を相続できたはずなのに、と思い、手続きに対して協力的にならないこともあるでしょう。また、受遺者が甥や姪などの場合でも、法定相続人の数が多く、また相互に連絡がとりにくい、代表となって手続きを進めていく人がいない、という場合なども遺言執行者を指定しておいた方がよいと思います。更に、受遺者が法定相続人である子どもの場合でも、その仲が疎遠なときや悪い時などは、協力して手続きすることに心理的な負担がかかるため、遺言執行者を指定しておいた方がよいと考えられます。

　先ほども述べましたが、遺言執行者がいないと受遺者自らが、各金融機関に連絡をとって手続きをします。なお、不動産の名義変更については司法書士に依頼することが多いようです。その一連の手続きは、それ程難しいものではなく、日常生活で通常行うような手続きが自分でできる方なら、問題なくすることが可能です。しかし、受遺者が高齢であったり病気があったりして、遠方へ出かけることが難しい、文書を作成することができないなどの場合には、自ら手続きをすることが難しいので、遺言執行者を指定しておいた方がよいでしょう。

　ところで、遺言書が無い場合は、法定相続人が遺産の分割について話し合い、遺産分割協議書を作成します。作成後は、遺産分割協議の内容に従って遺産の分配を行います。不動産の名義変更については、先ほどと同様に司法書士に依頼する場合が多いようです。また、各金融機関の預金や債券の名義変更は、遺産分割協議書に加え各金融機関が指定する書類をそろえて各金融機関で手続きをします。基本的には、各相続人でその手続きをしますが、このような遺産の名義変更手続きを、金融機関や司法書士、弁護士などの専門家に依頼することも可能です。相続人が高齢であったり、病気であったりして、相続人のいずれもが財産の分配の手続きが出来ない時などに、このような遺産整理業務を依頼することがあります。

　遺言執行者が行う業務と、遺産整理業務を依頼された者が行う業務は

コラム2　銀行等の遺言執行者を指定した方がよい場合

基本的にはよく似ています。それらは、受遺者や相続人がやろうと思えば自らできることが多い内容ですが、遺言執行者を指定したり遺産整理業務を依頼したりすると、その業務に対して報酬の支払いが必要になります。

　報酬の額は、依頼する先に対して差はありますが、遺産総額に対して司法書士で0.3～1％程度＋基本料金（1億円の遺産総額で100万円程度）、弁護士では遺産総額の0.5％～2％程度（1億円の遺産総額で150万円程度）、信託銀行などの金融機関では0.3～2％程度（1億円の遺産総額で180万円程度）です。遺産の額が高額になれば、相対的な報酬額は減ってきますが、いずれにしてもかなりの高額です。税理士の申告書作成費用は概ね遺産総額の0.5％～1％程度ですが、相続財産の特定、相続財産の評価、分割協議へのアドバイス、申告書の作成と、行う業務が多岐にわたります。税理士報酬よりも、遺言執行者の報酬の方が高いことには、個人的な意見ですが違和感があります。

　また、実際には、受遺者が相続人のみ、特段相続人間にもめ事はない、相続人で金融機関での名義変更の手続きが可能、という遺言執行者を指定しなくても問題が生じない場合でも、遺言執行者を指定し高額の遺言執行費用を支払われているケースが見受けられます。遺言執行者を指定した場合がよい場合ももちろんありますが、そうでない場合も多いのが事実です。

　ところで、税理士の相続税の申告書作成報酬が高すぎるとして、相続人が自分で相続税の申告書を作成される場合がありますが、相続税の申告書作成は、遺言書がある場合の財産の遺言執行手続きに比べると、はるかに難易度が高いと思います。しかも、申告を間違うと相続税を過大に納付してしまう可能性や、過少申告をしてしまい後日の調査で加算税、延滞税など不要な税金負担が発生する場合もあるなど、相続人自らが申告書を作成することは、リスクが高いと思います。遺言執行の場合も、もめ事が発生する可能性があり、そのような点もカバーしてくれる弁護士に頼むケースは費用に見合った内容かと思いますが、受遺者自らが行っても何ら問題ないケースでは、高額の費用を払ってまで遺言執行者に遺言の執行をしてもらう必要性は低いと感じます。

第5 葬式費用・債務控除

問31 葬式とは別に行ったお別れの会の費用

　被相続人は生まれた地元で起業しましたが、事業の拡大に伴い東京に転居しました。その後、住所地の東京で死亡しました。葬式は東京で行いましたが、被相続人の地元から東京は遠く、また全国的に感染症が拡大していたため被相続人の地元の知人や仕事の関係者は葬式に出席できませんでした。その後、感染症も収束に向かったため、四十九日に合わせて、被相続人の地元でお別れの会を行いました。お別れの会はホテルで行いましたが、被相続人の遺影及び遺骨を祭り、僧侶による読経を行い、出席者には焼香を行ってもらいました。お別れの会にかかった費用は喪主である相続人が負担していますが、葬式費用として相続税の課税財産から控除できないのでしょうか。

答

　どこまでを葬式費用とするかは非常に難しい問題です。しかし、相続税法基本通達13－5では、少なくとも法会（初七日、四十九日、一周忌法要など死者の追善供養のため営まれるもの）に要する費用は葬式費用として差し引くことはできないと規定されています。

　平成22年11月5日の国税庁文書回答事例では、告別式を2回行っていたとしても、死者の追善供養のため営まれる法会（法事）ではなく、死者を葬

第5　葬式費用・債務控除

るために行われた儀式であれば、その両方にかかった費用が葬式費用になると回答しています。相続税法基本通達13－4でも、「仮葬式と本葬式とを行うものにあっては、その両者の費用」が葬式費用になると規定されており、複数の告別式が行われたとしても、行われた場所の距離など参列者の便宜などのために行われており、葬式の形式に則ったものであればいずれも葬式費用として問題ないでしょう。

　ところで、被相続人が亡くなった場合に、お別れの会が開かれることがあります。被相続人がある団体に所属していたり、社会的に著名であったりした場合に、葬式に参列できなかった人が故人を偲ぶために行うことが多いようです。一般的には、会費制であったり、所属していた団体が費用を負担したりするため、相続税の葬式費用となるかどうかを検討する機会はそれほど多くはないかもしれません。

　しかし、お別れの会という名称であっても、何らかの理由で告別式に参列できなかった人のために喪主が執り行い、一般的な葬式の方式によって行われ、死者を葬るために行われた儀式であれば葬式費用として認める余地はあるでしょう。葬式の形式は宗教や地域の慣習により差異があるため、個々の費用が葬式費用に該当するか否かは、個々の事案について社会通念に照らして判断することになります。

　本問の場合では、遠方の知人や仕事の関係者が葬式に参列できなかったため行われていること、お別れの会が一般的な仏教の葬式の方式よって行われていること、その結果、死者を葬るために行われた儀式であると認められることから、相続税の計算上、葬式費用として相続税の課税財産から控除できると考えられます。

☆Point
- □　お別れの会という名称であっても、何らかの理由で葬式に参列できなかった人のために喪主が執り行い、一般的な葬式の方式によって行われ、死者を葬るための儀式であれば、葬式費用として認められる余地はある。

〔参考通達〕
○**相続税法基本通達**（昭和 34 年 1 月 28 日直資 10）
　（葬式費用）
　13−4　法第 13 条第 1 項の規定により葬式費用として控除する金額は、次に掲げる金額の範囲内のものとする。
　⑴　葬式若しくは葬送に際し、又はこれらの前において、埋葬、火葬、納骨又は遺がい若しくは遺骨の回送その他に要した費用（仮葬式と本葬式とを行うものにあっては、その両者の費用）
　⑵　葬式に際し、施与した金品で、被相続人の職業、財産その他の事情に照らして相当程度と認められるものに要した費用
　⑶　⑴又は⑵に掲げるもののほか、葬式の前後に生じた出費で通常葬式に伴うものと認められるもの
　⑷　死体の捜索又は死体若しくは遺骨の運搬に要した費用
　（葬式費用でないもの）
　13−5　次に掲げるような費用は、葬式費用として取り扱わないものとする。
　⑴　香典返戻費用
　⑵　墓碑及び墓地の買入費並びに墓地の借入料
　⑶　法会に要する費用
　⑷　医学上又は裁判上の特別の処置に要した費用

参考　**国税庁ホームページ　文書回答事例**
◇**告別式を 2 回に分けて行った場合の相続税の葬式費用の取扱いについて**
（平成 22 年 11 月 5 日）
　平成 22 年 11 月 5 日　名古屋国税局審理課長回答
《1　事前照会の趣旨》
　平成 22 年 3 月に死亡した被相続人甲の告別式は、甲の死亡時の住所地である A 市と甲の出身地である B 市の 2 か所で行いました。
　A 市での告別式は甲の職場や近所の方、B 市での告別式は B 市に在住する甲の親族、幼なじみや甲が生前お世話になった方にそれぞれ参列していた

第5 葬式費用・債務控除

だきました。
　A市及びB市での告別式は、いずれも仏式により行いましたが、甲の遺体はA市での告別式の後、火葬されたため、B市での告別式では、遺骨を祭りました。また、納骨はB市での告別式の約1月後に行いました。
　この場合、A市及びB市での告別式に要した費用のいずれも相続税法第13条第1項第2号に規定する葬式費用に該当すると解して差し支えないでしょうか。

《2　事前照会に係る取引等の事実関係》
　(1)　経緯
　　　甲は住所地であるA市で死亡しましたが、A市での告別式のほかに、甲がB市で生まれてから就職後しばらくの間までB市で過ごしていることから、B市に在住する甲の親族、幼なじみ及び甲が生前お世話になった方にも見送ってもらうとともに、B市での告別式の参列者への生前の感謝の意と便宜を図りたいという遺族の意思によりB市においても告別式を行うこととしました。
　　　なお、日程は次のとおりです。
　　　平成22年3月○日　　　甲が死亡
　　　平成22年3月□日　　　A市で通夜
　　　平成22年3月△日　　　A市で告別式（告別式の後、甲の遺体の火葬）
　　　平成22年3月△+4日　 B市で告別式
　　　平成22年5月○日　　　納骨
　(2)　告別式の内容
　　イ　A市
　　　　A市での告別式は、甲の死亡の2日後、甲の遺影及び遺体を祭り、僧侶による読経とともに、甲の職場や近所の方が焼香等を行う仏式により行い、甲の遺族は参列者から香典を受領するとともに香典返しを行いました。
　　　　なお、A市での告別式の後、甲の遺体は火葬されました。
　　ロ　B市

B市での告別式は、A市での告別式の4日後に、甲の遺影及び遺骨を祭り、僧侶による読経とともに、B市に在住する甲の親族、幼なじみ及び甲が生前お世話になった方が焼香等を行う仏式により行いました。

また、B市での告別式においても、参列者から香典を受領するとともに香典返しを行いました。

(3) 告別式に要した費用

告別式の場所	金額
A市	2,000,000円
B市	300,000円
合計	2,300,000円

上記の金額に香典返戻費用は含まれていません。

《3 事前照会者の求める見解となることの理由》

(1) 法令の規定等

相続又は遺贈（包括遺贈及び被相続人からの相続人に対する遺贈に限ります。以下同じです。）により財産を取得した者が相続税のいわゆる無制限納税義務者（相続税法第1条の3第1号又は第2号の規定に該当する者）である場合、当該相続又は遺贈に係るその者の相続税の課税価格に算入すべき価額は、その者が相続又は遺贈により取得した財産の価額から当該被相続人に係る葬式費用のうちその者が負担の属する金額を控除した金額となります（相法13①）。

これは、被相続人に係る葬式費用は相続開始時に現存する被相続人の債務ではありませんが、相続開始（被相続人の死亡）に伴う必然的出費であり、社会通念上も、いわば相続財産そのものが担っている負担ともいえることを考慮し、相続税の無制限納税義務者については、相続財産の課税価格の計算上相続又は遺贈によって取得した財産の価額から、葬式費用を控除することとしたものであるとされています。

(2) 葬式費用の範囲

イ　葬式費用に該当するもの

第5　葬式費用・債務控除

相続税法は、葬式費用の範囲について定めていません。

葬式は、葬儀、葬礼、おとむらいともいい、死者を葬る儀式をいうものとされ、宗教や地域的慣習によりその様式が異なるので何が葬式費用であるかの判定は極めて難しい問題であり、個々の具体例について社会通念に即して判断するほかはないと考えますが、相続税法基本通達13−4は、その判断を行う場合にどこまでを葬式費用と認めるかについてその範囲を示したものであり、葬式費用として控除する金額は、①葬式若しくは葬送に際し、又はこれらの前において、埋葬、火葬、納骨又は遺がい若しくは遺骨の回送その他に要した費用（仮葬式と本葬式とを行うものにあっては、その両者の費用）、②葬式に際し、施与した金品で、被相続人の職業、財産その他の事情に照らして相当程度と認められるものに要した費用、③①又は②に掲げるもののほか、葬式の前後に生じた出費で通常葬式に伴うものと認められるもの及び④死体の捜索又は死体若しくは遺骨の運搬に要した費用とされています（相基通13−4）。

なお、一般的な仏式の葬式は、①遺体の安置、②死亡届の提出、③弔問客の応対、④遺体の処置、⑤僧侶が戒名をつける、⑥納棺、⑦通夜、⑧葬儀、⑨告別式（僧の読経、弔辞、焼香）、⑩出棺・会葬・お礼等の方法手順により行われます。

□　葬式費用に該当しないもの

これに対し、①香典返戻費用、②墓碑及び墓地の買入費並びに墓地の借入料、③法会に要する費用及び④医学上又は裁判上の特別の処置に要した費用は、葬式費用として取り扱わないとされています（相基通13−5）。

なお、<u>法会とは、法事ともいい、初七日、四十九日、1周忌などがあり、死者を葬る儀式である葬式と異なり、死者の追善供養のため営まれるものです。</u>

(3)　照会の場合

Ａ市及びＢ市の告別式に要した費用は、次のことから、いずれも相続税法第13条第1項第2号に規定する葬式費用に該当すると考えま

す。
ロ　A市での告別式は、上記2の(2)イのとおり、遺影及び遺体を祭り、僧侶による読経とともに、甲の職場や近所の方が焼香等を行う仏式により行われたものであり、死者を葬るために行われた儀式です。

したがって、A市の告別式に要した費用は、相続税法基本通達13－4に掲げられた費用（葬式に際し要した費用）に該当すること。

ロ　B市での告別式は、上記2の(2)ロのとおり、A市のみで告別式を行うとB市の知人等が告別式に参列することが困難となることから、参列者の便宜等を考慮し、遺族の意思によりA市での告別式の後、別途執り行ったものですが、納骨前に行ったものであり、その内容も遺影及び遺骨を祭り、僧侶による読経とともに、参列者が焼香等を行う仏式により行われたものでA市での告別式と同様であることから、死者の追善供養のため営まれる法会（法事）ではなく、死者を葬るために行われた儀式であると考えられます。

したがって、B市の告別式に要した費用も、相続税法基本通達13－4に掲げられた費用（葬式に際し要した費用）に該当すると考えられること。

〔参考裁決〕

原処分庁は、被相続人の相続開始後49日目に行われた法要（本件式典）に係る費用は、相続税法第13条《債務控除》第1項第2号に規定する被相続人に係る葬式費用には該当しない旨主張する。しかしながら、葬儀の形式には宗教や地域の慣習により差異があるため、個々の費用が葬式費用に該当するか否かは、個々の事案について社会通念に照らして判断することになるところ、本件式典は、被相続人死亡時の入院先近隣の施設において親族数名により行われた告別式の後に、被相続人の住所地近隣の施設において百数十名の参列者が参加して、一般的な仏式の葬儀の方式によって行われていること、また、死後間もなく他所で告別式を行うことは、特異とはいえないことなどからすれば、本件式典は、死者を葬るために行われた儀式であると認められる。したがって、本件式典に係る費用

第5 葬式費用・債務控除

は、葬式費用に該当するものと認められる。(平 26.1.10 大裁（諸）平 25-36・国税不服審判所裁決要旨検索システム)

（下線は筆者）

問32 みなし相続財産及び生前贈与財産からの債務控除と葬式費用

　被相続人の相続人は、長男、二男及び三男の3人です。被相続人は、長男及び二男に対しては暦年課税を適用した贈与を、三男に対しては相続時精算課税を適用した贈与を行っていました。また、被相続人は、長男の子（孫）に対しても、相続時精算課税を適用した贈与を行っていました。各人の相続財産、生前贈与、受け取った生命保険金（生命保険の非課税限度額を控除後）は次のとおりです。なお、長男は相続放棄の手続きを家庭裁判所で行っています。

（単位：万円）

	相続財産	精算課税	3年内の贈与	生命保険金
長男（相続放棄）	0		1,000	500
二男	500		2,000	0
三男	500	2,500	0	0
孫	0	2,500	0	2,000

（令和6年相続開始を想定しているため、相続財産に加算する暦年課税の贈与については相続開始前3年間としています。）

　以上のような財産の取得状況で、葬式費用については、長男が負担しています。また、被相続人には、債務が1,000万円あり、二男、三男、孫のいずれかが全額負担する予定です。このような場合、葬式費用及び債務の額は相続税の申告で控除できるのでしょうか。

答

　まず、相続税の計算上、被相続人の債務及び葬式費用について相続財産から控除することができるのは、相続人及び包括受遺者のみです。包括受遺者は、相続財産の割合を指定され財産を受遺しますが、その割合で被相続人の

第5　葬式費用・債務控除

債務も承継するので相続税の債務控除の対象となっています。これに対して特定受遺者は、○○市の不動産や△△銀行の預金など、特定された財産を受遺するのみで債務は承継しませんので、債務控除の対象とはなっていません。また、相続人であっても、相続を放棄した者や相続権を失った者は、債務を承継しませんので債務控除の対象外です。しかし、相続を放棄等した者であっても、被相続人の葬式費用を負担することはあり得ます。この場合については、相続を放棄等した者が遺贈により被相続人の財産を取得していれば、葬式費用はその財産から控除できます（相続税法基本通達13－1）。

本問の場合、長男は相続放棄をしていますが、生命保険金を遺贈（みなし相続財産）により受け取っていますので、負担した葬式費用については、生命保険金500万円から控除することが可能です。

次に、債務控除の対象となる財産は、相続により取得した財産（みなし相続財産を含みます。）、相続時精算課税の適用を受けた贈与財産です。相続開始前3年以内（令和6年現在）の贈与財産については相続財産に加算されますが、本来の相続財産ではありませんので、そこから債務控除をすることはできません。相続時精算課税の適用を受けた贈与財産も本来の相続財産ではありませんが、相続時に精算するとした贈与であるため、制度として債務控除が認められています（相続税法21条の15第2項）。

本問の場合、二男が債務1,000万円を負担した場合は、相続財産500万円からは控除できますが、3年以内の贈与財産2,000万円からは控除できませんので、500万円のみ控除可能です。三男が債務1,000万円を負担した場合は、相続財産500万円、相続時精算課税の適用を受けた贈与財産2,500万円の合計3,000万円から控除できますので、全額控除可能です。孫が債務1,000万円を負担した場合は、孫は相続人でも包括受遺者でもないため、債務は全額控除できないこととなります。相続時精算課税の適用を受け相続税の申告が必要になる者であっても、相続人に該当せず、かつ、特定遺贈のみによって財産を取得した場合には、債務控除の適用はありません（相続税法基本通達13－9）。

なお、本問のケースにはありませんが、相続人や包括受遺者が無制限納税義務者でない場合は、債務控除の範囲が限定されますので注意が必要です。

問32 みなし相続財産及び生前贈与財産からの債務控除と葬式費用

☆Point
- 相続税の計算上、債務及び葬式費用を控除できるのは、相続人及び包括受遺者のみのである。
- 相続を放棄していても、みなし遺贈で財産を取得していれば、その遺贈財産から葬式費用は控除できる。
- 相続開始前3年以内に取得した贈与財産から債務控除をすることはできない。

〔参考法令〕

○**相続税法**（昭和25年3月法律第73号）

（債務控除）

第13条 相続又は遺贈（包括遺贈及び被相続人からの相続人に対する遺贈に限る。以下この条において同じ。）により財産を取得した者が第1条の3第1項第1号又は第2号の規定に該当する者である場合においては、当該相続又は遺贈により取得した財産については、課税価格に算入すべき価額は、当該財産の価額から次に掲げるものの金額のうちその者の負担に属する部分の金額を控除した金額による。

一 被相続人の債務で相続開始の際現に存するもの（公租公課を含む。）

二 被相続人に係る葬式費用

（以下省略）

〔参考通達〕

○**相続税法基本通達**（昭和34年1月28日直資10）

（相続を放棄した者等の債務控除）

13−1 相続を放棄した者及び相続権を失った者については、法第13条の規定の適用はないのであるが、その者が現実に被相続人の葬式費用を負担した場合においては、当該負担額は、その者の遺贈によって取得した財産の価額から債務控除しても差し支えないものとする。

（相続時精算課税適用者の債務控除）

第5　葬式費用・債務控除

13−9　法第21条の9第5項に規定する相続時精算課税適用者（以下「相続時精算課税適用者」という。）に係る法第13条第1項及び第2項の規定の適用については、当該相続時精算課税適用者の相続又は遺贈による財産の取得の有無に応じて、それぞれ次に掲げるとおりとなるのであるから留意する。

(1)　相続又は遺贈により財産を取得した相続時精算課税適用者（法第21条の15第1項に該当する者）　無制限納税義務者である場合には第13条第1項の規定、制限納税義務者である場合には同条第2項の規定が適用される。

（注）　当該相続時精算課税適用者が、相続人に該当せず、かつ、特定遺贈のみによって財産を取得した場合には、同条の規定は適用されないのであるから留意する。

(2)　相続又は遺贈により財産を取得しなかった相続時精算課税適用者（法第21条の16第1項に該当する者）　当該相続に係る被相続人の相続開始の時において法施行地に住所を有する者である場合には第13条第1項の規定、法施行地に住所を有しない者である場合には同条第2項の規定が適用される。

（注）　当該相続時精算課税適用者が、相続人又は包括受遺者に該当しない場合には、同条の規定は適用されないのであるから留意する。

（下線は筆者）

問33　相続税の申告において控除できる確実な債務

　父は生前、個人事業を行っていました。その事業は、相続人である私が引き継ぎますが、相続を契機に事業を縮小したいと考えています。従業員が一人いて、その者には退職してもらいましたが、その者に支払った退職金は父の相続税の債務控除としてよいでしょうか。また、相続開始後に確認したところ、父が亡くなる１年前の所得税の申告が行われておらず、相続開始後に死亡した年の所得税の申告と合わせて準確定申告を行いました。前年分の所得税の申告については、申告期限が過ぎていたため無申告加算税と延滞税も支払いましたが、これらについても債務控除できるでしょうか。

　上記以外に父は、合名会社の社員になっていました。この合名会社は、銀行からの借入金が約3,000万円ありますが、その合名会社の資産は約2,000万円程度しかないと思われます。この場合、不足金額についての父の負担分は債務控除できるでしょうか。

答

　退職金については、被相続人の死亡により事業基盤がなくなったためその事業を承継できず、被相続人が雇用していた従業員を解雇し退職金を支払った場合は、その退職金は、確実な債務と考えられるので債務控除の対象となります。しかし、本問の場合は、事業は継続されており、事業を承継した相続人の判断で従業員を解雇したと考えられます。このため、確実な債務とは認められず、相続税の申告において債務控除はできないと考えます。

　次に、被相続人が支払うべきであった所得税額は債務控除の対象となります。過年分及び相続開始年分いずれも控除可能です。一方、加算税、延滞税については、相続人に責任があったかどうかが判断の基準となります。例えば、相続開始年分の準確定申告が遅れたことによる加算税、延滞税は、相続

第5　葬式費用・債務控除

人に責任があるため債務控除の対象とはなりません。しかし、本問のように相続開始後、過年分の所得税の申告が行われていなかったことに気が付いた場合は、原則として相続人の責任ではないと考えられます。相続開始後、その状態を放置し、税務調査があった場合は別ですが、無申告に気が付いた相続人が自主的に期限後申告書を提出した場合は、無申告加算税については債務控除が可能と考えます。また、延滞税についても、少なくとも相続開始までの期間に関する分は債務控除可能と考えます。

最後に、合名会社の社員は無限責任社員であるため、合名会社の債務については、他の社員と共同して無限責任があります。相続開始時点で合名会社の資産だけでは、その合名会社の債務を完済できないときは、社員は各々連帯して合名会社の債務を弁済する責任を負い、退社した社員についても、本店所在地の登記所で退社の登記をする以前に生じた合名会社の債務に対しては、責任を負わなければならず、この責任は相続人に承継されます。このため、本問では、相続開始時点で合名会社が約1,000万円の債務超過であるため、債務超過部分に対する被相続人の負担割合を債務控除することになります。

☆Point

- [ ] 事業を承継した相続人の判断で被相続人が雇用していた従業員を解雇し退職金を支払っても、確実な債務とは認められず、債務控除はできないと考えられる。

- [ ] 相続開始後、過年分の所得税の申告が行われていなかったことに伴う無申告加算税は債務控除が可能。

〔参考法令〕

○**相続税法**（昭和25年3月法律第73号）

第14条　前条の規定によりその金額を控除すべき債務は、確実と認められるものに限る。

2　前条の規定によりその金額を控除すべき公租公課の金額は、被相続人の死亡の際債務の確定しているものの金額のほか、被相続人に係る所得税、相続税、贈与税、地価税、再評価税、登録免許税、自動車重

量税、消費税、酒税、たばこ税、揮発油税、地方揮発油税、石油ガス税、航空機燃料税、石油石炭税及び印紙税その他の公租公課の額で政令で定めるものを含むものとする。

（以下省略）

○**相続税法施行令**（昭和25年3月政令第71号）
  （債務控除をする公租公課の金額）
  第3条 法第14条第2項に規定する政令で定める公租公課の額は、被相続人（遺贈をした者を含む。以下同じ。）の死亡の際納税義務が確定しているもののほか、被相続人の死亡後相続税の納税義務者が納付し、又は徴収されることとなつた次に掲げる税額とする。ただし、相続人（法第3条第1項に規定する相続人をいい、包括受遺者を含む。以下同じ。）の責めに帰すべき事由により納付し、又は徴収されることとなつた延滞税、利子税、過少申告加算税、無申告加算税及び重加算税に相当する税額（地方税法の規定による督促手数料、延滞金、過少申告加算金、不申告加算金、重加算金及び滞納処分費の額を含む。）を含まないものとする。

（以下省略）

参考　**国税庁ホームページ　質疑応答事例**
◇**被相続人が雇用していた従業員を相続開始後に解雇し退職金を支払った場合の債務控除**
【照会要旨】
　個人事業者が店舗焼失と同時に亡くなりました。
　相続人は、事業基盤がなくなったことから、その事業を承継せず、被相続人が雇用していた従業員を解雇し、退職金を支払いました。
　この場合の退職金は、相続税の課税価格の計算上債務として控除できますか。
【回答要旨】
　被相続人の死亡によって事業を廃止して被相続人が雇用していた従業員を

第5　葬式費用・債務控除

解雇する場合において、その者に退職金を支払っているときは、その支給された退職金は、被相続人の生前事業を営む期間中の労務の対価であり、被相続人の債務として確実なものであると認められますから、相続税の課税価格の計算に当っては、その金額を控除して差し支えありません。
【関係法令通達】
　相続税法第13条第1項第1号、第14条第1項

◇**合名会社等の無限責任社員の会社債務についての債務控除の適用**
【照会要旨】
　合名会社、合資会社の会社財産をもって会社の債務を完済することができない状態にあるときにおいて、無限責任社員が死亡しました。
　この場合、その死亡した無限責任社員の負担すべき持分に応ずる会社の債務超過額は、相続税の計算上、被相続人の債務として相続税法第13条の規定により相続財産から控除することができますか。
【回答要旨】
　被相続人の債務として控除して差し支えありません。
（注）　合名会社の財産だけでは、会社の債務を完済できないときは、社員は各々連帯して会社の債務を弁済する責任を負うとされ（会社法580）、退社した社員は、本店所在地の登記所で退社の登記をする以前に生じた会社の債務に対しては、責任を負わなければならない（会社法612①）とされています。
【関係法令通達】
　相続税法第13条第1項
　会社法第580条、第612条第1項

（下線は筆者）

問34　定期借地権が設定された土地の前払賃料及び保証金の債務控除

> 被相続人が所有していた土地には事業用の定期借地権が設定されています。期間は20年で、相続開始時点で10年が経過しています。定期借地権設定に際して、借地権者から被相続人に、前払賃料2,000万円と保証金1億円が支払われています。前払賃料の内、10年間分の1,000万円は、支払うべき期限が来ていないため、相続税の申告上債務として控除できるでしょうか。また、保証金1億円についても、その金額で債務控除してよいでしょうか。

答

　前払賃料として受け取った金銭であっても、借地契約が継続する限りは返還を要しません。定期借地契約は、その契約期間まで借地契約が継続することを前提としているため、相続開始時点で返済が必要な確実な債務とは考えられません。また、前払賃料のうち、相続開始時点における契約期間の未経過期間に充当されるべき金額については、定期借地権の付着した宅地として評価上減額されます。以上のことから、前払賃料の内、支払期限が到来していない部分についても、債務として控除することはできないと考えます。

　次に保証金ですが、定期借地契約の場合、契約終了時において借地権者に返還を要するものであるため、相続税の課税価格の計算上、契約終了時に返還を要する金額を課税時期から契約終了時までの期間に応じた複利現価率で割り引いた価額で債務計上すべきと考えます。仮に本問の相続開始年月が令和6年6月だとすると、国税庁が公表している7年以上の長期の基準利率が1.5％であるため、1.5％の10年間の複利現価率0.862を保証金の額である1億円に乗じて、8,620万円を債務控除するのが相当と考えます。

☆Point

- [ ] 定期借地契約の前払賃料として受け取っていた金銭は、相続開始時点

第5　葬式費用・債務控除

で確実な債務とは考えられず、債務控除とすることはできない。
□　契約終了時に返還を要する定期借地契約の保証金は、複利現価率を乗じた額を債務控除するのが相当である。

参考　**国税庁ホームページ　文書回答事例**

◇定期借地権の賃料の一部又は全部を前払いとして一括して授受した場合における相続税の財産評価及び所得税の経済的利益に係る課税等の取扱いについて（平成17年7月7日・一部抜粋）

平成17年6月28日　国土交通省土地・水資源局土地政策課土地市場企画室長照会
平成17年7月7日　国税庁課税部審理室長回答

　定期借地権の設定時において、借地権者が借地権設定者に対して、借地に係る契約期間の賃料の一部又は全部を一括前払いの一時金（以下「前払賃料」といいます。）として支払う場合の借地権者及び借地権設定者の所得計算上の取扱いについては、平成17年1月7日付の文書回答「定期借地権の賃料の一部又は全部を前払いとして一括して授受した場合における税務上の取扱いについて」により、一定の書式例に準拠した定期借地権設定契約書により契約し、契約期間にわたって保管している場合で、その取引の実態も当該契約書に沿うものであるときは、当該前払賃料は、借地権者にとっては「前払費用」として、借地権設定者にとっては「前受収益」として取り扱われることが明らかにされました。

　ところで、上記の文書回答に示された定期借地権（以下「前払賃料方式による定期借地権」といいます。）が設定された場合に、その後、借地権者が死亡して相続人が当該権利を相続したときの相続税における財産評価の方法などについて若干の疑義が生じております。そこで、前払賃料方式による定期借地権が設定されている場合の相続税の財産評価及び所得税の経済的利益に係る課税等について、下記のとおり取り扱って差し支えないか、お伺い申し上げます。

記

《1　前払賃料方式による定期借地権が設定されている場合の相続税の取扱

問 34　定期借地権が設定された土地の前払賃料及び保証金の債務控除

い》
(1)　定期借地権の財産評価及び前払賃料の未経過分相当額の取扱い

　相続、贈与又は遺贈（以下「相続等」という。）により取得した前払賃料方式による定期借地権の価額を財産評価基本通達27－2《定期借地権等の評価》のただし書きの定めにより評価する場合には、前払賃料の額を同項の算式に定める「定期借地権等の設定の時における借地権者に帰属する経済的利益」の額に含めて、課税時期（相続開始時）における定期借地権等の価額を評価する。

　なお、前払賃料のうち課税時期における未経過分に相当する金額（以下「前払賃料の未経過分相当額」という。）については、定期借地権の評価額に反映されるため、定期借地権と別の相続財産として計上する必要はない。
（理由）
イ　前払賃料方式による定期借地権の評価

　相続等により取得した定期借地権等の価額は、課税時期における自用地としての価額に、次の算式により計算した数値を乗じて計算した金額によって評価することとされている（財産評価基本通達27－2）。
（算式）

$$\frac{\text{定期借地権等の設定の時における借地権者に帰属する経済的利益の総額}}{\text{定期借地権等の設定の時におけるその宅地の通常の取引価額}} \times \frac{\text{課税時期におけるその定期借地権等の残存期間年数に応ずる基準年利率による複利年金現価率}}{\text{定期借地権等の設定期間年数に応ずる基準年利率による複利年金現価率}}$$

　上記算式中の「定期借地権等の設定の時における借地権者に帰属する経済的利益の総額」の計算に当たっては、「定期借地権等の設定に際し、借地権者から借地権設定者に対し、権利金、協力金、礼金などその名称のいかんを問わず借地契約の終了の時に返還を要しないものとされる金銭の支払いがある場合」には、「課税時期において支払われるべき金額」を当該経済的利益の額とすると定められている（財産評価基本通達27－3(1)）。

　ところで、前払賃料は、借地契約の終了の時にはその未経過分相当額は零となり返還を要しないものであるから、定期借地権の設定に際して当該一時金の支払があった場合には、当該一時金の額そのものを財産評価基本通達

第5　葬式費用・債務控除

27-3《定期借地権等の設定の時における借地権者に帰属する経済的利益の総額の計算》の(1)に定める経済的利益の額に含めて評価することとなる。

ロ　前払賃料の未経過分相当額の取扱い

課税時期において借地権者が有する前払賃料の未経過分相当額に係る債権は、借地契約の存続を前提とすれば、返還を受けることができないものであり、被相続人等が前払賃料を支払っていたことによる権利は、存続期間に応じた定期借地権の権利の価額に反映されることとなる。

したがって、相続税の課税価格の計算上は、当該債権を定期借地権と別個の財産として計上する必要はないものと考えられる。

（注1）　保証金については、契約終了時においても返還を要するものであるため、相続税の課税価格の計算上、借地権者にとっては債権額を、借地権設定者にとっては債務額を計上することとなるが、その場合でも、契約終了時に返還を要する金額について課税時期から契約終了時までの期間に応じた複利現価率で割り引いた価額によることとされており、これに対して前払賃料は契約終了時に返還を要する金額はないから、債権債務額は算定されない。

(2)　定期借地権の目的となっている宅地の評価及び前払賃料の未経過分相当額の取扱い

相続等により取得した前払賃料方式による定期借地権の目的となっている宅地の価額は、財産評価基本通達25《貸宅地の評価》の(2)により、原則として、自用地としての価額から上記(1)により評価した課税時期における定期借地権等の価額を控除した金額によって評価する。

なお、財産評価基本通達25(2)ただし書き及び平成10年8月25日付課評2-8「一般定期借地権の目的となっている宅地の評価に関する取扱いについて」は、前払賃料方式による定期借地権の目的となっている宅地の評価にも適用されることとなる。

また、前払賃料のうち、課税時期における契約期間の残余の期間に充当されるべき金額（前払賃料の未経過分相当額）については、定期借地権の付着した宅地として評価上減額されるため、別の債務として控除することはできない。

問34　定期借地権が設定された土地の前払賃料及び保証金の債務控除

(以下省略)

〔**参考裁決**〕

○**国税不服審判所ホームページ**（公表裁決事例）

無利息の敷金に係る債務控除額

（平成12年3月28日裁決・裁決事例集 No.59・242頁）

　請求人らは、相続税の債務控除において、長期間利息で預託される敷金に係る債務控除額を、敷金の全額とすべき旨主張し、一方、原処分庁は敷金の金額から経済的利益の額を控除して評価した金額とすべき旨主張する。当審判所がこの敷金について検討した結果、事業用定期借地権の設定に係る敷金であり、通常の場合、契約期間満了まで返還義務を免れるのであるから、返還期までの間、無利息であることにより請求人らが通常の利率による経済的利益を享受していることとなり、本件敷金の債務控除額は、請求人らが相続開始の時から契約期間満了日までに享受する経済的利益の額を敷金の金額から控除した金額とするのが相当である。さらに、請求人らは、仮に経済的利益があるとしても経済的利益の額の算出に用いる率を年6％とすることは課税時期の経済状況と合致していない旨主張するので、この率について検討すると、統一的な指標となり得る長期金利等を基準として、弁済期までの金利の動向を考慮して求めるのが相当と解されるから、相続開始月以前10年間の長期プライムレートと長期国債（10年）の応募者利回りの平均である5.23％の端数を切り捨てた年5％とするのが相当である。したがって、年5％の複利現価率を適用し、課税価格を算出したところ、原処分を下回るので、その一部を取り消すべきである。

（下線は筆者）

第5　葬式費用・債務控除

問35　被相続人が加害者である場合の損害賠償金の債務控除

> 被相続人は自らが運転する自動車で交通事故を起こし死亡しました。事故原因は被相続人の運転ミスであり、同乗者にも大けがを負わせました。被相続人は自賠責保険にしか加入していなかったため、自賠責保険では補償されない入院費や見舞金について、相続人が300万円を支払いました。相続人が支払った300万円は、相続税の計算上、債務として控除可能でしょうか。なお、この入院費や見舞金の300万円は相続人及び同乗者の双方が弁護士に依頼し協議をした結果、合意に至った金額です。
>
> また、被相続人は生前、建物の建築を建築会社に依頼していましたが、建築途上で解約しました。違約金については契約上記載されていましたが、その金額が高額であり、また十分な説明もなかったとして裁判を起こしていました。契約内容等から違約金の支払いは免れないと考えられますが、訴訟提起中であるためこの違約金については債務として控除できないでしょうか。

答

　被相続人は加害者としての損害賠償の責任を負って死亡したことになり、相続人はその責任を相続により承継することになります。入院費や見舞金が損害賠償責任の範囲内のものと認められるときには、被相続人の債務に該当します。本問の場合は、支払われた300万円は損害賠償責任として妥当性の高い金額であると考えられるため、相続税の計算上、債務として控除可能でしょう。

　相続税の申告で債務控除が可能かどうかは、その債務が確実であるか否かによります。仮に被相続人が生前訴訟等を起こしており支払いを拒んでいたとしても、相続開始日に現に存し、その履行を免れないものであるなら債務

控除は可能です。本問の違約金についても、契約内容、事実関係等から支払いが免れないと判断できるのであれば、債務として控除可能と考えます。

☆Point
- □ 被相続人の加害交通事故において、相続人が負担した被害者への入院費や見舞金は、妥当性が高い額であれば相続税の計算上、債務控除できる。
- □ 契約内容、事実関係から相続開始日に現に存し、その履行が免れない違約金であれば、債務控除が可能である。

〔参考法令〕
○**民法**（明治29年4月法律第89号）
（相続の一般的効力）
第896条　相続人は、相続開始の時から、被相続人の財産に属した一切の権利義務を承継する。ただし、被相続人の一身に専属したものは、この限りでない。

参考　国税庁ホームページ　質疑応答事例
◇加害者が死亡した場合における損害賠償金についての債務控除
【照会要旨】
　被相続人が運転する自動車で交通事故を起こし、被相続人は即死し、同乗していた被相続人の配偶者の妹は現在入院加療中です。
　そこで、配偶者は、妹に対して見舞金、治療費などとして300万円を支払いましたが、この金額は、相続税の計算上債務として控除できますか。
【回答要旨】
　交通事故が被相続人の過失に基づくものであれば、被相続人は加害者としての損害賠償の責任を負って死亡したことになり、相続人はその責任を相続により承継することになります（民法896）。
　照会の場合の妹に対する見舞金が、この損害賠償責任の範囲内のものと認められるときには、被相続人の債務に該当します。
【関係法令通達】

第5　葬式費用・債務控除

相続税法第13条第1項、第14条第1項
民法第896条

〔**参考裁決**〕

　原処分庁は、被相続人が生前に解除した建築工事請負契約に基づく約定違約金等について、被相続人に支払う意思はなく、相続人である審査請求人も支払を拒否して係争中であったことをもって、確実な債務ではない旨主張する。

　しかしながら、相続税の課税価格から控除する債務は、相続開始当時の現況に照らし、<u>債務が現に存するとともに、その履行が確実と認められるものをいうと解されるところ、当該約定違約金等は、相続開始日に現に存し、その履行を免れないものであるから、履行が確実な債務であったと認めるのが相当であり、債務者の履行の意思によってその確実性の判断を異にするものとは解されず</u>、また、原処分庁が指摘する「係争」は、審査請求人が請負者側の説明義務違反等を理由として損害賠償を求めたものであり、そのことをもって当該約定違約金等の支払義務が消滅したり、履行の確実性が失われたりするものではないから、原処分庁の主張はいずれも採用できず、当該約定違約金等は相続税の課税価格から控除する債務に当たる。（平31.4.19 東裁（諸）平30-127・国税不服審判所裁決要旨検索システム）

（下線は筆者）

第6 その他

問 36　未成年者である子に代理して親権者が遺産分割協議をする場合

次の場合、遺産分割協議において子の特別代理人を選任しなければならないでしょうか。
1　被相続人の相続人は、長男と二男の子2人で、内1人が未成年者である場合。なお、二男は被相続人より先に死亡しており、二男の子（被相続人の孫）が代襲相続人となっている。二男の配偶者は相続人ではない。
2　被相続人の相続人は、配偶者と長男及び長男の子で、長男の子が未成年者である場合。なお、長男の子は、被相続人及びその配偶者の養子となっている。

答

　未成年者には十分な判断能力が備わっていないと考えられているため、単独で法律行為を行うことはできません。被相続人の遺産の分割を決める遺産分割協議は法律行為であるため、未成年者は、遺産分割協議に参加する資格がありません。仮に未成年者を参加させて遺産分割協議を成立させたとしても、当該遺産分割協議は、相続人全員による遺産分割協議がなされたとはいえず、無効となります。
　相続人に未成年者が含まれる場合には、未成年者の親権者である父と母が

第6　その他

共同で法定代理人として遺産分割協議に参加することができます。しかし、父母のいずれかが相続人になるなど、遺産分割協議を行うに当たって未成年者である子と利益が相反するため遺産分割協議に参加できない場合には、利益が相反する父母の代わりに特別代理人を選任し、その特別代理人が未成年者に代わって遺産分割協議に参加することになります。

特別代理人の選任は、子の住所地を管轄する家庭裁判所に申立てを行います。申立てに当たっては、未成年者の戸籍謄本（全部事項証明書）、親権者の戸籍謄本（全部事項証明書）、特別代理人候補者の住民票、利益相反に関する資料として遺産分割協議書案などを提出します。特別代理人に選任されると、家庭裁判所で決められた行為について未成年者の代理行為をすることができます。

1　本問1の場合は、二男は死亡しているため、二男の子の親権者はその子の母親である二男の配偶者です。二男の配偶者は相続人ではなく、また、子は2人いますが、1人は成人であるため自ら法律行為を行うことができます。このため、二男の配偶者が未成年者である子の親権者として遺産分割協議に参加しても、その子と利益を相反することにはなりません。以上のように、二男の配偶者が親権者として遺産分割協議に参加できるため、遺産分割協議を行うに当たって特別代理人の選任を行う必要はありません。

2　養子縁組をすると親権者は養親となります（民法818条2項）。このため、本問2の未成年者の親権者は被相続人の配偶者です。被相続人の配偶者は、被相続人の相続人であるため、遺産分割協議で長男の子である未成年者と利益が相反します。このため、遺産分割協議を行うに当たっては、特別代理人の選任が必要となります。

☆Point
- □　相続人に未成年者が含まれる場合は、原則として遺産分割協議に当たって特別代理人を選任する必要がある。
- □　未成年者の父母が相続人でない場合は、利益相反行為に該当しないた

問 36　未成年者である子に代理して親権者が遺産分割協議をする場合

め、特別代理人の選任の必要はなく、父母が親権者として遺産分割協議に参加できる。

〔参考法令〕

○**民法**（明治 29 年 4 月法律第 89 号）

　（親権者）

　第 818 条　成年に達しない子は、父母の親権に服する。

　2　子が養子であるときは、養親の親権に服する。

　3　親権は、父母の婚姻中は、父母が共同して行う。ただし、父母の一方が親権を行うことができないときは、他の一方が行う。

　（利益相反行為）

　第 826 条　親権を行う父又は母とその子との利益が相反する行為については、親権を行う者は、その子のために特別代理人を選任することを家庭裁判所に請求しなければならない。

　2　親権を行う者が数人の子に対して親権を行う場合において、その一人と他の子との利益が相反する行為については、親権を行う者は、その一方のために特別代理人を選任することを家庭裁判所に請求しなければならない。

参考　国税庁ホームページ　質疑応答事例

◇**共同相続人に該当しない親権者が未成年者である子に代理して遺産分割協議書を作成する場合**

【照会要旨】

　被相続人甲は、妻乙との間に子 2 人（成年者）がありましたが、妻以外の女性丙との間にも子が 2 人（うち未成年者 1 人）あり、生前に認知していました。

　甲の死亡に係る相続に関し、相続人である妻乙と子供 4 人で遺産を協議分割し、その分割に基づいて相続税の申告をすることになりましたが、相続税の申告書に添付する遺産分割協議書には、未成年者である子に代理して親権者である丙が署名、押印すれば、家庭裁判所で特別代理人の選出を受けな

第6　その他

くてもよいと考えますがどうでしょうか。なお、丙は包括受遺者ではありません。

【回答要旨】

　丙の親権に服する子が1人の場合には、照会意見のとおりで差し支えありません。しかし、同じ者の親権に服する未成年者が2人以上いる場合には、そのうちの1人について親権者が法定代理人となり、他の未成年者については、それぞれ特別代理人の選任を必要とします。

（注）　未成年者の親権者が共同相続人であり、その子とともに遺産分割の協議に参加する場合には、民法第826条（利益相反行為）の規定により特別代理人の選任を要しますが、<u>親権者が共同相続人としてその遺産分割に参加しない場合には、同条の適用はありませんので、法定代理人である親権者の同意のみで足ります</u>。ただし、子が2人以上いる場合において、その1人の子と他の子との利益が相反する行為については、子のうちの1人を除き、特別代理人の選任を要します（同条第2項）。

【関係法令通達】

　民法第826条第1項、第2項

（下線は筆者）

問37　民法改正後の遺留分侵害額請求の注意点

　被相続人には、長男と二男の計2人の相続人がいますが、全ての財産を長男に相続させるという遺言書がありました。相続財産は時価換算で4億円あり、二男から1億円の遺留分の侵害額請求が長男に対し行われました。長男は、遺留分侵害額相当である1億円の現金が用意できなかったため相続財産である土地（時価1億円、相続税評価額5,000万円、取得価格は古くから取得していたため不明）を二男に引き渡すこととなりました。
　二男は相続により土地を取得したことになるので、その土地（相続税評価額5,000万円）を相続財産として相続税の申告をすればよいでしょうか。なお、この土地は月極駐車場として利用されていましたが、二男で小規模宅地の特例が受けられる可能性はあるでしょうか。
　また、長男は二男に土地を引き渡しましたが、そのことで課税上の問題は生じるでしょうか。

答

　平成30年の民法の改正に伴い、令和元年7月1日以降に開始した相続から、遺留分を侵害した受遺者等に対しては、物権的効果が生ずるとされている遺留分減殺請求ではなく、遺留分侵害額に相当する金銭の支払いを請求することができるようになりました。
　民法改正前の遺留分減殺請求の規定は、贈与や遺贈を受けた財産そのものを返還することが原則でした。それに代えて金銭での支払いも可能ですが、それはあくまで例外です。しかし、この物権的効果が生ずるとされている従前の規定を見直し、令和元年7月1日以降の相続から遺留分を侵害した受遺者等に対しては、遺留分侵害額に相当する金銭の支払いのみを請求することができることとされました。

第6 その他

　これにより、争いのある相続人が不動産の共有持分や同族株式を持つというリスクが回避できるようになりました。また、遺留分を請求した方にとっても不要な不動産や同族株式を取得することがなくなるというメリットがあります。

　しかし、遺贈を受けた財産に現金等が少なく、受遺者自身も金銭的な余裕がないときは、遺留分侵害額に相当する金銭を支払うことが困難な場合があります。このような場合、金銭での支払いに代えて受遺した物件そのものを相手方である相続人に引き渡すと課税上の問題が生じます。

　従前の遺留分減殺請求では、渡した財産について物権的効果が生じるため、不動産や株式などの財産の一部を請求者である相続人に引き渡したとしても、その財産は請求者が相続により取得したものであり、譲渡益課税等の問題は生じませんでした。しかし、民法改正後の遺留分侵害額請求では、遺留分の請求者と請求を受けた受遺者との間に生じるのは、金銭債権・債務の関係のみです。このため、相続財産であっても、遺留分請求者に受遺した不動産を渡した場合、請求を受けた受遺者はいったん取得した財産を代物弁済により請求者に渡すことになります。その結果、遺留分侵害額に係る債務の消滅額が譲渡による収入金額となり、譲渡益課税の問題が生じます。

　更に、その物件が小規模宅地の特例の適用がある財産であった場合、民法改正前の遺留分減殺請求の規定では、新たに取得することとなった相続人について小規模宅地の特例の適用ができる場合もありましたが、民法改正後の遺留分侵害額請求では、あくまで金銭の代わりに取得したものであり、相続で直接取得した財産にはならないため、小規模宅地の特例の適用はありません。

　また、受遺者が非上場株式の納税猶予を受けている場合、遺留分侵害額請求が行われた結果、株式の納税猶予を受けた株式を請求人に渡した場合は、納税猶予の打切り理由である対象株式の譲渡に当たるため注意が必要です。

　本問の場合、長男が相続で取得した財産は、1億円の現金として取り扱われます。なお、過去の裁決では、遺留分を金銭で支払った場合、代償財産の価額の取扱いを定めた相続税法基本通達11の2－10の適用を認めていますので、圧縮計算を行い、相続税の申告で計上する額は5,000万円とするのが

相当と考えられます。

　本問の物件は月極駐車場である土地でしたが、二男はその土地を相続で取得したものではないため、小規模宅地の適用を受ける余地はありません。また、長男についても、相続税の申告期限までにこの土地を二男に渡した場合は、相続税の申告期限まで引き続きその宅地等を保有するという小規模宅地の特例の要件を満たしませんので、本特例の適用はないことになります。

　最後に、長男はこの土地を代物弁済により二男に譲渡したものとして取り扱われるため、遺留分の侵害額請求額の1億円を譲渡価格とし、概算取得費の500万円と譲渡のために直接必要であった譲渡費用を控除した額をもって譲渡所得の申告が必要となります。なお、相続税の申告期限の翌日から3年以内に代物弁済をしている場合は、租税特別措置法第39条の相続税額の取得費加算の特例の適用は受けられます。

☆Point

- 民法改正後の遺留分侵害額請求で請求できるのは金銭債権のみなので、土地等の相続財産を請求者に渡すと、代物弁済により譲渡したものとして取り扱われる。

〔参考法令〕

○**民法**（明治29年4月法律第89号）

（遺留分侵害額の請求）

第1046条　遺留分権利者及びその承継人は、受遺者（特定財産承継遺言により財産を承継し又は相続分の指定を受けた相続人を含む。以下この章において同じ。）又は受贈者に対し、<u>遺留分侵害額に相当する金銭の支払を請求することができる。</u>

2　遺留分侵害額は、第1042条の規定による遺留分から第1号及び第2号に掲げる額を控除し、これに第3号に掲げる額を加算して算定する。

一　遺留分権利者が受けた遺贈又は第903条第1項に規定する贈与の価額

二　第900条から第902条まで、第903条及び第904条の規定に

第6 その他

より算定した相続分に応じて遺留分権利者が取得すべき遺産の価額
三　被相続人が相続開始の時において有した債務のうち、第899条の規定により遺留分権利者が承継する債務（次条第3項において「遺留分権利者承継債務」という。）の額

（参考）　改正前の規定

（遺贈又は贈与の減殺請求）

旧第1031条　遺留分権利者及びその承継人は、遺留分を保全するのに必要な限度で、<u>遺贈及び前条に規定する贈与の減殺を請求することができる。</u>

〔参考通達〕

○所得税基本通達（昭和45年7月1日直審（所）30）

（遺留分侵害額の請求に基づく金銭の支払に代えて行う資産の移転）

33−1の6　民法第1046条第1項《遺留分侵害額の請求》の規定による遺留分侵害額に相当する金銭の支払請求があった場合において、<u>金銭の支払に代えて、その債務の全部又は一部の履行として資産（当該遺留分侵害額に相当する金銭の支払請求の基因となった遺贈又は贈与により取得したものを含む。）の移転があったときは、その履行をした者は、原則として、その履行があった時においてその履行により消滅した債務の額に相当する価額により当該資産を譲渡したこととなる。</u>

（注）　当該遺留分侵害額に相当する金銭の支払請求をした者が取得した資産の取得費については、38−7の2参照

（遺留分侵害額の請求に基づく金銭の支払に代えて移転を受けた資産の取得費）

38−7の2　民法第1046条第1項の規定による遺留分侵害額に相当する金銭の支払請求があった場合において、金銭の支払に代えて、その債務の全部又は一部の履行として資産の移転があったときは、その<u>履行を受けた者は、原則として、その履行があった時においてその履行により消滅した債権の額に相当する価額により当該資産を取得した</u>

問37 民法改正後の遺留分侵害額請求の注意点

 こととなる。

〔参考裁決〕

　原処分庁は、遺留分減殺請求訴訟の和解（本件和解）の際に、共同相続人の間で相続税の取得財産の価額に算入又は控除する価額弁償金（本件価額弁償金）の金額について何らかの合意があったと考えるのが自然であるとして、請求人の相続税の取得財産の価額に算入する本件価額弁償金の金額は、相続税法基本通達11の2−10《代償財産の価額》（本件通達）⑴の要件を満たしており、本件通達⑵によるべきとする更正の請求は認められない旨主張する。

　しかしながら、訴訟中から申告までの間に直接やり取りをしていた訴訟代理人間において、本件価額弁償金をいくらとして申告するかについて協議がされていないことについては、同人らを含む関係者の答述が一致しており、訴訟中から申告に至るまでの経緯等に照らしても、本件価額弁償金については、その申告額を具体的に協議した事実は認められず、他に申告額についての具体的な協議の事実が認められるような事情もないことからすれば、その協議はなかったと認められるから、請求人の相続税の取得財産の価額に算入する本件価額弁償金の金額は、本件通達⑴の場合には該当しない。そして、本件価額弁償金の金額は、対象財産が特定され、かつ、本件和解時に合意された当該対象財産の通常の取引価額を基として決定されたものであるから、請求人の相続税の取得財産の価額に算入する金額は、本件通達⑵に定める方法により計算すべきである。（令2.8.11東裁（諸）令2-8・国税不服審判所裁決要旨検索システム）

（下線は筆者）

第6　その他

問38　収益物件に一時的な空室がある場合の小規模宅地の特例の適用

> 被相続人は、賃貸アパートを所有していましたが相続開始の数か月前に1室が空室となっています。空室についてはリフォームを行い、賃借人の募集を行っていますが古いアパートのため相続税の申告時も空室のままでした。この部分については、自用地で評価しようと考えていますが、小規模宅地の特例も適用はできないでしょうか。

答

相続税等の土地評価をするに当たって、アパートなどの収益物件の一部に空室がある場合でも、一定の条件のもとで貸家建付地として評価をすることが可能です。

その条件は、次のとおりです。
① 各独立部分が課税時期前に継続的に賃貸されてきたものであること。
② 賃借人の退去後速やかに新たな賃借人の募集が行われ、空室の期間中、他の用途に供されていないこと。
③ 空室の期間が、課税時期の前後の例えば1か月程度であるなど、一時的な期間であること。
④ 課税時期後の賃貸が一時的なものではないこと
です。

なお、空室の期間の1か月はあまりにも短すぎるので、個人的には少なくとも4か月程度は空室であっても適用が認められるべきだと思います。学生が卒業するなど、早くから退去が決まっているケースは、入居中から新規の募集ができますが、通常は退去の1か月前くらいに貸主に契約解除の申出をすればよく、余程人気のある物件でなければ、すぐに空室に新規の入居者が決まることはないと考えられるからです。

過去の裁決においても、2か月から最長1年11か月空室がある共同住宅

問38 収益物件に一時的な空室がある場合の小規模宅地の特例の適用

についてその全てを貸家建付地評価することが認められた事例があります（平成20年6月12日）。ただ、最短4か月で貸家建付地評価することが認められなかった裁決（平成26年4月18日）もあり、退去後の当該空室のリフォームや入居者募集手続きなどの状況を総合的に判断する必要があるでしょう。

　ところで、貸家建付地の評価減ができる理由は、家屋の借家人はその家屋について借家権という権利を有するほか、その家屋を利用する範囲でその敷地についてもある程度の支配権を有していると考えられるからです。戸建住宅や区分所有のマンションなどは、借家人が立ち退けば賃貸人はその後自由に使用・収益・処分が可能であるため、一時的な空室について貸家建付地の評価減はできません。しかし、アパートなどの場合は他に賃借人がいることから、部屋の一部が空室となっても、その敷地について賃貸人は自由に使用等することができません。このため、一時的な空室部分についても貸家建付地評価をすることを認めています。しかし、借家権は本来その部分にはないため、その期間については限定的なものになっていると考えられます。

　これに対し小規模宅地の特例の制度の趣旨は、被相続人の事業用・居住用の宅地は、「相続人等の生活基盤の維持のために不可欠なもの」であるとされています。貸付事業用の宅地は、小規模宅地の特例が規定された当初は対象外でしたが、事業用宅地との対比から減額割合は低いものの、現在では適用が認められています。このため、前述した条件のうち、①②④の条件は貸家建付地の場合と同一ですが、③の空室期間については、貸家建付地と比べ長期間であっても認められるべきと考えます。これは、不動産所得の申告において、空室期間が仮に1年程度あったとしても、その部分の固定資産税は経費に計上できないことにはならないとされているのと同じ理由からです。

　令和3年4月1日の資産課税課情報の「共同住宅の一部が空室となっていた場合」でも、「空室となった直後から不動産業者を通じて新規の入居者を募集しているなど、いつでも入居可能な状態に空室を管理している場合は相続開始時においても被相続人の貸付事業の用に供されているものと認められ、また、申告期限においても相続開始時と同様の状況にあれば被相続人の貸付事業は継続されているものと認められる」との記述があり、空室期間に

第6　その他

ついては言及されていません。貸家建付地の評価ができる場合の条件として、空室期間が1か月程度と例示されているのと比較しても、両者の取扱いが異なるのが分かります。ただし、空室期間が長期間に及び、その間新規の賃借人の募集を十分に行っていない場合などは、小規模宅地の特例も適用が認められないと考えます。

　以上のことから、本問のケースでは、空室部分も含めてその敷地全体（最大200㎡）を小規模宅地の特例の対象とすることが可能と考えます。

☆Point
□　小規模宅地の特例には、収益物件の空室期間が長期になり貸家建付地評価ができない場合でも、適用できる場合もある。

〔参考通達〕
○租税特別措置法（相続税法の特例関係）の取扱いについて（昭和50年11月4日直資2-224）
（被相続人等の貸付事業の用に供されていた宅地等）
69の4-24の2　宅地等が措置法第69条の4第3項第4号に規定する被相続人等の貸付事業（以下69の4-24の8までにおいて「貸付事業」という。）の用に供されていた宅地等に該当するかどうかは、当該宅地等が相続開始の時において現実に貸付事業の用に供されていたかどうかで判定するのであるが、<u>貸付事業の用に供されていた宅地等には、当該貸付事業に係る建物等のうちに相続開始の時において一時的に賃貸されていなかったと認められる部分がある場合における当該部分に係る宅地等の部分が含まれることに留意する。</u>
（以下省略）

参考　国税庁ホームページ　情報

◇小規模宅地等についての相続税の課税価格の計算の特例に係る相続税の申告書の記載例等について　（一部抜粋）
（令和3年4月1日　国税庁資産課税課情報第9号）
（事例6）共同住宅の一部が空室となっていた場合

問38　収益物件に一時的な空室がある場合の小規模宅地の特例の適用

問　被相続人甲は、自己の所有する土地（200 m2）の上にアパート1棟（10室）を所有し、これを貸付事業の用に供していたが、相続開始の1か月前にこのアパートの1室が空室となり、相続開始の直前においては9室を貸し付けていた（この空室については、甲の大学生の子丙を住まわせるため新規の入居者の募集を中止していた。）。

上記アパートとその敷地（200 m²）については、甲の配偶者乙が相続により取得し、9室の貸付事業について乙が引き継ぎ、申告期限まで引き続き貸付事業を行っている。

乙が貸付事業を引き継いだ部分について、貸付事業用宅地等（貸付事業用宅地等の要件は満たしている。）として選択して小規模宅地等の特例の適用を受ける場合の相続税の申告書第11・11の2表の付表1（小規模宅地等についての課税価格の計算明細書）及び第11・11の2表の付表1（別表1）（小規模宅地等についての課税価格の計算明細書（別表1））の記載はどのようにすればよいか。

なお、甲は、相続開始前3年を超えた日以前から、上記建物において貸付事業を営んでいた。

〔路線価1 m² 200,000円、借地権割合70%、借家割合30%
　※　奥行価格補正率等の各種補正率は全て1.0とする。〕

答

相続税の申告書第11・11の2表の付表1（小規模宅地等についての課税価格の計算明細書）及び第11・11の2表の付表1（別表1）（小規模宅地等についての課税価格の計算明細書（別表1））の記載は次頁のとおり。

なお、本件における減額される金額及び課税価格に算入される金額は次のとおり。

1　財産評価基本通達に基づき、土地の評価を行った場合の評価額
　貸家建付地の評価額
　@200,000円×200 m²＝40,000,000円
　40,000,000円×(1−0.7×0.3×(180 m²/200 m²))＝32,440,000円

第6 その他

2 貸付事業用宅地等について減額される金額等の計算
　(1) 空室に対応する敷地部分の評価額
　　　@200,000円×20㎡＝4,000,000円・・・①
　(2) 賃貸中の部屋に対応する敷地部分の評価額
　　　@200,000円×180㎡＝36,000,000円
　　　36,000,000円×(1－0.7×0.3)＝28,440,000円・・・②
　(3) 小規模宅地等について減額される金額及び課税価格に算入される金額
　　　の計算
　　　28,440,000円（②）×50％＝14,220,000円・・減額される金額
　　　28,440,000円－14,220,000円＝14,220,000円・・・③
　　　4,000,000円（①）＋14,220,000円（③）
　　　＝18,220,000円・・課税価格に算入される金額

問38 収益物件に一時的な空室がある場合の小規模宅地の特例の適用

> （参考）
> 　被相続人又は被相続人と生計を一にしていたその被相続人の親族（以下「被相続人等」という。）の事業の用に供されていた宅地等とは、相続開始の直前において、被相続人等の事業の用に供されていた宅地等で、その宅地等のうちに被相続人等の事業の用に供されていた宅地等以外の用に供されていた部分があるときは、その被相続人等の事業の用に供されていた部分に限られる（措令40の2④）。
> 　例えば、相続開始の直前に空室となったアパートの1室については、相続開始時において継続的に貸付事業の用に供していたものと取り扱うことができるか疑義が生ずるところであるが、空室となった直後から不動産業者を通じて新規の入居者を募集しているなど、いつでも入居可能な状態に空室を管理している場合は相続開始時においても被相続人の貸付事業の用に供されているものと認められ、また、申告期限においても相続開始時と同様の状況にあれば被相続人の貸付事業は継続されているものと認められる。
> 　したがって、そのような場合は、空室部分に対応する敷地部分も含めて、アパートの敷地全部が貸付事業用宅地等に該当することとなる。

（以下省略）

〔参考裁決〕

　請求人は、相続開始の直前において、被相続人が所有していた建物（本件共同住宅）の8部屋あるうち5部屋が空室（本件各空室部分）であったが、被相続人は、本件共同住宅を貸付事業以外の用に供さず維持管理を行い、インターネットサイトで本件各空室部分の入居者の募集をしていたことから、その敷地（本件宅地）の全てが貸付事業の用に供されていたとして、本件宅地の全てに租税特別措置法第69条の4《小規模宅地等についての相続税の課税価格の計算の特例》第1項に規定する特例（本件特例）の適用がある旨主張する。

　しかしながら、本件各空室部分のうち3部屋については、相続開始の

第6　その他

時に長期にわたって空室の状態が続き、客観的に空室であった期間だけみても、相続開始の時に賃貸されていたのと同視し得る状況になく、一時的に賃貸されていなかったものとは認められない。また、本件各空室部分のうち残る2部屋については、相続開始の時に空室であった期間は長期にわたるものではなく、インターネットサイトに入居者を募集する旨の広告が掲載されていたものの、①その問合せ先である被相続人と一般媒介契約を締結していた不動産業者は本件共同住宅に関して入居者を仲介した実績がないこと、②当該不動産業者は被相続人と連絡が取れなかったことにより平成27年以降の本件共同住宅の空室の状況を把握していなかったこと、③当該不動産業者ではオーナーから広告の掲載を取りやめたい旨の申出がない限りその掲載を継続する扱いをしていたことからすれば、<u>被相続人が上記一般媒介契約及び上記広告を放置していたにすぎず、積極的に新たな入居者を募集していたとはいえない</u>し、現に相続税の申告期限までの期間をみても、新たな入居者はなく、空室のままだったものである。したがって、当該2部屋についても、相続開始の時に賃貸されていたのと同視し得る状況になく、一時的に賃貸されていなかったものとは認められない。以上のとおり、本件各空室部分は、被相続人の貸付事業の用に供されていたとは認められないから、本件宅地のうち、本件各空室部分に対応する部分に本件特例の適用はない。（令5.4.12東裁（諸）令4-112・国税不服審判所裁決要旨検索システム）

（下線は筆者）

問39　医療法人の出資を評価する場合の口数

> 株式会社の場合は、法人税の申告書に株式数が記載されていますが、医療法人には記載がありません。出資持分のある医療法人社団は、取引相場のない株式に準じて相続税評価するとなっていますが、取引相場のない株式の株数に該当するとされる医療法人の出資口数はどのように判定すればよいのでしょうか。

答

　相続税等の申告において、取引相場のない株式の評価をする場合、株式数を記載する必要があります。取引相場のない株式の評価では、一株当たりの株価を算出するためです。医療法人でも出資持分を有する場合は、その出資持分は財産となりますので、取引相場のない株式と同様の評価方法によって、その出資持分について評価額を算出します。株式会社の場合は、法人税の申告書に株式数が記載されていますが、医療法人の場合は一般的には記載がありません。各人の出資金額は、設立許可申請書に記載されていますが、その後変更がある場合もあるため、相続開始時点の出資持分はその医療法人に確認する必要があります。

　出資持分については、円単位で記載されていて、持分数（総口数）については原則として記載はありません。このため、医療法人の出資の評価をする場合、1円＝1口（株）として評価します。

　ところで、令和5年までの取引相場のない株式の評価では、取引相場のない株式（出資）の評価明細書の各欄の金額は、各表の記載方法等に定めがあるものを除き、表示単位未満の端数を切り捨てて記載することとされていました。このため、例えば総出資金額が1億円の医療法人で、取引相場のない株式（出資）の評価明細書の第5表の⑨の「課税時期現在の純資産価額」が1億円未満であれば、課税時期現在の1株当たりの純資産価額（同表の⑪）

第6 その他

が0となり、医療法人の株価が算出されないという不都合が生じていました。このため、便宜的に50円＝1口（株）とするなどして医療法人の出資を評価するケースもありました。しかしながら、令和6年1月からは、当該端数を切り捨てず、分数により記載する（納税義務者の選択により、当該金額を小数により記載することができる）こととされたことにより、株価が算出されないという不都合が生じないこととなったため、1円＝1口（株）として評価して問題がないと考えます。

☆Point
□ 医療法人の出資を評価する場合、出資金額1円＝1口（株）として、取引相場のない株式の評価方法に準じて評価する。

参考　国税庁ホームページ　情報
◇「『相続税及び贈与税における取引相場のない株式等の評価明細書の様式及び記載方法等について』の一部改正について」通達のあらましについて
（一部抜粋）
（令和5年11月10日　国税庁　資産評価企画官情報第3号・資産課税課情報第18号）

別添
取引相場のない株式等の評価（表示単位未満の端数処理の取扱い）

> 評価明細書について、その記載方法等を見直すことにより、表示単位未満の端数処理の取扱いを明確化するなど、所要の改正を行った。
> （明細書通達＝改正）

1　従来の取扱い
　相続、遺贈又は贈与により取得した取引相場のない株式等の評価に当たっては、次の評価明細書の各欄の金額は、各表の記載方法等に定めがあるものを除き、各欄の表示単位未満の端数を切り捨てて記載することとしている。
・「第3表　一般の評価会社の株式及び株式に関する権利の価額の計算明細書」

問 39 医療法人の出資を評価する場合の口数

- 「第 4 表　類似業種比準価額等の計算明細書」
- 「第 5 表　1 株当たりの純資産価額（相続税評価額）の計算明細書」
- 「第 6 表　特定の評価会社の株式及び株式に関する権利の価額の計算明細書」
- 「第 7 表　株式等保有特定会社の株式の価額の計算明細書」
- 「第 8 表　株式等保有特定会社の株式の価額の計算明細書（続）」

2　通達改正の趣旨

　評価明細書の作成において、評価会社の発行済株式数や資本金等の額などによっては、記載方法等の定めに従い、表示単位未満の端数を切り捨てることにより、評価明細書の各欄に記載することとなる金額が 0 となる場合がある。このような場合、評価明細書の作成上、評価額等が算出されず、今回の改正の対象とした記載欄（下記 3(1)の表の各欄をいう。）の端数処理などに疑義が生じることがあった。

　このため、当該欄の金額について、表示単位未満の端数処理の取扱いを明確化した。

　また、この改正に伴い、評価明細書の様式についても、その作成の便宜を図る観点から、所要の整備を行った。

3　通達改正の概要等

(1)　通達改正の概要

　評価明細書の各欄の金額のうち、各表の記載方法等において、表示単位未満の端数を切り捨てることにより 0 となる場合に、次のイ又はロにより記載することとされているものについては、当該端数を切り捨てず、分数により記載する（納税義務者の選択により、当該金額を小数により記載することができる。）こととした。また、当該金額を小数により記載する場合には、次のイ又はロの区分に応じ、小数点以下の金額のうち、それぞれイ又はロに掲げる株式数の桁数に相当する位未満の端数を切り捨てたものを当該各欄に記載することとした（当該区分別の記載欄については次表参照）。

第6 その他

　　イ　分数等（課税時期基準）
　　　　課税時期現在の発行済株式数
　　ロ　分数等（直前期末基準）
　　　　直前期末の発行済株式数
（以下省略）

（下線は筆者）

問40　生命保険契約の有無が分からない場合の照会制度

> 兄が亡くなり相続人は妹である私だけです。兄には不動産や預金があり相続税の申告が必要です。兄は生命保険に加入していたようですが、私は兄と同居しておらず、生前それほど交流もなかったので、どこの保険会社の保険に加入していたか不明です。加入していた可能性がある全ての保険会社に問合せをしなければならないでしょうか。

答

　近年、高齢者が独居のまま亡くなる、亡くなる前に認知症が進むなどの理由で被相続人の財産の把握が難しいケースが増えています。特に生命保険契約の場合は、保険料を支払っていた時期が被相続人が亡くなる数十年も前だったり、保険証券を紛失する又は保管場所が分からなくなっていたりするケースも多く、契約の把握が他の財産と比べても難しい場合があります。生命保険会社から毎年通知がくる場合が多いですが、住所変更をしておらず通知が届かなかったり、WEB通知を選択していてパソコンの暗証番号等が分からず確認できなかったりということもあり得ます。

　東日本大震災以降、「災害地域生保契約照会制度」が創設されています。災害救助法が適用された地域等で、被災し、家屋の流出又は消失等により生命保険契約に関する請求が困難な場合は、生命保険協会から一括して各生保会社に契約の有無の調査依頼を行う制度です。しかし、平時においては、契約が想定される保険会社に対して1社ずつ照会する必要がありました。生命保険会社は40社以上あり、全社に対して照会をするということは大変な作業となっていました。このため、被相続人の生命保険契約が想定される数社に照会行い、それで該当がなければ「保険契約はない」と判断することもありました。

　しかし、令和3年7月に、生命保険協会に加盟する42社の保険契約の有

第6　その他

無が一括で照会できる「生命保険契約照会制度」が創設され、保険契約の有無の把握が格段に楽になりました。本人が死亡又は認知症等のため認知判断能力が低下した場合に利用が可能です。本問のケースもこの「生命保険契約照会制度」を利用するのが望ましいと思われます。

　照会が可能な者は、照会対象者が死亡している場合は、法定相続人、法定相続人の代理人、遺言執行者です。照会対象者の認知判断能力が低下している場合は、照会対象者の代理人、照会対象者の三親等内の親族及びその代理人です。照会は、生命保険協会に対してWEB又は郵送により行います。照会を行った場合、照会対象者が契約者又は被保険者となっている生命保険契約について、2週間程度で回答があります。利用料は1回の照会につき3,000円（税込）です。利用に当たっては、利用料のほか、照会者の本人確認書類、戸籍等の公的書類、医師による所定の診断書等（認知判断能力が低下している場合のみ）が必要です。なお、災害時の照会の場合は、電話で照会することが可能であり、必要書類も必要なく、利用料もかかりません。

　被相続人が高額の生命保険に加入していても、相続人等がその存在を知らないまま保険の支払いの時効である3年を迎えてしまうことも起こり得ます。このような事態が起きないように、相続人等が被相続人の保険契約を十分に把握していない場合には「生命保険契約照会制度」を活用することは有用だと考えます。

　ただし、生命保険協会に加盟していない共済契約や既に満期を迎えている保険契約で保険金を受け取らずに保険会社に預けている保険金（据置保険契約）は照会の対象外です。このため、照会を行う前に、まずは保険証券や保険会社からの通知物を探すことが必要となるでしょう。

　なお、詳しい照会の仕方は、「一般社団法人生命保険協会」のホームページの「生命保険契約照会制度のご案内」を参照ください。

☆Point
□　被相続人の生命保険契約の有無を確認する手段として、一般社団法人生命保険協会に加盟する42社の保険契約が一括で照会できる「生命保険契約照会制度」がある。

問41 居住用財産を相続した場合（代償分割と換価分割の違い）

被相続人には、相続人として長男及び長女がいます。配偶者は被相続人の死亡より前に死亡しています。相続財産は自宅である土地建物と預金が2,000万円あります。自宅建物は古く固定資産税評価額は安い金額ですが、土地は300 m^{2}あり路線価での評価額は6,000万円、時価額で8,000万円です。自宅は被相続人が50年前に取得し、被相続人と長男が同居していました。次のような遺産分割をした場合、相続税及び譲渡所得税の申告はどのようになるでしょうか。
1　預金については、長男及び長女が2分の1ずつ取得する。自宅土地建物は長男が取得するが、代償金として長男は長女に4,000万円を支払う。代償金の支払い期限は3年後としており、長男は相続税の申告期限後、土地建物の売却先を探す予定である。
2　預金については、長男及び長女が2分の1ずつ取得する。自宅土地建物については、換価分割とし、売却した譲渡代金から換価のために必要な譲渡費用などを控除した残額を長男及び長女が2分の1ずつ取得する。なお、換価の手続きのため、土地建物の取得者は長男とし、換価代金を長男は長女に支払う。換価の期限は3年後としており、長男は相続税の申告期限後、土地建物の売却先を探す予定である。

答

1　本問1の場合の土地建物については、長男が取得していますので、長男の取得財産として相続税の申告を行います。小規模宅地の特例については、申告期限まで長男が引き続きその土地建物を所有及び居住していたならば適用は可能と考えます。代償金については、その金額が土地建物の時価をベースに決定されているときは、相続税法基本通達11の2－10を適用して3,000万円（4,000万円×6,000万円/8,000万円）とするのが合理的

第6 その他

ですが、実際の支払金額の4,000万円で申告しても問題はないと考えます。

　土地建物を売却した際の譲渡所得の申告は、土地建物を取得した長男が行います。長男はその建物に居住していたので、居住用財産の3,000万円の特別控除（租税特別措置法第35条）の適用が可能と考えます。また、3,000万円を控除してもまだ所得金額がある場合、居住用財産の軽減税率の特例（租税特別措置法第31条の3）の適用も可能です。なお、相続税の申告期限後3年以内にその土地建物が売却されていれば、相続財産に係る譲渡所得の課税の特例（租税特別措置法第39条）の適用も可能です。

2　本問2の場合の土地建物については、登記上は長男が取得しますが、換価のため便宜的に登記上の名義を一人としたものであり、実際には長男と長女が2分の1ずつ取得しています。このため、この土地建物は、長男と長女が2分の1ずつ取得したとする相続税の申告を行います。小規模宅地の特例については、長男については申告期限まで引き続きその土地建物を所有及び居住していたならば適用は可能と考えますが、長女が取得した150 m^2 の部分については、長女はその建物に居住していないため適用はありません。

　土地建物を売却した際の譲渡所得の申告は、土地建物を長男と長女が2分の1ずつ取得していますので長男と長女がそれぞれ行います。長男はその建物に居住していたので、居住用財産の3,000万円の特別控除（租税特別措置法第35条）の適用が可能と考えます。また、3,000万円を控除してもまだ所得金額がある場合、居住用財産の軽減税率の特例（租税特別措置法第31条の3）の適用も可能です。長女はその建物に居住していませんので居住用財産の特別控除の適用はありません。なお、相続税の申告期限後3年以内にその土地建物が売却されていれば、相続財産に係る譲渡所得の課税の特例（租税特別措置法第39条）の適用は可能です。

　換価後、換価代金が長男から長女に支払われますが、遺産分割協議の内容に従った金銭の支払いであり、贈与税の対象にはなりません。

問41　居住用財産を相続した場合（代償分割と換価分割の違い）

　本問のケースでは、2の換価分割とするよりも1の代償分割とする方が相続税、譲渡所得税のどちらも有利になります。しかし、相続財産の内容、居住等の実態、譲渡所得の申告が必要か否かなど諸条件によりどちらが有利になるかは異なります。例えば、本問の場合で、長男及び長女が二人ともその建物に居住しており、土地建物全体の売却代金から取得費及び譲渡費用を控除した残額が3,000万円以上あるならば、換価分割とした方が長男及び長女のそれぞれが居住用財産の3,000万円の特別控除の適用が可能なため、譲渡所得の申告で有利となります。なお、この場合には、居住用の小規模宅地の特例は、長男及び長女が150㎡ずつ適用可能です。
　相続人間の関係性が良好で、換価分割、代償分割いずれでも合意が可能であるならば、税理士が代償分割と換価分割のいずれを選択した方が有利かを判断し、より税負担が少ない選択肢を提案することが必要だと考えます。

☆Point
　□　居住用財産を相続した場合の代償分割と換価分割は、居住の実態、相続税及び譲渡所得の申告で特例が受けられるかどうかなどによって税負担が変わるため、総合的に判断したうえで選択する必要がある。

参考　国税庁ホームページ　質疑応答事例
◇遺産の換価分割のための相続登記と贈与税
【照会要旨】
　遺産分割の調停により換価分割をすることになりました。ところで、換価の都合上、共同相続人のうち1人の名義に相続登記をしたうえで換価し、その後において、換価代金を分配することとしました。
　この場合、贈与税の課税が問題になりますか。
【回答要旨】
　共同相続人のうちの1人の名義で相続登記をしたことが、単に換価のための便宜のものであり、その代金が、分割に関する調停の内容に従って実際に分配される場合には、贈与税の課税が問題になることはありません。
【関係法令通達】
　相続税法第1条の4

第6 その他

◇未分割遺産を換価したことによる譲渡所得の申告とその後分割が確定したことによる更正の請求、修正申告等

【照会要旨】
　相続財産のうち分割が確定していない土地を換価した場合の譲渡所得の申告はどのように行えばよいですか。
　また、仮に、法定相続分に応じて申告した後、遺産分割により換価遺産（又は代金）の取得割合が確定した場合には、そのことを理由として更正の請求又は修正申告書の提出をすることができますか。

【回答要旨】
　遺産分割の一形態である換価分割には、換価時に換価代金の取得割合が確定しているものと、確定しておらず後日分割されるものとがあります。
1　換価時に換価代金の取得割合が確定している場合
　　この場合には、①換価代金を後日遺産分割の対象に含める合意をするなどの特別の事情がないため相続人が各法定相続分に応じて換価代金を取得することとなる場合と、②あらかじめ換価時までに換価代金の取得割合を定めている（分割済）場合とがあります。
　　①の場合は、各相続人が換価遺産に有する所有割合である法定相続分で換価したのですから、その譲渡所得は、所有割合（＝法定相続分）に応じて申告することとなります。
　　②の場合は、換価代金の取得割合を定めることは、換価遺産の所有割合について換価代金の取得割合と同じ割合とすることを定めることにほかならず、各相続人は換価代金の取得割合と同じ所有割合で換価したのですから、その譲渡所得は、換価遺産の所有割合（＝換価代金の取得割合）に応じて申告することになります。
2　換価時に換価代金の取得割合が確定しておらず、後日分割される場合
　　遺産分割審判における換価分割の場合や換価代金を遺産分割の対象に含める合意をするなど特別の事情がある場合に、換価後に換価代金を分割したとしても、①譲渡所得に対する課税はその資産が所有者の手を離れて他に移転するのを機会にこれを清算して課税するものであり、その収入すべき時期は、資産の引渡しがあった日によるものとされていること、②相続

問41　居住用財産を相続した場合（代償分割と換価分割の違い）

人が数人あるときは、相続財産はその共有に属し、その共有状態にある遺産を共同相続人が換価した事実が無くなるものではないこと、③遺産分割の対象は換価した遺産ではなく、換価により得た代金であることから、譲渡所得は換価時における換価遺産の所有割合（＝法定相続分）により申告することになります。

ただし、所得税の確定申告期限までに換価代金が分割され、共同相続人の全員が換価代金の取得割合に基づき譲渡所得の申告をした場合には、その申告は認められます。

しかし、申告期限までに換価代金の分割が行われていない場合には、法定相続分により申告することとなりますが、法定相続分により申告した後にその換価代金が分割されたとしても、法定相続分による譲渡に異動が生じるものではありませんから、更正の請求等をすることはできません。

【関係法令通達】
国税通則法第23条第2項

〔参考裁決〕
　　請求人は、相続した本件土地を各共同相続人均等の相続登記をした上で譲渡したことについて、共同相続人間における遺産分割協議の内容は代償分割であり、当該譲渡により請求人が取得した代金には他の共同相続人から受け取るべき代償金が含まれているから、請求人の譲渡所得に係る総収入金額は、本件土地の譲渡代金に請求人の当該相続登記による持分を乗じて算定すべきであると主張するが、①共同相続人間において、被相続人の遺産は各共同相続人が全体として均等に分割することとし、本件土地は売却換価して、その代金を分割することに合意していること、②各共同相続人は、その合意事項に基づき本件土地の売買契約を締結し譲渡代金を確定させたこと、③譲渡代金の確定後、遺産分割協議により各相続人が具体的に受領する代金の額を定めており、当該遺産分割協議の内容は調停条項に反映されていること、④合意事項、遺産分割協議及び調停条項において、財産（現物）を取得した相続人が他の相続人に対して代償債務を負担するという合意はなされていないこと、及び⑤請求人以外の共同相続人は換価

第6　その他

分割として譲渡価額を算定していることを総合すると、本件土地はいわゆる換価分割の方法により分割されたものと認められるから、請求人の譲渡所得に係る総収入金額は、同人が換価分割により取得した換価代金とすべきである。(平17.5.18東裁(所)平16-257・国税不服審判所裁決要旨検索システム)

(下線は筆者)

問42　換価遺言が行われた場合の譲渡所得の申告義務者

> 兄が亡くなり、法定相続人は妹である私一人です。兄の相続財産は、賃貸用の土地建物と預貯金です。兄には内縁の妻がおり、兄が作成した遺言書は、所有していた土地建物を売却しその換価代金から換価のために必要な費用を控除した残金、預貯金を解約した金銭、これらを含む全ての相続財産を内縁の妻に遺贈するという内容でした。遺言執行の手続きは、遺言執行者として弁護士が指定されていて、その者が全て行いました。しばらくして、税務署から、兄が所有していた土地建物の譲渡所得の申告が行われていないとして、兄の相続人である私に連絡が来ました。私は兄の相続で何も受け取っていませんが、この譲渡所得の申告をしなければならないでしょうか。

答

　近年は家族関係の変化から遺言書の作成が増加しています。実子がおらず、兄弟姉妹との関係も希薄な場合、生前被相続人と関係が深かった第三者に相続財産の大部分、あるいは全部を遺贈するケースも見受けられます。また、受遺者のことを考え、遺言により遺言執行者を定め、相続財産を換価し、換価した金銭を遺贈することを内容とした清算型遺言（以下「換価遺言」といいます。）も近年は多く見られるようになっています。

　換価遺言が行われた場合、相続財産が売却されますが、遺言執行者が定められている場合は、遺言執行者の権限により、遺言執行者が単独で行えます。①相続人名義への法定相続分どおりの相続による相続登記、②遺言執行者名での売買契約書の締結、③権利者を買主、義務者を相続人全員として売買による所有権移転登記、を順次行っていきます。手続きは、相続人の同意や相続人の印鑑証明等の書類も必要ないことから、相続人自身が上記の手続きが行われていることを知らない可能性もあります。

　このようなケースでは、登記簿上の不動産の売却は、法定相続人が行った

ように見えます。このため、譲渡所得の申告が行われていなければ、税務署から法定相続人に譲渡所得の申告の案内が届くケースもあるでしょう。では、何ら相続財産を受け取っていない法定相続人であっても譲渡所得の申告をする必要があるでしょうか。

　国税庁のホームページ等ではこのようなケースでの申告義務者について明確に示されているものはありません。また、司法書士等のWEBサイトには法定相続人が申告義務者であるとの記述も見受けられます。

　しかし、税法は「実質所得者課税の原則」をとっており、何ら相続財産について実質的な権利を有していない法定相続人に対して、譲渡所得課税を行うのは妥当ではないと考えます。本問のケースでは権利義務を全て遺贈する包括遺贈と考えられますから、相続財産は受遺者である内縁の妻が取得します。また換価代金も受領しているため、譲渡所得は受遺者に帰属し、譲渡所得の申告及び納税の義務も受遺者が行うと考えるのが妥当でしょう。このため、本問のケースでは法定相続人である被相続人の妹は、譲渡所得の申告及び納税の義務はないと考えます。

☆Point

- [ ] 法定相続人以外に換価遺言が行われた場合、譲渡所得の申告及び納税は受遺者が行うと考えるのが妥当である。

参考 　国税庁ホームページ　税務大学校　研究活動
◇**換価遺言が行われた場合の課税関係について**（平成28年6月30日・税大論叢85号）

　　　　　　　　　　　　　　　　　　税務大学校研究部教授　小柳　誠

〔要約〕

1　研究の目的（問題の所在）

　近年、家族関係の変化、相続に対する関心の高まりから遺言書の作成が増加し、さらに、その遺言の内容も、従来のように相続財産自体を目的とするもののみならず、相続財産を換価し、換価した金銭を遺贈することを内容とする遺言（以下「換価遺言」という。）が散見される。例えば、遺言により遺言執行者（金融機関など）を定め、その遺言執行者は、相続財

産一切を金銭に換価し、その換価代金から故人の医療費などの債務、遺言執行者の報酬、遺言執行に関して必要な費用（換価に係る費用（税金等）を含む）などを控除した残額をAに2分の1、Bに4分の1、Cに4分の1の割合で相続させ又は遺贈する旨の遺言が行われている。

さらに、そのような遺言における受遺者の形態は、相続人、相続人でない者、法人（一般法人、公益法人）の場合など、その態様も組み合わせも様々なものが生じうる。

この換価遺言が行われた場合の課税関係について、①相続税の課税財産は何か（相続財産そのものなのか、相続財産を換価した後の金銭なのか）、②相続財産に不動産等の譲渡所得の基因となる資産が含まれている場合、その換価に伴い生じる譲渡所得の納税義務者は誰か（遺言者か、受遺者か、法定相続人か、遺言執行者か）、など様々な課税上の論点があり得る。

そこで、換価遺言が行われた場合を中心に民法の裁判例、学説等を研究し、換価遺言の場合の法律関係について整理、検討した上で、その私法上の解釈を前提としつつ、租税法上の観点も踏まえながら、相続税及び譲渡所得の課税関係について、現行法における解釈を中心に検討を行うものである。

2　研究の概要

(1)　換価遺言の私法上の法的性質

イ　換価遺言の法的性質

換価遺言の私法上の性質決定は、個々の遺言の解釈において、金銭のみの遺贈か、債務を受遺者に負担させる意思を含む包括遺贈なのかなど遺言者の真意を探求し、遺言の性質決定を行う必要がある。

一義的には、換価遺言の場合は、その目的物は、換価代金すなわち金銭と考えられるから、これは相続財産自体でなく、不特定物であり、この点のみで考えれば、換価遺言は、一応、不特定物遺贈と考えられる。

しかしながら、債務の清算に着目し、遺言の趣旨の解釈を行うと包括遺贈との性質決定にもなりうる。また、相続人に対する換価遺言の場合では、相続分の指定及び遺産分割の方法を指定したと解する場合があり得る。

第6　その他

　　結局、換価遺言も特定遺贈か、包括遺贈かなどと一義的に解するのではなく、個々の場面における遺言者の遺言の趣旨に照らし、相続人、受遺者に及ぼす法的効果として妥当する法的性質決定が必要である。
　ロ　換価遺言の場合の相続財産に対する権利義務関係
　　換価遺言における相続人、受遺者、遺言執行者らが有する個々の相続財産に対する権利義務の内容面を不特定物（金銭）遺贈と包括遺贈に分けて整理すると、以下のとおりとなる。
　　(イ)　不特定物（金銭）遺贈の場合
　　　遺言執行者は、相続財産を占有・管理し、売却処分し、売却代金を管理し、相続債務を弁済することができるから、換価する相続財産の管理処分権限は、遺言執行者に帰属することになる。
　　　所有者は、「その所有物の使用、収益及び処分をする権利を有する」（民法206条）のであり、これらが、所有権の本質的権限であると考えると、管理処分権限を有する遺言執行者が、相続財産の民法上の所有権者になりそうである。
　　　一方、民法1015条の規定に照らせば、遺言執行者の行為の効果は、法的に相続人に帰属する。この意義を相続人が所有権者であるからこそ、遺言執行者の行為（資産の換価）の効果を相続人に帰属させたものと考えるならば、処分された相続財産の所有権者は相続人であると考えられる。
　　　受遺者は、遺言で指定された金銭についての履行請求権を有するが、相続財産に対する物権的効力は生じないため、相続財産に対しては何ら権利を有しないこととなる。
　　(ロ)　包括遺贈の場合
　　　包括受遺者は、物権的効力により相続財産を一旦、取得する。
　　　この場合、一旦取得した相続財産に対する権利は、遺言執行者が存在するため、民法1013条、1014条により制限され、その後は、民法1015条を介した法律関係になる。換価した相続財産の所有権者は包括受遺者であると考えられる。
(2)　相続税法上の諸問題

問42 換価遺言が行われた場合の譲渡所得の申告義務者

換価遺言の法的性質に照らした場合、相続税の計算において、遺贈により取得した財産は何か、その計算方法がどのようになるのかなどが問題となる。

イ 遺贈により取得する「財産」の意義

不特定物（金銭）遺贈の場合、換価後に遺言により取得する金銭は、相続財産そのものではないものの、遺言に基づき相続財産が換価された結果、金銭と変化したもので、その実質は換価された相続財産と同じであるから、相続税の課税対象として、相続税法上、遺贈により取得した「財産」に該当する。

ロ 相続税の課税価格の計算

不特定物（金銭）の遺贈である場合、一義的には、受遺者が取得した金銭の価額で課税価格を計算することになるとも考えられるが、代償分割が行われた場合の代償金の課税価格の計算と同様に、金銭の額そのままではなく、換価財産の相続税評価額と金銭の額との圧縮計算を行うことになる。

(3) 譲渡所得上の諸問題

換価遺言が行われた場合、換価した資産の譲渡所得は、誰に帰属することになるのかが大きな論点となる。

イ 実質所得者課税の原則

譲渡所得の帰属に関して、実質所得者課税の原則は、法律的帰属説に基づき、原則としては、譲渡資産の所有権者に所得が帰属するものと考えられる。すると、譲渡した資産の所有権者が誰であるかを認定判断することにより、その所得の人的帰属は明らかになる。

しかしながら、私法上、所有権者が常に明示的に明らかになるものではなく、また、所有権者らしい外観を有していても、所有権のもつ法的効果（利益の享受など）が失われている場合もあり、そのような場合には、形式的な所有権の所在に着目するのではなく、課税の対象となる取引における当事者のそれぞれの個別の法律関係に視点を向け、所得の帰属先として妥当する権利の帰属者を所得の帰属者とすべきである。

そして、そのような場合における所有権以外の譲渡所得を帰属させる

基準を考察すると、最高裁昭和43年判決で示された「保有期間中の増加益」の存在と「所有権の移転」のほかに法的な「収益の享受可能性」による判断基準が妥当する。

□　譲渡所得の納税義務者

換価遺言の場合、遺言執行者に管理処分権限があるが、民法1015条の規定の存在に照らせば、換価する相続財産について、所有権があるとは解しがたい。

また、受遺者も、不特定物（金銭）遺贈の場合には、相続財産に対して、物権的効力がなく、換価した相続財産について、所有権を有しているとは認められない。

相続人は、民法1015条の規定を形式的に解せば、譲渡行為は、相続人に帰属し、所有権の存在も擬制するものとも考えられる。しかしながら、相続人は、所有権者として換価代金を収受する権利もなく、実質的にも財産を支配する状態すら生じていない。また、遺言者の真意に照らしても、換価代金の分配とは別に、換価される相続財産をわざわざ相続人に帰属させる意思があるとは解しがたい。

すなわち、不特定物（金銭）遺贈の場合には、個々の当事者の権利関係に照らせば、所有権基準による判定が妥当しない。

所有権基準ではない法的な「収益の享受可能性」を視点に所得の帰属を決定すべきであり、この基準に照らせば、遺言により相続開始の時から法的に収益の享受の内容が確定し、「収益の享受可能性」を有するのは、受遺者にほかならないから、譲渡所得は、受遺者に帰属し、受遺者が納税義務者になると考えられる。

3　まとめ

換価遺言が行われた場合の課税関係を決定する前提として、まず、私法上の法律関係の性質決定が必要である。しかしながら、①そもそも遺言の解釈は、個々の遺言について、遺言者の遺言の真意を探求することとされ、個々の場面の解釈に委ねられ、一義的に確定できず、②換価遺言に係る私法上の法律関係、特に、換価中の相続財産に係る権利関係については、裁判例、学説などで明示的な判断、見解がなく、私法上の法律関係の

性質決定について、不安定さが生じている。

　そこで、換価遺言の場合であれば、受遺者に対して、分配する金銭のみを取得（遺贈）させたいのか、換価する財産の取得（遺贈）も意図しているのか、清算する債務の負担は誰に負担させたいと意図しているのか（相続人のままか、金銭を取得させる者か）などを明確にし、遺言書を作成することが、法的性質の決定の不安定さを低減し、予測可能性をも高めることになると考える。

　一方、私法上の法律関係の整理が可能となったとしても、租税法上の視点から課税関係の整理を行うことも重要である。

　本稿においては、実質所得者課税の原則、相続税における相続と遺贈の同一性、譲渡所得の趣旨目的等も踏まえながら、納税義務者や具体的な課税価格や譲渡所得の金額の計算過程における解釈を検討した。

　換価遺言に係る当事者間の権利義務関係に着目すると、遺言の効果が発生すると、遺言執行者に換価財産の管理支配権限が帰属し、所有権と同等の権利を有するとともに、相続人には何ら実質的な権利は存在せず、一方、受遺者には、換価代金を受益する権利が生じる。これらの当事者の権利関係は、信託の場合の当事者（委託者、受託者、受益者）の権利関係に類似している。

　制度論的には、換価遺言の場合は、信託税制と同様の課税関係にすることが望ましいと考える。

　　　　　　　　出典：国税庁ホームページ（https://www.nta.go.jp/about/
　　　　　　organization/ntc/kenkyu/ronsou/85/01/index.htm）

（下線は筆者）

第6 その他

問43　自殺した場合に業務上の死亡と判断されることはあるか

> 被相続人は、ユーチューバーとして多額の収入があり、当該事業を法人化して、その法人の代表取締役となり役員報酬を受け取っていました。しかし、ある投稿がきっかけで世間から大きな非難を浴び、強い心理的ストレスを受けうつ病を発症し、その後自殺しました。このようなケースで死亡した場合、業務上の死亡と判断されることはあるでしょうか。

答

　法人の従業員（役員を含む）が死亡した場合に、当該法人から弔慰金が支給される場合があります。業務上の死亡ではない場合は普通給与の6か月分、業務上の死亡の場合は普通給与の3年分が相続税法上は退職手当金等に該当しない弔慰金として取り扱われ、相続税は非課税となります。法人の代表者など役員が死亡した場合は、多額の弔慰金が支払われる場合もあり、業務上の死亡か、そうでないかは相続税の申告に大きく影響を与えることがあります。

　工場などに勤務していて、作業中の事故により死亡した場合は明らかに業務上の死亡と判定されますが、例えばバスの運転手が運転中に心疾患などにより死亡した場合や、会社での会議中に脳出血などにより役員が死亡した場合は、業務上の死亡かどうか判断が難しいところです。業務上の死亡といえるためには、労働者が業務の遂行に直接起因して健康を害し又は潜在していた疾病が発症して死亡したと認められる必要があり、単に業務中に病死しただけでは、業務上の死亡とされないこともあります。

　また、自殺は故意による死亡のため、労災保険給付の支給制限を定める労働者災害補償保険法において、故意に死亡した場合は保険給付がされないとされ、以前は過労や心理的負荷による自殺は労災認定が否定されることが多くありました。しかし、近年の自殺者の増加等を背景に、過労や心理的負荷

問43 自殺した場合に業務上の死亡と判断されることはあるか

による自殺を労災として認定するケースが増えてきました。

厚生労働省は「心理的負荷による精神障害の認定基準について」という通達（平成23年12月26日・基発1226第1号・厚生労働省労働基準局長）を発遣しており、心理的負荷による精神障害の認定基準として次の3要件を挙げています。

① 対象疾病を発病していること。
② 対象疾病の発病前おおむね6か月の間に、業務による強い心理的負荷が認められること。
③ 業務以外の心理的負荷及び個体側要因により対象疾病を発病したとは認められないこと。

なお、令和5年9月1日・基発0901第2号により、上記の平成23年厚生労働省通達は廃止されていますが、認定基準の3要件に変更はありません。

国税不服審判所の過去の裁決（平成17年9月12日）においては、「業務遂行性及び業務起因性といった労働法の判定基準に準拠することは合理的と認められ、役員についても『業務上の死亡』かどうかは同様に判定すべきところ、労働法における自殺の取扱いでは、自殺は原則故意の死亡とされ、業務上の理由による発病がなければ業務起因性がないものとされている」として、自殺による死亡を業務上の死亡とは認めませんでした。しかし、上記の平成23年厚生労働省通達が発遣される前の裁決であり、今後は違った取扱いとされるケースも出てくるのではないでしょうか。

心理的なストレスの受け方には個人差が大きく、ある人にとっては聞き流してしまえることでも、別の人にとっては耐え難い心理的ストレスとなり疾病を発症し、その結果自殺に至るケースもあり得るでしょう。健康で経済的にも問題がなく、今まで普通に生活してきた人が、仕事でのトラブルの後、自殺したというのであれば、自殺と仕事でのトラブルの因果関係は非常に強いと推定されます。

個人的な意見ですが、上記の心理的負荷による精神障害の認定基準にある3要件にあてはめ、対象疾病の発病前概ね6か月の間に、業務による強い心理的負荷が認められ、かつ業務以外の心理的負荷及び個体側要因により対象疾病を発病したとは認められなければ、自殺による死亡であっても業務上の

第6　その他

死亡と取り扱ってよいのではないかと考えます。このため、本問の場合も、業務上の死亡と取り扱えるものと考えます。

> ☆Point
> □　業務において強い心理的ストレスを受けた後うつ病を発症し自殺に至った場合、厚生労働省発遣の「心理的負荷による精神障害の認定基準」による要件にあてはまれば、業務上の死亡と取り扱えるものと考える。

〔参考法令〕

○**労働者災害補償保険法**（昭和22年4月法律第50号）

　第12条の2の2　労働者が、故意に負傷、疾病、障害若しくは死亡又はその直接の原因となつた事故を生じさせたときは、政府は、保険給付を行わない。

（以下省略）

〔参考通達〕

○**相続税法基本通達**（昭和34年1月28日直資10）

　（弔慰金等の取扱い）

　3-20　被相続人の死亡により相続人その他の者が受ける弔慰金、花輪代、葬祭料等（以下「弔慰金等」という。）については、3-18及び3-19に該当すると認められるものを除き、次に掲げる金額を弔慰金等に相当する金額として取り扱い、当該金額を超える部分の金額があるときは、その超える部分に相当する金額は退職手当金等に該当するものとして取り扱うものとする

　　(1)　被相続人の死亡が業務上の死亡であるときは、その雇用主等から受ける弔慰金等のうち、当該被相続人の死亡当時における賞与以外の普通給与（俸給、給料、賃金、扶養手当、勤務地手当、特殊勤務地手当等の合計額をいう。以下同じ。）の3年分（遺族の受ける弔慰金等の合計額のうち3-23に掲げるものからなる部分の金額が3年分を超えるときはその金額）に相当する金額

　　(2)　被相続人の死亡が業務上の死亡でないときは、その雇用主等から

問43 自殺した場合に業務上の死亡と判断されることはあるか

受ける弔慰金等のうち、当該被相続人の死亡当時における賞与以外の<u>普通給与の半年分</u>（遺族の受ける弔慰金等の合計額のうち3－23に掲げるものからなる部分の金額が半年分を超えるときはその金額）に相当する金額

○心理的負荷による精神障害の認定基準について（令和5年9月1日・基発0901第2号・厚生労働省労働基準局長）

心理的負荷による精神障害の労災請求事案については、平成23年12月26日付け基発1226第1号「心理的負荷による精神障害の認定基準について」（以下「平成23年通達」という。）に基づき業務上外の判断を行ってきたところであるが、今般、「精神障害の労災認定の基準に関する専門検討会報告書（令和5年7月）」を踏まえ、別添の認定基準を新たに定めたので、今後の取扱いに遺漏なきを期されたい。

なお、本通達の施行に伴い、平成23年通達は廃止する。

別添

心理的負荷による精神障害の認定基準

第1　対象疾病

本認定基準で対象とする疾病（以下「対象疾病」という。）は、疾病及び関連保健問題の国際統計分類第10回改訂版（以下「ICD－10」という。）第Ⅴ章「精神及び行動の障害」に分類される精神障害であって、器質性のもの及び有害物質に起因するものを除く。

対象疾病のうち業務に関連して発病する可能性のある精神障害は、主としてICD－10のF2からF4に分類される精神障害である。

なお、器質性の精神障害及び有害物質に起因する精神障害（ICD－10のF0及びF1に分類されるもの）については、頭部外傷、脳血管障害、中枢神経変性疾患等の器質性脳疾患に付随する疾病や化学物質による疾病等として認められるか否かを個別に判断する。

また、心身症は、本認定基準における精神障害には含まれない。

第2　認定要件

<u>次の1、2及び3のいずれの要件も満たす対象疾病は、労働基準法施</u>

第6　その他

　行規則別表第1の2第9号に該当する業務上の疾病として取り扱う。
　1　対象疾病を発病していること。
　2　対象疾病の発病前おおむね6か月の間に、業務による強い心理的負荷が認められること。
　3　業務以外の心理的負荷及び個体側要因により対象疾病を発病したとは認められないこと。
　また、要件を満たす対象疾病に併発した疾病については、対象疾病に付随する疾病として認められるか否かを個別に判断し、これが認められる場合には当該対象疾病と一体のものとして、労働基準法施行規則別表第1の2第9号に該当する業務上の疾病として取り扱う。

第3　認定要件に関する基本的な考え方

　対象疾病の発病に至る原因の考え方は、環境由来の心理的負荷（ストレス）と、個体側の反応性、脆弱性との関係で精神的破綻が生じるかどうかが決まり、心理的負荷が非常に強ければ、個体側の脆弱性が小さくても精神的破綻が起こり、脆弱性が大きければ、心理的負荷が小さくても破綻が生ずるとする「ストレス－脆弱性理論」に依拠している。

　このため、心理的負荷による精神障害の業務起因性を判断する要件としては、対象疾病が発病しており、当該対象疾病の発病の前おおむね6か月の間に業務による強い心理的負荷が認められることを掲げている。

　さらに、これらの要件が認められた場合であっても、明らかに業務以外の心理的負荷や個体側要因によって発病したと認められる場合には、業務起因性が否定されるため、認定要件を前記第2のとおり定めた。

（中略）

第8　その他

　1　自殺について

　業務によりICD－10のF0からF4に分類される精神障害を発病したと認められる者が自殺を図った場合には、精神障害によって正常の認識、行為選択能力が著しく阻害され、あるいは自殺行為を思いとどまる精神的抑制力が著しく阻害されている状態に陥ったものと推定し、業務起因性を認める。

問43 自殺した場合に業務上の死亡と判断されることはあるか

　その他、精神障害による自殺の取扱いについては、従前の例（平成11年9月14日付け基発第545号）による。
（以下省略）

〔参考裁決〕

　請求人は、業務上の死亡の判定に当たり、①本件被相続人（経営者）の死亡を労災の認定基準に当てはめることは誤りであり、業務上の死亡は社会通念に従って判定すべきであること、②本件被相続人の自殺は、相続税法基本通達3-22の業務上の死亡に該当し、本件弔慰金は相続税法第3条第1項第2号の退職手当金等に該当しない旨主張する。

　しかしながら、業務上の死亡の判定を、<u>業務遂行性及び業務起因性といった労働法の判定基準に準拠することは合理的と認められ</u>、役員についても「業務上の死亡」かどうかは同様に判定すべきところ、<u>労働法における自殺の取扱いでは、自殺は原則故意の死亡とされ、業務上の理由による発病がなければ業務起因性がないものとされている</u>。これを本件についてみると、本件被相続人が業務上の理由により、発病していたという事実は確認することができないから、本件被相続人の自殺は、業務上の死亡とは認められない。（平17.9.12福裁（諸）平17-1・国税不服審判所裁決要旨検索システム）

（下線は筆者）

コラム3　成年後見人について

コラム3　成年後見人について

　日本では高齢化が進んでおり、令和5年10月1日現在で65歳以上人口は3,623万人となり、総人口に占める割合（高齢化率）は29.1％となっています。それに伴って認知症の高齢者も増え、2025年には471万6,000人、団塊ジュニアの世代が65歳以上になる2040年には、584万2,000人になると推計されています。

　認知症になると物忘れが増え、理解力・判断力が低下するため日常生活を一人で行うのが難しくなります。特に、財産の管理は非常に困難になり、高齢者を狙った犯罪も増えており不安は大きいでしょう。また、子どもなど親族の中にも、親などが認知症になった後、亡くなる前にその財産を着服し、相続税の申告や遺産分割において大きな問題となるケースも見受けられます。このため、このようなリスクを減らす目的で、認知症が進んだ方には、成年後見人がついているケースが最近、相続税の申告をしていて目につくようになりました。

　成年後見人とは、「成年後見制度」に基づき、認知症などさまざまな理由で判断能力が低下し、一人で法律行為を行うことが不可能もしくは困難になってしまった人に代わって法律行為を行う人のことです。成年後見人は、本人に代わって、被後見人の財産を適切に管理します。成年後見人が被後見人の契約を締結したり、預貯金の管理等をしたりすることによって、被後見人の財産上の利益を保護します。

　成年後見制度には、判断能力が不十分と判断されてから家庭裁判所に申立てを行い、家庭裁判所が後見人を決める「法定後見」と、本人の判断能力がまだ十分あるうちに将来に備えるため、被後見人が後見人を選ぶ「任意後見」の2種類があります。

　成年後見人になるために特別な資格は不要で、未成年者や破産者等一定の要件に該当しなければ誰でもなれるため、家族がなっているケースもあります。しかし、被後見人の財産管理や身上保護など、例えば各種契約の締結をしたり、預金口座から金銭を引き出したり、高齢者施設などへの入退所の手続きをしたりと、他者の財産について責任を持って管

理する必要があるため、家族以外の弁護士や司法書士、社会福祉士などの専門家がなるケースが8割以上です。成年後見人になった人は、毎年1回、後見等事務報告書、財産目録、預貯金通帳の写しなどを家庭裁判所に提出する必要があります。また、被後見人が死亡した場合も同様の手続きを行います。

　成年後見人を選任すれば、詐欺や不要な契約の防止につながったり、預貯金の管理ができるため、使い込みも防げたりとメリットもありますがマイナス面もあります。

　まず、成年後見人を選任するためには、家庭裁判所に申し立てを行いますが、費用と手間がかかります。また、成年後見人は第三者の専門家に頼むことが多いため、成年後見人に対して報酬を支払う必要があります。保有する財産の金額によって異なりますが、月2～6万円程度は必要です。特別な行為をした場合、例えば、遺産分割協議、調停・裁判、不動産の処分などをすれば別途報酬の支払いが必要です。なお、報酬額は家庭裁判所が決めます。少なくとも年間20～30万円程度、多ければ100万円程度と決して少なくない金額の負担が必要です。

　次に、成年後見人の職務は被後見人の財産を守ることであるため、被後見人の財産から支出を要する場合に、その都度、成年後見人に相談してその判断を求めなければならず面倒です。また、支出の内容によっては家庭裁判所の許可が必要となることも多くあります。

　税金面では次のようなマイナス面があります。例えば、妻が認知症になり成年後見人がついているケースで、夫が死亡し、子どもと妻で遺産分割協議をするとします。妻に十分な固有財産があり二次相続のことを考えると、妻は夫の相続財産をあまり取得しない方が税金面では有利なケースがあります。しかし、成年後見人がついていると、被後見人の権利を一番に考えるため、最低でも法定相続分は妻が取得することになる場合が多いようです。また、相続税を払うぐらいなら、子どもたちと豪勢な旅行に行くなどしてお金を使ったり、子どもたちに生前贈与したりすることを選ばれる高齢者の方は多くいます。しかし、被後見人の財産を守るという成年後見制度の趣旨からそのようなことは認められることは少ないでしょう。このように、二次相続を考えた遺産分割協議ができ

コラム 3　成年後見人について

なかったり、生前贈与などを使った節税ができなかったりというマイナス面があります。

　最後に被後見人となる方の中に、不動産など多くの財産を持っている方がいます。相続対策のことを考えると、収益不動産を購入したり、保有土地に建物を建てるなどして不動産の有効活用をしたりした方が有利な場合もあります。また、不動産市況がよいときに保有不動産、特に今後売却が難しくなるような過疎部の不動産などを売却した方がよい場合もあります。過疎部の不動産の公的評価は実勢価格よりも高い場合も多く、たとえ公的な評価である固定資産税評価額より安くても売れるときに売っておいた方がよい場合は多くあります。もちろん、安易な不動産投資や売却は、保有財産も減らしてしまうこともあるため慎重な判断が必要です。これらの判断はかなり高度であり、100％絶対かと言われるとそこまでは言い切れない場合が多いでしょう。後になって、あの時これをしていたからよかった、またはタイミングが少し早くて少し損をした、と思うこともあります。認知症にならず通常の判断が可能な方であれば、専門家のアドバイスを受けながら、財産の運用、処分、取得なども可能ですが、被後見人が選任されていると、おそらく家庭裁判所の許可が下りないため、そのようなことはできないでしょう。

　そもそも、判断力が衰えた方の財産を保護するために作られた制度ですから、被後見人の財産の処分や運用については、ある程度慎重な判断が求められるのは仕方のない部分です。しかし、成年後見人を選任するとあまりにもできないことが増えてしまい、通常行えるような相続対策がほぼできなくなります。被後見人の財産の保全との兼ね合いは難しいところですが、もう少し柔軟な対応をしてくれればと思うことはあります。

第7 実務上の判断

問44 生前贈与と名義預金の違い

　被相続人の生前の預金の動きを確認すると、被相続人の預金口座から子どもの預金口座に振り込みがありました。次のような場合、これらの預金の移動は贈与となるのでしょうか。
1　相続人である子どもの預金口座には、被相続人の預金口座から毎年200万円が10年間振り込まれていました。振り込みを行ったのは、被相続人です。その預金口座には、子どもの給料も振り込まれており、子どもの光熱費やクレジットカードの引き落としもありますが、毎年振り込まれた200万円は使われることなく、その預金口座には2,000万円以上の残高がありました。また贈与契約はなく、贈与税の申告もしていませんでした。
2　相続人である子どもの預金口座には、被相続人の預金口座から毎年200万円が10年間振り込まれていました。その預金口座は被相続人が依頼し、相続人が開設したものですが、預金通帳及びその印鑑は被相続人が預かっていました。贈与契約書は作成されており、贈与税の申告及び納税も毎年行っていましたが、贈与契約書の作成並びに贈与税の申告及び納税は、被相続人が単独で行っており、相続人である子どもはいつ預金口座に振り込みがあったのかも知りませんでした。

第 7　実務上の判断

> **答**

　名義預金とは、形式的には、妻・子ども・孫などの名義の預金となっているものの、その預金口座は被相続人が借りているに過ぎず、実質的な所有者は被相続人である預金のことです。名義預金は実質的に被相続人に帰属するため、いつ作成されたものかに関係なく被相続人の相続財産となります。これに対し生前贈与（相続時精算課税の対象となる贈与を除きます。以下本問において同じ。）され、相続人名義で作成された預金は、相続人に帰属するので、被相続人の相続財産とはなりません。ただし、相続財産を相続や遺贈で取得した者については、相続開始前7年間（令和8年12月までの相続開始は3年、以後順次延長され、令和13年1月からは7年）に贈与を受けた財産については相続財産に加算されます。

　相続税の調査において、相続人等の名義の預金が多くあり、その預金の基になる資金（原資）が被相続人のものである場合には、それが名義預金なのか被相続人からの生前贈与で作成された相続人の預金であるのかがよく争いになります。令和6年現在相続財産に加算される期間は3年なので、相続開始から3年以上前にその預金が作成されていた場合、生前贈与であれば相続財産に加算する必要はありませんが、名義預金であるならば相続財産として計上が必要となるからです。

　贈与については民法第549条に規定されており、「贈与は、当事者の一方がある財産を無償で相手方に与える意思を表示し、相手方が受諾をすることによって、その効力を生ずる。」とあります。贈与者が財産を相手方に与える意思表示をし、受贈者が受諾することによって贈与契約が成立します。贈与契約は書面で行う必要はなく、口頭でも契約は成立しますが、実際に財産の移動が行われるまでは贈与者、受贈者いずれからも解除が可能です（民法550条）。相続税の調査等で贈与が行われたかどうかの判定については、贈与者が贈与する意思表示をし、受贈者が許諾しているかが大きなポイントとなります。たとえ被相続人の財産の名義が相続人等に変わっていたとしても、被相続人が贈与する意思表示をしていない、又は相続人等が贈与の受諾をしていなければ贈与は成立しないので、その相続人等の名義の預金は被相

続人の名義預金となります。仮に、贈与契約書を作成し、贈与税の申告を行っていたとしても、相続人等が贈与があったことを知らず受諾をしていなければ、贈与は成立しません。贈与契約書の作成や贈与の申告を贈与者である被相続人が一人で行っている場合も多くあり、相続人等は何となく自分名義の預金があることは知っているものの、その預金がいつ作成されたのか、どこに通帳等があるのかを知らなければ、贈与が成立しているとはいえないでしょう。

　逆に、贈与契約がなく、贈与税の申告が行われていなかったとしても、贈与の意思表示がされ、実際に贈与する財産の移動があり、受贈者がその財産を受贈する旨の明示又は黙示の意思表示をしていれば、贈与は有効に成立します。贈与契約の有無、贈与税申告の有無は、贈与が有効に成立していると判断する重要な要素とはなりますが、そのことだけをもって贈与が有効に成立したと判断することはできません。

　本問１の場合は、毎年贈与税の基礎控除額を超える預金の移動がありますが、贈与税の申告はなく、また贈与契約書もありません。しかし、相続人の預金口座に被相続人は、自らの預金口座から毎年200万円を振り込んでいます。また、振込みがあった当該預金口座は、相続人が日常的に使用している口座のため、相続人もその振込みの事実を知っており、明示又は黙示により贈与を受諾していると考えられます。被相続人と相続人の間に、当該振り込んだ金銭については一時的に相続人に預かってもらったお金であるなどの契約や合意があれば贈与ではありませんが、原則として贈与は有効に成立していると考えられます。相続人の預金口座には、贈与相当分の残高がありますが、いつでも使える状態にあり、残高があるからといって名義預金にはなりません。また、相続人の給与の振り込みもあり、どの部分が名義預金であるかを特定することもできません。このため、当該預金の移動については贈与であると考えられ、贈与税の除斥期間である申告期限から６年を経過していないものについては贈与税の期限後申告を行い、相続税の申告においては、相続開始前３年以内の贈与について相続財産に加算する必要があると考えます。なお、期限後申告して納付した贈与税の本税については、贈与税額控除が受けられます。

第7　実務上の判断

　本問2の場合は、被相続人が一人で作成した贈与契約書があり、贈与税の申告及び納税も被相続人が行っていますが、受贈者である相続人が贈与の事実を知らなかったことから贈与契約は成立していません。このため、当該預金口座については、被相続人の名義預金として相続税の申告に計上する必要があります。なお、贈与の事実はなく本来贈与税の申告をする必要はなかったため、贈与税の申告期限から6年を経過していない申告については、更正の請求を行い、納税した贈与税の還付を受けることができます（相続税法32条2項）。

☆Point
□　贈与税の申告及び納税がなかったとしても、贈与契約が有効に成立していれば、名義預金とはならない。
□　被相続人が贈与契約書を作成し贈与税の申告まで行っていたとしても、相続人がその贈与の事実を認識していない場合は、贈与契約は成立しない。

〔参考法令〕
○**民法**（明治29年4月法律第89号）
　（贈与）
　第549条　贈与は、当事者の一方がある財産を無償で相手方に与える意思を表示し、相手方が受諾をすることによって、その効力を生ずる。
　（書面によらない贈与の解除）
　第550条　書面によらない贈与は、各当事者が解除をすることができる。ただし、履行の終わった部分については、この限りでない。

○**相続税法**（昭和25年3月法律第73号）
　（更正の請求の特則）
　第32条　省略
　2　贈与税について申告書を提出した者に対する国税通則法第23条の規定の適用については、同条第1項中「5年」とあるのは、「6年」

とする。

〔参考裁決1〕

　請求人らは、原処分庁が相続財産であると認定した被相続人の親族等の名義の株式（以下「本件各株式」という。）は、名義人の一人が、本件各株式のうち、当該名義人及びその家族の名義に係る株式の配当金を自己の配当所得として所得税の申告をしていることから、各名義人が生前に贈与されたものであり、相続財産ではないと主張する。

　しかしながら、株式の配当金は、当該配当金に係る所得税を源泉徴収した上で各名義人に対して通知されるものであることから、配当所得の申告をもって、贈与事実を推認することはできず、贈与者とされる者の贈与の意思を表示した書面が存在しない本件においては、その財産の帰属は、名義人がだれであるかという形式的事実のみならず、当該財産の原資、管理・運用の状況、果実の帰属、<u>贈与者の贈与の意思及び受贈者の贈与を受けた認識から認められる贈与事実の有無等の具体的事実に基づいて判断するのが相当</u>であるところ、本件各株式の原資は被相続人の財産であり、その管理は被相続人が行っており、本件各株式の配当金は、被相続人名義の預金口座に振り込まれ、各名義人に分配されたと推認できる事実もないことから、果実は被相続人に帰属していたと認められ、また、<u>被相続人の贈与の意思及び各名義人の贈与を受けた認識を明らかにするものはなく、「贈与を受けた時期は分からない」、「贈与を受けた事実はない」旨申述している名義人もいることからすれば、本件各株式についての贈与事実があったとは認められず、本件各株式は相続財産であると認められる。</u>（平19．9．4名裁（諸）平19-10・国税不服審判所裁決要旨検索システム）

〔参考裁決2〕

　請求人らは、被相続人が、毎年継続的に一定の金額を預金口座の名義人に贈与する意思を示し、各名義人もこれを受諾していたのであり、本件定期預金は、各名義人の固有財産である旨主張する。確かに、被相続人が、請求人ら及び請求人らの妻子ら名義の各預金口座を積み増す際にその額を

第7　実務上の判断

贈与税の基礎控除額と同額としていたことは、被相続人の贈与の意思をうかがわせる一事情であるとはいえる。

しかしながら、本件定期預金と同様に、上記積み増しで預け入れた請求人ら名義の各普通預金があるが、本件定期預金が被相続人から贈与されたものであるならば、請求人ら名義の各普通預金も贈与されたはずであるが、請求人らは、これらを相続財産として申告しており、不自然である。さらに、<u>贈与を受けたとされる本件各預金及びその原資となる各預金の残高が減少した事実はなく、したがって、これらが請求人ら及び請求人らの妻子らによって引き出され、費消された事実もない</u>上、本件各預金及びその原資となる各預金の開設及び解約等の手続は被相続人が全て行い、請求人ら及び請求人らの妻子らは関与しておらず、本件各預金に係る預金通帳についても、被相続人が貸金庫において管理しており、本件各預金及びその原資となる各預金に係る預金口座の届出印が同一であることからして、被相続人が届出印を管理していたと推認されるのであって、<u>各預金の処分及び管理権限は何ら名義人に移転しておらず、当審判所の調査によっても、贈与を受けた請求人ら及び請求人らの妻子らが、被相続人に対し、贈与されたとする預金や、本件各預金に係る預金通帳や届出印等を引き渡すよう求めた形跡はない。以上の事情等を総合すると、被相続人が本件各預金又はその原資となる各預金を各預金に係る預金口座の名義人に贈与した事実はなかったものと推認するのが相当であり</u>、ほかに請求人ら主張の贈与の事実を認めるに足りる証拠はないから、請求人らの主張は採用できない。（平 21.2.17 大裁（諸）平 20-47・国税不服審判所裁決要旨検索システム）

〔**参考裁決 3**〕

請求人は、相続税の申告において課税対象とした、請求人及びその子（請求人ら）名義の預貯金（本件預貯金）は、過去に請求人が被相続人から贈与を受けたものである旨主張する。

しかしながら、被相続人は、複数の金融機関に請求人を含む相続人ら及びその家族名義の預貯金口座を多数開設して預貯金をし、これらの預貯金

問 44　生前贈与と名義預金の違い

について、請求人ら名義のものと請求人以外の相続人ら及びその家族名義のものとを区別することなく、その証書を保管し、住所変更等の手続を行い、解約をし、その解約金を被相続人が日常使用している預金口座に入金しており、これらのことは被相続人が請求人ら名義を含む相続人ら及びその家族名義の預貯金を自らの財産として管理、支配していたことをうかがわせるものといえることに加え、請求人以外の相続人らは、自ら及びその家族名義の預貯金について、それが被相続人の相続財産であることを積極的に争ってはおらず、当該相続人らの中には、<u>自らの名義及びその家族名義の預貯金の存在を知らない者もいることからすれば、本件預貯金の元金がおおむね贈与税の基礎控除額の範囲内であることや本件預貯金に係る届出印を請求人が所持していた様子がうかがわれるものの、これらのことをもって、被相続人の生前において本件預貯金を被相続人から請求人に贈与する旨の契約が成立していたものと認めるのは困難である</u>。したがって、本件預貯金は相続財産であると認められる。（平 24.8.27 大裁（諸）平 24-21・国税不服審判所裁決要旨検索システム）

（下線は筆者）

第7　実務上の判断

問45　名義預金の判定方法

> 相続税の申告をするために被相続人の預貯金及び上場株式などの有価証券を確認すると約5,000万円ありました。念のため、配偶者の預貯金及び上場株式などの有価証券を確認すると、被相続人とほぼ同額の約5,000万円を保有していることが分かりました。配偶者に話を聞くと、自分名義の預貯金や上場株式等があることは知っていたが、財産の管理は被相続人が行っており、預金の預入れや株式の売買等については任せていたということでした。配偶者の預貯金等の額が高額ですが、名義預金等として相続税の申告をする必要はあるでしょうか。

答

　まず、被相続人及び配偶者の預金通帳、金融機関の取引履歴等を入手し、配偶者の預貯金等が被相続人の資産（預貯金等）から作成されていないかの確認をします。被相続人の預金口座から配偶者の預金口座に振込み等によって預金が移動している場合のほか、被相続人が本来受け取るべき金銭、例えば被相続人が受取人となっている保険金を配偶者が代理受領している場合（**問18**参照）や被相続人名義の不動産の家賃等が配偶者の口座に入金されている場合（**問46**参照）などが配偶者の預金が被相続人の資産（預貯金等）から作成されている場合に当たります。このような場合、配偶者名義の預金の作成時に配偶者にその元になるお金（以下、原資といいます）が贈与されていれば、その預金は配偶者の所有となります。贈与税の申告の有無は、贈与があったかどうかを判定するうえで重要な判断要素となりますが、それだけで贈与があったかどうかが確定するものではありません。名義が配偶者名義でも引き続き被相続人が実質的所有者であれば、その預貯金等は名義預金となります。詳しくは、**問44**を参照ください。

　次に、配偶者の預貯金等が被相続人の資産（預貯金等）から作成されていない場合、又は預貯金等の作成が古く、内容が確認できないときは、配偶者

にその預貯金等を作成するだけの原資があるかどうかを確認します。預貯金等の残高、増加の程度から、配偶者が自らの収入等によりその預貯金等を作成できたかを確認することになります。なお、原資については給与等の収入のほか、年金、他の者からの相続・生前贈与、株式等の配当・値上がりなど幅広い観点で精査する必要があります。株式などは、銘柄によっては大きく値上がりしていることもあり、株式の取得時期が古ければ、当初は少ない金額で投資したものが、その後の株価の上昇、分割、配当などにより相続開始時期に大きな資産を形成していることもあるため注意が必要です。株式をずっと保有しているのであれば、各銘柄の株主名簿管理人（信託銀行の証券代行部など）に対して、「株式異動証明書」の送付を依頼すれば、その取得時期、その後の株式分割の状況が分かります。また、当時の取引価格は、JPX（日本取引所グループ）にメールか郵便で問い合わせをすることができます。なお、比較的近年の取引価格であれば、証券会社のWEBサイトで検索することも可能です。

相続人等に原資があると推定されるのであれば、名義預金でない可能性は高くなります。なお、被相続人と相続人等との関係性によっては、預貯金等の管理を被相続人が行っている場合もあります。特に年配の夫婦間の場合は、夫婦のどちらかが相手の預貯金等の管理も行っている場合も多くあるため、原資がある場合、管理運用の状況だけをもって名義預金とは判定しない方がよいでしょう。

また、被相続人と相続人等の生前の収入按分によって被相続人と相続人等の預貯金等の帰属を決定し、収入按分以上の預貯金等を相続人等が所有していればその部分は名義預金だとする考え方もあります。確かに、被相続人と相続人等の収入が一体で管理されていて、そこから生活費等が支出され、残った部分でどちらかの名義の預貯金等が作成され、その後名義の変更もあるなど、どの部分がどちらの預貯金等であるか判別不能である場合は、収入按分で預金の帰属を決定するという考え方も正しいでしょう。しかし、配偶者は自らの収入を自らの口座に入金し、それを原資として預貯金等を作成していた、生活費は被相続人が全て負担していた。このような場合においては、収入按分で預金の帰属を決定するというのは誤りです。年配の夫婦であれ

ば、どちらか一方（主に夫）が生活費を全て負担するという場合も珍しくなく、更に税法上も贈与等の問題は生じません。このような状況では、収入に比例して預貯金等が作成されていなくても、配偶者が自己の収入等で自らの預貯金等を作成していれば何ら問題になることはなく、収入按分で名義預金を判定することは誤りということになります。

　配偶者の預貯金等について、被相続人の資産（預貯金等）から作成されているか分からない、配偶者にその預金を作成する原資がない、被相続人からの生前贈与も受けていないとなれば、その預貯金等は被相続人の名義預金の可能性は高くなります。ただし、被相続人に帰属する名義預金ではない場合もあるため注意が必要です。配偶者の場合は、被相続人ではない他の者に帰属する名義預金であるケースはそれほど多くはないでしょうが、例えば被相続人の孫名義の預貯金等があった場合、被相続人に帰属する名義預金ではなく、その孫の父母がその預貯金等を作成している場合もあります。このため、被相続人以外の他の者が作成した名義預金という可能性も考える必要があります。

　名義預金の判定は非常に難しく、確実に名義預金である、あるいは名義預金でない、と判定することができないことが多くあります。このため、多くの情報を集め、総合的に判断することが重要となります。

☆Point
- □　名義預金の判定において最も重要なのは、その原資を誰が負担していたかである。
- □　預金等の管理運用の状況は、名義預金を判定する重要な要素とはなるが、夫婦間など名義人以外の者が預金等の管理運用をすることが珍しくないケースは、名義預金を判定する重要な要素とはならない場合もある。

〔参考判決〕
○平成20年10月17日・東京地判平成19年（行ウ）第19号（一部抜粋）
　ある財産が被相続人以外の者の名義となっていたとしても、当該財産が相続開始時において被相続人に帰属するものであったと認められるもので

あれば、当該財産は相続税の課税の対象となる相続財産となる。

そして、被相続人以外の者の名義である財産が相続開始時において被相続人に帰属するものであったか否かは、<u>当該財産又はその購入原資の出捐者、当該財産の管理及び運用の状況、当該財産から生ずる利益の帰属者、被相続人と当該財産の名義人並びに当該財産の管理及び運用をする者との関係、当該財産の名義人がその名義を有することになった経緯等を総合考慮して判断するのが相当である。</u>

本件では、本件相続当時、本件丁名義預金等が丙に帰属していた財産としてその相続財産に含まれるのか、それとも丁に帰属していた財産で相続財産に含まれないのかが問題となっているところ、財産の帰属の判定において、<u>一般的には、当該財産の名義がだれであるかは重要な一要素となり得るものではある。しかしながら、我が国においては、夫が自己の財産を、自己の扶養する妻名義の預金等の形態で保有するのも珍しいことではない</u>というのが公知の事実であるから、本件丁名義預金等の帰属の判定において、それが丁名義であることの一事をもって丁の所有であると断ずることはできず、諸般の事情を総合的に考慮してこれを決する必要があるというべきである。

そうすると、丙名義の有価証券及び預金が本件相続当時丙に帰属するものであったことは当事者間に争いがないところ、丁は、本件丁名義預金等だけではなく、丙名義の有価証券及び預金についても主導的な立場で管理及び運用をしていたということができる。そして、一般に、<u>財産の帰属の判定において、財産の管理及び運用をだれがしていたかということは重要な一要素となり得るものではあるけれども、夫婦間においては、妻が夫の財産について管理及び運用をすることがさほど不自然であるということはできないから、これを殊更重視することはできず</u>、丁が丙名義で丙に帰属する有価証券及び預金の管理及び運用もしていたことを併せ考慮すると、丁が本件丁名義預金等の管理及び運用をしていたということが、本件丁名義預金等が丙ではなく丁に帰属するものであったことを示す決定的な要素であるということはできない。

第7 実務上の判断

〔参考裁決1〕
○国税不服審判所ホームページ（公表裁決事例）
家族名義預金の一部は相続財産に当たらないとされた事例
（平成28年11月8日裁決より抜粋・裁決事例集No.105）

A 別表2の順号1記載の定期預金について

　①請求人P2は、被相続人の生前、同人の財産を管理しており、被相続人と相談しながら、銀行の手続や保険の加入の手続を行うなどしていたところ、被相続人、請求人ら（ただし、請求人P4を除く。）、P7、P9及びP10の各名義の預貯金口座においては、別表7記載のとおり、出金された金員を別の者の名義の預貯金口座に入金したものが複数存在すること（上記イ(ハ)A及びB）、②別表2の順号1記載の定期預金に係る定期預金申込書の筆跡は請求人P2のものであり、使用された印鑑も被相続人名義の預貯金口座の届出印と同一の印鑑であること（上記イ(ロ)A及びB）、及び③<u>当該定期預金は、本件相続が開始した後である平成25年11月22日に解約（解約時における証書裏面記載の署名は請求人P2のものである。）され、請求人P3名義以外の名義となっている各定期預金とともにS銀行P2口座へ入金されたこと</u>（上記イ(ハ)C及び別表7）が認められる。

　以上の事実に照らせば、別表2の順号1記載の定期預金は、被相続人の財産を管理してきた請求人P2が一貫して管理及び運用してきたものといえ、<u>当該定期預金が最終的にS銀行P2口座へ入金されるに至ったことを踏まえると、その原資が既に被相続人から請求人P3に贈与されていた資金等で構成されている</u>とは考え難い。そして、請求人P3が贈与税の申告をしていないことは上記イ(ニ)のとおりであり、請求人らの主張を裏付ける契約書等も存しないことを併せ考慮すると、被相続人からの贈与の事実があったと認めることはできない。

　そうすると、別表2の順号1記載の定期預金の原資は、被相続人が出捐したものであり、被相続人の財産を管理してきた請求人P2が一貫して当該定期預金を管理及び運用してきたものと認められる。

　したがって、別表2の順号1記載の定期預金は、本件相続に係る

相続財産であると認められる。
B　別表2の順号2記載の定期預金について
　上記イで認定した事実によれば、①別表2の順号2記載の定期預金が設定された平成19年10月15日に、S銀行被相続人口座から4,000,000円が引き出されたこと（上記イ㊤C）、②請求人P2は、被相続人の生前、同人の財産を管理しており、被相続人と相談しながら、銀行の手続や保険の加入の手続を行うなどしていたところ、被相続人、請求人ら（ただし、請求人P4を除く。）、P7、P9及びP10の各名義の預貯金口座においては、別表7記載のとおり、出金された金員を別の者の名義の預貯金口座に入金したものが複数存在すること（上記イ⑷A及びB）、③別表2の順号2記載の定期預金の定期預金申込書の筆跡は請求人P2のものであり、使用された印鑑も被相続人名義の預貯金口座の届出印と同一の印鑑であること（上記イ㊤A及びC）、④当該定期預金は、本件相続が開始した後である平成25年11月22日に解約（解約時における証書裏面記載の署名は請求人P2のものである。）され、請求人P3名義以外の名義となっている各定期預金とともにS銀行P2口座へ入金されたこと（上記イ⑷C及び別表7）が認められる。
　以上の事実に照らせば、別表2の順号2記載の定期預金については、その原資は被相続人が出捐したものであり、その後、被相続人の財産を管理してきた請求人P2が一貫して管理及び運用してきたものと認められる。
　この点について、請求人らは、当該定期預金の原資のうち1,000,000円については請求人P3の自己資金である旨主張するが、これを認めるに足りる証拠資料はなく、最終的にS銀行P2口座へ入金されるに至る上記の事実経過にも照らせば、請求人の主張には理由がない。
　したがって、別表2の順号2記載の定期預金は、本件相続に係る相続財産であると認められる。
C　別表2の順号3及び4記載の各定期預金について

第 7 実務上の判断

　　別表 2 の順号 3 及び 4 記載の各定期預金の設定状況をみると、上記イ(ロ) D のとおり、定期預金入金票の筆跡は請求人 P3 であり、届出印も被相続人名義の預貯金口座の届出印とは異なる印鑑が用いられているところである。

　　しかしながら、別表 2 の順号 3 及び 4 記載の各定期預金は、預入金額の合計が 7,000,000 円であるところ、上記イで認定した事実によれば、①被相続人は L 店の事業主であったのに対し、請求人 P3 は L 店の事業を手伝ってきたものの、当初は生活費等の名目で月 30,000 円から 50,000 円程度を、平成 8 年頃以降は月 100,000 円程度の金員を受け取っていたにすぎないこと（上記イ(イ) A 及び C）、及び②請求人 P3 は、本件相続の開始時において本件各預貯金及び本件各生命保険契約等に関する権利以外に別表 8 の「請求人 P3」欄記載の金額（約 2,700 万円）の財産を有していたこと（上記イ(ハ) D）からすると、請求人 P3 が別表 8 記載の金額以外にも自己資金を有していたとは到底考え難い。そして、別表 2 の順号 3 及び 4 記載の各定期預金の申込み又は設定がされた日において、被相続人名義あるいは請求人 P2 名義の定期預金が同時に設定されたことは上記イ(ロ) D のとおりであることも踏まえると、別表 2 の順号 3 及び 4 記載の各定期預金については、いずれも被相続人が出捐したものと認めるのが相当である。

　　そして、上記の各定期預金が設定された後に、被相続人から請求人 P3 に対して贈与がされたことをうかがわせる事情はない（請求人らもかかる主張はしていない。）から、上記の各定期預金はいずれも本件相続に係る相続財産であると認められる。

　D　別表 2 の順号 5 から 9 まで及び 15 記載の各預貯金について

　　別表 2 の順号 6、8、9 及び 15 記載の各預貯金の原資が、いずれも N 銀行 P5 口座から引き出された金員又は N 銀行 P5 口座から引き出された金員を原資とする○○貯金の払戻金であることは、上記イ(ロ) F、G 及び J のとおりである。また、請求人提出資料並びに当審判所の調査及び審理の結果によれば、同表の順号 5 記載の○○貯金

の原資についても、N銀行P5口座から引き出された金員を原資とする〇〇貯金の払戻金であると認められ、この認定を覆すに足りる的確な証拠資料は存しない。

そして、上記イで認定した事実（上記イ(イ)D及び(ロ)F）によれば、①N銀行P5口座においては、公共料金等の支払のほか小口の入出金が大半を占めていること、②当該口座は請求人P1と請求人P5との婚姻後早々に設定されたものであり、その印鑑票の筆跡は請求人P5のものであること、③請求人P1が生活費等の名目で受け取った金員は請求人P5が管理していたこと、及び④当該口座の通帳は請求人P5が管理していたことが認められ、これらの事実に照らせば、N銀行P5口座の預金は請求人P5又は請求人P1に帰属する財産であると認められる。

そうすると、N銀行P5口座から引き出された金員を原資として設定された別表2の順号5、6、8、9及び15記載の各預貯金の出捐者が被相続人であるとは認めれず、また、他に当該各預貯金について、被相続人に帰属する財産であることを裏付ける事情や証拠資料も存しないから、当該各預貯金は本件相続に係る相続財産とは認めることができない。

別表2の順号7記載の〇〇貯金については、証拠資料上、その原資は定かではないものの、上記イ(ロ)Eのとおり、同表の順号5、6、8及び9記載の各〇〇貯金と同じ通帳で管理されているところ、当該各〇〇貯金が本件相続に係る相続財産であると認めることができないのは上記のとおりであり、同表の順号7記載の〇〇貯金についても、被相続人に帰属する財産であることを裏付ける事情や証拠資料は存しないから、当該〇〇貯金が本件相続に係る相続財産であるとは認めることができない。

E　別表2の順号10から13までに記載の各定期預金について

上記イで認定した事実によれば、別表2の順号10から13までに記載の各定期預金が、S銀行被相続人口座から平成20年9月26日に引き出され20,000,000円を原資として設定されたものであり、

当該各定期預金に係る定期預金申込書の筆跡がいずれも請求人P2のものであること（上記イ㈠H）、当該各定期預金は、いずれも本件相続が開始した後である平成25年11月12日又は同月22日に解約（解約時における各証書裏面記載の署名は請求人P2のものである。）され、それらの払戻金がS銀行P2口座へ入金されたこと（上記イ㈨C及び別表7）が認められることからすれば、当該各定期預金の出捐者は被相続人であり、その設定後の管理及び運用は、被相続人の財産を管理してきた請求人P2が行っていたと認められる。

請求人らは、別表2の順号10から13までに記載の各定期預金の原資は被相続人からの贈与資金である旨主張するが、当該各定期預金の名義人がいずれも贈与税の申告をしていないことは上記イ㈡のとおりであり、請求人らの主張を裏付ける契約書等も存しない上、当該各定期預金が設定された後の上記のとおりの経過を踏まえれば、贈与の事実があったと認めることはできない。

したがって、当該各定期預金は、本件相続に係る相続財産であると認められる。

F　別表2の順号14記載の定期預金について

別表2の順号14記載の定期預金については、上記イ㈠Iのとおり、請求人P1を受取人とする養老保険の満期保険金を原資としているところ、当該満期保険金を請求人P1以外の者が受け取ったと認めるに足りる事情や証拠資料がない以上、当該満期保険金は請求人P1が受領したものと認めるのが相当である。そうすると、当該預金の出捐者は請求人P1であると認められる。そして、当該定期預金について、被相続人又は請求人P2が管理及び運用していたことを認めるに足りる証拠資料も存しない。

したがって、当該定期預金については、その出捐者も管理及び運用をしている者も被相続人とは認められないから、当該定期預金は、本件相続に係る相続財産であるとは認めることができない。

問45 名義預金の判定方法

【著者作成（補足用資料）】

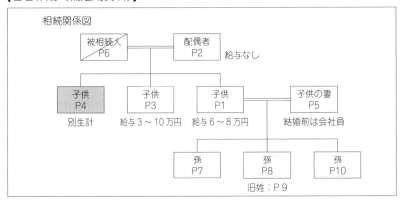

別表2 本件各預貯金の内訳
（ホームページでは省略されているため裁決内容から筆者が作成）

順号	種類	名義人	届出印	申込者筆跡	原資	備考	相続後	実質所有者
1	定期	P3	被相続人印	配偶者	P3名義の定期解約金	管理運用は配偶者	P2が解約しP2口座に	名義預金
2	定期	P3	被相続人印	配偶者	被相続人の預金解約金	管理運用は配偶者	P2が解約しP2口座に	名義預金
3	定期	P3	別印鑑	P3	不明だがP3に原資なし	同一日に被相続人の定期も作成		名義預金
4	定期	P3	別印鑑	P3	不明だがP3に原資なし	同一日に被相続人の定期も作成		名義預金
5	貯金同一通帳	孫のいずれか	被相続人印	P5	P5名義の預金			P1又はP5
6					P5名義の預金			P1又はP5
7					不明	同一通帳で管理されている		P1又はP5
8					P5名義の預金			P1又はP5
9					P5名義の預金			P1又はP5
10	定期	P5、9、P10	被相続人印	配偶者	被相続人の預金解約金		P2が解約しP2口座に	名義預金
11	定期		被相続人印	配偶者	被相続人の預金解約金		P2が解約しP2口座に	名義預金
12	定期		被相続人印	配偶者	被相続人の預金解約金		P2が解約しP2口座に	名義預金
13	定期		被相続人印	配偶者	被相続人の預金解約金		P2が解約しP2口座に	名義預金
14	定期	P10	被相続人印	P5	P1受取の保険満期金			P1
15	定期	P10	被相続人印	P5	P5名義の預金			P1又はP5

第7　実務上の判断

〔**参考裁決2**〕

　原処分庁は、相続税の申告書（本件申告書）に計上されていない現金（本件現金）、被相続人の配偶者（本件配偶者）名義及び次男名義の預貯金（本件預貯金）は、出えん者や被相続人及び本件配偶者の収入比率などからその帰属を判断すると、いずれも被相続人に帰属する財産であると認められる旨主張する。

　しかしながら、①本件現金の出金元である本件申告書に計上された預貯金口座で管理運用されていた預貯金の原資が特定できないことや、本件配偶者も収入を得ていたと認められることなどからすると、本件現金には被相続人及び本件配偶者が得た収入が混在している可能性を否定できない中、審判所においても、被相続人及び本件配偶者の収入比率により本件現金を合理的にあん分することもできないことからすると、本件申告書に計上された預貯金及び現金の額を超えて、本件現金が被相続人に帰属する相続財産として存在していたと断定することはできない。また、②本件預貯金についても、本件現金と同様、それらの原資を特定することができず、本件配偶者が管理運用していたことからすると、被相続人が得た収入が混在している可能性は否定できない中、被相続人及び本件配偶者の収入比率により合理的にあん分することができないから、本件申告書に計上された預貯金及び現金の額を超えて、本件預貯金が被相続人に帰属する相続財産として存在していたと断定することはできない。（令4.2.15 名裁（諸）令3-26・国税不服審判所裁決要旨検索システム）

（下線は筆者）

問46　共有の収益物件の賃料が相続人の口座に全て入金されている場合

> 被相続人の生前の預金の動きを確認すると、被相続人と相続人が2分の1ずつ所有していた賃貸用共同住宅の賃料が全て相続人の預金口座に入金されていました。所得税の申告について確認すると、全て相続人の収入として申告していました。相続人に話を聞くと、被相続人が所有する2分の1については使用貸借で借り受けており、全てを自分の収入とすることに合意してもらっていたとのことでした。相続人の口座に入金されていた賃料は相続財産とする必要はないでしょうか。

答

　所得税の課税は、実質所得者課税を原則としており、資産から生ずる収益はその資産の権利者に帰属します。このため、共有名義の賃貸用共同住宅の賃料は、所有者である被相続人と相続人に2分の1ずつ帰属することになるため、賃料の全てを相続人に帰属するとすることはできません。仮に被相続人の持分を相続人が無償で借り受けたとする使用貸借契約を締結していたと主張しても、賃料の全てが相続人に帰属することにはなりません。

　また、被相続人に無断で相続人が自己の口座に賃料を入金していた場合は、不当利得返還請求権が相続財産になると考えられます（**問19**参照）。しかし、本問の場合は、相続人の口座に賃料の全額を入金することを被相続人が合意していたため、不当利得返還請求権は生じないと考えられます。

　相続人は、対価を払わないで賃料収入を得るという利益を受けていますので、相続税法第9条により被相続人から当該利益を贈与により取得したものとみなされます。このため、被相続人に帰属する毎年の賃料収入額を贈与により受け取ったものとして贈与税の申告が必要になると考えられます。更に、相続開始前一定期間（令和6年現在では3年間）の贈与については、相続財産への加算も必要です。なお、不動産収入を得るための経費が必要で、その経費も全額相続人が負担していた場合は、その経費の額は賃料収入から

減額して贈与の額を算定します。

　所得税の申告については、こちらも賃料収入全額を相続人が申告することは間違っているため、除斥期間が経過していない年分については、相続人は所得税の更正の請求を行い、被相続人の賃料収入分についても相続人が所得税の準確定申告で修正申告又は期限後申告を行うのが正しいでしょう。

> ☆Point
> □　相続人が対価を支払わずに得た賃料収入は、被相続人からの当該利益を贈与されたものとして、贈与税の申告が必要となる。

〔参考法令〕

　○**相続税法**（昭和25年3月法律第73号）

　　（贈与又は遺贈により取得したものとみなす場合）

　　第9条　第5条から前条まで及び次節に規定する場合を除くほか、<u>対価を支払わないで、又は著しく低い価額の対価で利益を受けた場合においては、当該利益を受けた時において、当該利益を受けた者が、当該利益を受けた時における当該利益の価額に相当する金額（対価の支払があつた場合には、その価額を控除した金額）を当該利益を受けさせた者から贈与（当該行為が遺言によりなされた場合には、遺贈）により取得したものとみなす</u>。ただし、当該行為が、当該利益を受ける者が資力を喪失して債務を弁済することが困難である場合において、その者の扶養義務者から当該債務の弁済に充てるためになされたものであるときは、その贈与又は遺贈により取得したものとみなされた金額のうちその債務を弁済することが困難である部分の金額については、この限りでない。

　○**所得税法**（昭和40年3月法律第33号）

　　（実質所得者課税の原則）

　　第12条　資産又は事業から生ずる収益の法律上帰属するとみられる者が単なる名義人であつて、その収益を享受せず、その者以外の者がその収益を享受する場合には、その収益は、これを享受する者に帰属す

問46 共有の収益物件の賃料が相続人の口座に全て入金されている場合

るものとして、この法律の規定を適用する。

〔参考通達〕

○**所得税基本通達**（昭和45年7月1日直審（所）30）

（資産から生ずる収益を享受する者の判定）

12-1 法第12条の適用上、資産から生ずる収益を享受する者がだれであるかは、その収益の基因となる資産の真実の権利者がだれであるかにより判定すべきであるが、それが明らかでない場合には、その資産の名義者が真実の権利者であるものと推定する。

〔参考裁決1〕

　請求人は、請求人の長男が請求人の所有する土地を青空駐車場として請求人の承諾を得ることなく賃貸し、その賃料も長男が得ていたから、本件賃貸借契約は長男を賃貸人とする他人物の賃貸借契約であり、本件賃料は請求人にではなく長男に帰属する旨主張する。

　しかしながら、①本件賃料収入は、請求人が所有する本件土地を賃貸したことによって生じた所得であること、②請求人、長男及びA社の本件土地の賃貸借に関する私法上の法律関係は、長男による無権代理行為ないし他人物賃貸としてなされた本件賃貸借契約を、請求人が追認したものということができ、A社との間の賃貸借契約は契約時にさかのぼって請求人に帰属することになること、③請求人は、長男に対して本件訴訟を提起し、長男がA社から得た本件賃料相当額及び本件保証金相当額について、長男がA社に対して本件土地を賃貸したことによって長男に利得が発生し請求人に損失が生じたとしてその支払を求め、その請求を全部認容する確定判決を得たが、これは、長男がA社から受領した本件賃料相当額及び本件保証金相当額の経済的利益が請求人に帰属するものであることを請求人自ら表明しそれが公に確定したことを意味すること、④請求人は、長男に対し、本件賃貸借契約締結以前は無償で本件土地を使用させてきたのに対し、長男がA社に対して本件土地を賃貸して得た本件賃料相当額及び本件保証金相当額については、長男にはそれを取得する法律上の原因が

ないと主張して本件訴訟を提起し、請求人が長男に対して本件賃料及び本件保証金を贈与したとの長男の主張を争い、その結果として、長男の主張は排斥されて長男に対する請求人の不当利得返還請求権が認められ確定したこと、を考え合わせると、長男がA社に対して本件土地を賃貸したことによって長男がA社から受領した本件賃料収入に係る所得は、請求人に帰属すると認めるのが相当である。したがって、請求人の主張には理由がない。（平18.3.14東裁（所）平17-134・国税不服審判所裁決要旨検索システム）

〔参考裁決2〕

　原処分庁は、請求人ほか3名の相続人らが相続した不動産の共有持分から生ずる賃料収入について、請求人が他の相続人ら3名に渡しておらず、また、その全額を請求人の不動産所得として申告していたことなどからすれば、当該賃料収入の全額が請求人に帰属するものである旨主張する。

　しかしながら、相続開始から遺産分割までの間に共同相続に係る不動産から生ずる金銭債権たる賃料債権は、各共同相続人がその相続分に応じて分割単独債権として確定的に取得し、その帰属は、後にされた遺産分割の影響を受けないものと解するのが相当であるから、当該賃料収入は、その全額が請求人に帰属するのではなく、法定相続分に応じて請求人ほか3名の相続人らにそれぞれの割合で帰属するものと認めるのが相当である。（平27．6.19大裁（所・諸）平26-67・国税不服審判所裁決要旨検索システム）

〔参考裁決3〕

　請求人は、父である被相続人（本件被相続人）が所有し、第三者に賃貸していた駐車場用地（本件各駐車場）について、本件被相続人と請求人との間で、有効な使用貸借契約（本件各使用貸借契約）が締結されたことなどにより、本件被相続人から本件各駐車場の使用収益権を与えられ、賃貸人の地位に基づき本件各駐車場の賃貸に係る収入（本件収益）を得ていた

問46 共有の収益物件の賃料が相続人の口座に全て入金されている場合

のであるから、本件収益について、相続税法第9条に規定する「利益を受けた」場合に該当しない旨主張する。

しかしながら、①本件各使用貸借契約の締結を含む一連の取引（本件各取引）において、請求人が特段の出捐をした状況は認められず、本件各取引は、<u>本件被相続人が本件各駐車場の所有権の帰属を変えないまま、何らの対価も得ることなく、そこから生じる法定果実の帰属を請求人に移転させたものと評価できること</u>、②本件被相続人は、自己所有の土地建物に請求人を無償で居住させるなどして、請求人に対してこれら不動産の使用収益の利益を付与しており、請求人は、本件被相続人から親族間の情ぎにより相当の援助を受けていたというべきであるところ、本件各取引に基づく本件各駐車場に関する法定果実収取権の付与も、これと同質のものであると認められること、③本件各使用貸借契約が締結された経緯をみると、<u>賃料収入の蓄積による本件被相続人名義の将来の遺産の増加抑制を企図するとともに、当面の所得税等の節税も企図したものであると認められること</u>、④本件各使用貸借契約の締結前後において、本件各駐車場の利用状況や、不動産管理業者を介しての管理状況自体に特段の変更があったとも認められないことなどを考慮すれば、<u>本件収益を支配していたのは本件被相続人というべきであり、本件収益は本件被相続人に帰属する</u>。したがって、<u>本件収益を受領し請求人の財産が増加していることは、相続税法第9条に規定する「利益を受けた」場合に該当する</u>。（令5.6.13大裁（諸）令4-62・国税不服審判所裁決要旨検索システム）

（下線は筆者）

問47　相続開始前に被相続人の預金から現金が出金されている場合

> 相続税の申告をするに当たって、被相続人の生前の預金の動きを調べたところ、次のような出金がありました。相続人に話を聞いたところ、被相続人は自ら預金の管理を行っており、その使途は分からないということでした。また、相続人等に対する生前贈与はないということでした。被相続人は、死亡する約6か月前にがんになり余命宣告を受け、2か月前から病院の個室に入院していました。入院前の出金は自ら行っていましたが、入院後は、被相続人の指示で相続人が出金を行い、病室で被相続人に渡していたということでした。
> ①　死亡する3年前　　　　2,000万円
> ②　死亡する1か月前　　　　500万円
> ③　死亡する10日前　　　3,000万円
> このような使途不明の出金があった場合、相続税の申告においてどのように取り扱ったらよいでしょうか。

答

　相続税の申告をするに当たって、一定期間の被相続人の生前の預金の動きを確認することは、一般的に行われていると思います。その際、生活費等では説明がつかない高額の出金がある場合があります。自宅の改修や生前贈与、物品の購入など使途が確認できることもありますが、被相続人が自ら預金の管理を行っていて使途が解明できない場合も多くあります。税理士の中には、一定期間で使途が解明できない場合は、その不明出金を現金として申告している方もいるようですが、安易にその方法をとることは、必ずしも正しいとはいえないと考えます。

　相続人の中には、100％真実を税理士に話してくれない人もいるため、不明出金がある場合は税務調査が行われる可能性が高いことを説明し、真実がどうだったかを解明する必要はありますが、被相続人の預金から出金された

問 47 相続開始前に被相続人の預金から現金が出金されている場合

現金の使途を相続人が知らない場合は、実際に存在します。私が過去に経験した例では、有名な神社に寄進していたり、生前関係があった他人に贈与していたりということがありました。いずれも、相続人はその内容を知りませんでしたが、使途不明の出金があったため、被相続人が生前信仰の厚かった神社に念のため問い合わせたところ、その神社への寄進の事実があったことが分かりました。また、他人への贈与に関しては、相続人が偶然病室にその者が入るところを目撃しており、その者の名前と住所を知っていたため、その者に確認をとったところ、今までのお礼として被相続人が現金を渡していたことが分かりました。

このように、使途が不明の出金でも必ずしも相続財産を構成しないことがありますので、事実関係を十分に確認して申告の必要性を判断することが重要だと考えます。

本問の①の場合、被相続人が病気になる前で、自らその預金を管理し処分できたことから、詳細な確認を行ってもその使途が分からなければ、現金等の相続財産として計上する必要はないと考えます。なお、このような高額の出金の場合、一時払いの生命保険に加入していることがよくありますので、相続税で申告した生命保険金でこの時期に加入したものがなかったか、被保険者が相続人以外の保険契約で、この時期に加入したものがなかったかの確認はしておいた方がよいでしょう。

②の場合は、被相続人が死期を悟っていたことも考えられます。このような場合で、生前に交流があった人を病室に呼び、最後のお別れをする際、一定の金銭を渡すことがあります。相続人に金銭が渡されていれば、生前贈与として相続財産への加算が必要ですが、相続人以外に金銭が渡されていれば、原則として相続財産への加算は必要ありません。被相続人が既に昏睡状態でもない限り、生前に交流のあった人に金銭を渡していた可能性もあるので、内容を詳細に確認してもなお出金した現金の使途が不明であれば、現金等として相続財産に加算する必要はないと考えます。

③の場合は、相続開始の直前で金額も大きい点が②の場合とは異なります。特殊関係人に渡された可能性もゼロではありませんが、金庫もない病室に 3,000 万円もの大金を持ち込むとは通常考えられません。このため、預金

第7 実務上の判断

を出金したのが誰か、被相続人からどのような指示がありそのような大金を出金したのか、その現金を被相続人はどこに保管したのか、現金出金後に病室に訪問したのは誰だったか、など内容を相続人等から詳細に聞き取る必要があると考えます。その結果、その現金が費消されたり、相続人以外の第三者に渡されたりした可能性が高ければ話は別ですが、使途が解明できなければ現金として相続財産に計上した方がよいことを相続人に説明すべきと個人的には考えます。

☆Point
□ 相続開始前に被相続人の預金から使途不明の出金があった場合でも、必ずしも相続財産を構成するとは限らない。

〔参考裁決1〕
　原処分庁は、請求人が被相続人名義の各預金口座から10,000,000円を超える高額の出金でその使途が明らかでないものを引き出したのは、被相続人と請求人との合意の下に、被相続人から請求人に対する贈与を目的としたものであって、請求人が被相続人名義の預金口座から現金を引き出す前に被相続人と請求人との間で贈与契約が成立し、請求人が当該現金を引き出して占有した時点で当該現金の贈与が履行されたものと認定して、本件各決定処分は適法である旨主張する。確かに、基礎事実及び認定事実を総合すると、①本件被相続人は、昭和25年以後体が不自由であり、さらには平成12年頃には全盲に近い状態であり、単独での外出は不可能で現金を自分で持ち出すことはできなかったこと、②本件被相続人は、死亡直前まで頭はしっかりしていたこと、③平成11年3月から、本件居宅において本件被相続人を介護するために本件相続人らのうち請求人のみが本件被相続人と同居していたこと、④請求人は、本件被相続人の指示又は委任の下に銀行へ行き、預金口座から本件現金を引き出していたこと、⑤証券会社の取引担当者が本件被相続人との取引のため、本件居宅を訪問したときは、ほぼ請求人が同席していたこと、⑥本件被相続人の生活費等の支出状況からみると、同人が生活費のために1回当たり10,000,000円を超える現金を引き出す必然性はないこと及び⑦各証券会社の被相続人名義

問47 相続開始前に被相続人の預金から現金が出金されている場合

の口座には、当該出金に相当する入金が見当たらないこと等が認められ、請求人は、当該現金の出金に関する事情を承知していることが疑われるが、当該現金又は当該現金が化体した財産の本件相続開始日における存在ないし請求人による費消の事実の有無が明らかでなく、これらのことのみでは、被相続人と請求人との間に本件現金を贈与する意思表示及び受諾があったとまで認めることはできない。そうすると、被相続人が請求人に対し多額の現金の贈与をしたとする事実は認められず、原処分庁の主張には理由がないものと判断せざるを得ない。(平20.4.8東裁（諸）平19-158・国税不服審判所裁決要旨検索システム)

〔参考裁決2〕
　請求人らは、相続開始の数日前に被相続人名義の預金から相続人が出金した50,000,000円（本件金員）について、出金された当日に被相続人に引き渡され、相続開始日までに被相続人によって費消されて存在していなかったから、本件相続に係る相続財産ではない旨主張する。しかしながら、被相続人が、50,000,000円という高額な金員を家族に知られないまま費消することは通常であれば考えられないことに加え、本件金員をギャンブル等の浪費によってすべて費消するには相続開始前の数日間では短すぎるのであって、被相続人の消費傾向に照らしても、本件金員がすべて費消されたとは考え難く、また、被相続人自身、数日後に死亡するとは考えておらず、多額の費用が必要な手術の準備をしていた時に、本件金員を引き出す直前の預貯金残高の8割を超え、総所得金額の2倍以上に相当する50,000,000円もの金員が、そのような短期間で軽々に費消されたとも考え難い。さらに、原処分庁及び当審判所の調査の結果によっても、本件金員が、相続開始日までに、他の預金等に入金された事実、債務の返済や貸付金に充てられた事実、資産の取得又は役務の提供の対価に充てられた事実、その他何らかの費用に充てられた事実はなく、家族以外の第三者に渡されたような事実もない。以上のとおり、通常想定し得る金員の流出先についてみても、本件金員が費消等された事実はなかったのであるから、本件金員は被相続人によって費消等されなかったと認めることがで

第7 実務上の判断

き、ほかにこれを覆すに足りる証拠はない。したがって、本件金員は、本件相続の開始時点までに<u>被相続人の支配が及ぶ範囲の財産から流出しておらず、本件相続に係る相続財産であると認められる</u>。(平 23.6.21 関裁(諸)平 22-97・国税不服審判所裁決要旨検索システム)

〔参考裁決 3〕

　請求人は、原処分庁が相続財産であると認定した受遺者 A に対する預け金債権(本件債権)について、客観的証拠はなく、A の信用性のない供述のみしか証拠がないことなどから、相続財産として存在しない旨主張する。しかしながら、数百万円の給与収入と年金収入しかない A らが、本件相続開始後に、銀行等において出金額を 1 億円以上も上回る入金を行い、最終的に B 団体に 1 億円を超える金額の献金をしていること、一方で、被相続人が生前に A らに対し、1 億円もの現金を贈与した事実は認められないこと、また、本件の全証拠によっても、<u>A らが被相続人以外から 1 億円もの現金の提供等を受けたことを認めるに足らず、被相続人が生前に同様の金額を A らから借入れなどをし、それを弁済したなどとする事実も認められないことからすれば、A の申述等はこれらの事情と整合する限度で信用することができ、これらによれば、A が本件債権に対応する 1 億円の現金を本件相続開始日以前に被相続人から預かり、銀行等への入金を経由した後、当該献金の原資に当てたことが認められ</u>、当審判所の調査によっても、この認定に反する証拠は見当たらない。以上のことから、本件債権は、被相続人に帰属すべき相続財産の一部であると判断するのが相当である。(平 22.11.30 大裁(諸)平 22-37・国税不服審判所裁決要旨検索システム)

(下線は筆者)

問48　更正の請求を行うことによる税務調査のリスク

> 別の税理士事務所が行った相続税の申告書について、令和6年12月に評価内容を確認してほしいと相続人から依頼を受けました。
>
> 被相続人は、令和元年12月に死亡しており、相続税の申告は、申告期限の令和2年10月に提出されていました。土地評価について確認すると、地積規模の大きな宅地の減額等、いくつか減額していなかった点があったのですが、更正の請求を行うに当たって注意する点はあるでしょうか。なお、相続人が多額の預金を保有していたようですが、当初申告した税理士事務所からは、預金通帳等の提示は求められていないとのことでした。

答

　更正の請求書が提出された場合の税務署の手続きは、以前は更正の請求内容だけを審査し、その内容が正しければいったん減額更正を行い、その後調査を行うことも多くありました。しかし、後日調査を受けた納税者とのトラブルが多数あり、更正の請求書が提出された際、減額となる請求内容だけでなく、増額となる非違事項についても抽出し、総合的に税額が増額になるか減額になるか判断が必要となり、必要があれば更正の請求の減額を行う前に、調査を行う事務手続きとなりました。申告書が提出された直後に更正の請求書が出された場合は、税務署は調査のための準備をする時間がないことから、後日調査を行う可能性を説明したうえで減額の更正を行っているようです。

　なお、更正の請求の処理に際して納税者と接触しており、その後調査を行う場合は、税務署では再調査扱いとなるため、税務署内で再調査を行ってよいかどうかの適否判定が必要となります。

　税務署が申告書の増額更正ができる期間は、申告期限から原則5年間（国税通則法第70条）です。このため、税務署は申告期限から5年以内（実際

第7　実務上の判断

には調査処理のための必要な日数があるため、遅くともその2～3か月前）であれば、提出された申告の税務調査をすることが可能です。しかし、平成23年12月2日以前は国税通則法の増額更正ができる期間が3年間であったため、一般的に税務署が調査を行う期間は、申告期限から3年間が多くなっているようです。なお、法人税や所得税など毎年申告を行っている税目については調査着手後、申告された内容によっては、調査期間が延長されるケースがあります。

　本問の場合だと、申告期限から4年以上が経過しており（令和6年12月現在）、通常の場合、これから調査が行われることは非常に少ないと考えられます。しかし、更正の請求書が提出された場合は、取扱いが異なります。更正の請求書が提出されると、更正の請求書に記載された内容だけでなく、他の項目の申告内容ついても詳細に確認します。相続税の申告書が提出された後の申告審理で申告内容は一通りチェックされていますが、数多く提出された申告書の一つとしてチェックされた内容と、税金の還付を行う場合の更正の請求に対する処理とでは、その審査のレベルが異なります。その結果、更正の請求書に記載された内容以外に問題があれば、その内容の確認のため調査を行うことになります。

　本問の場合では、問題となる可能性のある多額の相続人名義の預金があることを税務署側は把握していたが、地積規模の評価減等の漏れもあったため調査を見送っている可能性も考えられます。このため、更正の請求書を提出することで調査を受けることとなり、評価については減額が認められたとしても、名義預金等について指摘を受け、結果として修正申告書を提出することになるケースも起こり得ます。当初申告した税理士事務所では、名義預金の検討を行っていないと想定されることから、更正の請求書を提出する場合、税務調査を受ける可能性があるため、相続人名義の預金について、名義預金として相続税の申告において計上が必要かどうかを事前に確認したうえで更正の請求書を提出するのが望ましいと考えます。

☆Point
- 更正の請求書の記載内容以外に問題があると税務署側が判断した場合は調査が実施される可能性もあり、更正の請求書を提出する場合は、請

求内容以外の項目についても問題がないか確認する必要がある。

〔参考法令〕

○**国税通則法**（昭和37年4月法律第66号）

　（国税の更正、決定等の期間制限）

　第70条　次の各号に掲げる更正決定等は、当該各号に定める期限又は日から5年（第2号に規定する課税標準申告書の提出を要する国税で当該申告書の提出があつたものに係る賦課決定（納付すべき税額を減少させるものを除く。）については、3年）を経過した日以後においては、することができない。

　一　更正又は決定　その更正又は決定に係る国税の法定申告期限（還付請求申告書に係る更正については当該申告書を提出した日とし、還付請求申告書の提出がない場合にする第25条（決定）の規定による決定又はその決定後にする更正については政令で定める日とする。）

　（以下省略）

〔参考裁決〕

　請求人らは、相続財産である土地（本件土地）の評価に当たり、本件土地が存する行政区における相続開始日の属する年度の専用住宅の開発許可事例からすると、本件土地を開発する場合には路地状開発ではなく位置指定道路を設けて開発することが合理的であるため、本件土地は財産評価基本通達（平成29年9月20日付課評2-46ほかによる改正前のもの）24-4《広大地の評価》（広大地通達）に定める広大地に該当する旨主張する。しかしながら、本件土地は、路地状開発をすることにより本件土地の属する「その地域」における標準的な宅地の地積の区画に分割でき、また、路地状開発の方が容積率及び建蔽率の計算上有利であるほか、本件土地周辺での路地状開発の事例もあり路地状開発が一般的でないとはいえないことなどからすると、本件土地を開発する場合には路地状開発を行うことが合理的と認められるため、本件土地は広大地通達に定める広大地に該

第7 実務上の判断

当しない。

請求人らは、相続財産である各土地（本件各土地）の評価に当たり、本件各土地は、①鉄道線路のトンネルのほぼ真上に位置しており、震度1相当の震動が絶え間なく続き、②墓地に近接して忌みによる影響があり、さらには、③地下5mから7mまでが腐植土であり、建物を建築する場合には12mから16m程度の杭打ちが必要な軟弱地盤であるにもかかわらず、本件各土地の評価額を算出するために用いる路線価には当該震動や忌み、軟弱地盤という事情が加味されていないため、国税庁ホームページのタックスアンサー「No.4617 利用価値が著しく低下している宅地の評価」（本件取扱い）を適用して評価すべきである旨主張する。しかしながら、本件取扱いは、宅地の評価に当たって用いる路線価に震動等の事情が考慮されていないこと、甚だしい震動や忌み、軟弱地盤等により宅地の取引金額が影響を受けると認められることを要するところ、①本件各土地の震動は甚だしいものではなく取引金額への影響を示す証拠もないこと、また、②忌みによる影響があると主張する土地については、相続開始の10か月後に譲渡された際の取引金額に影響を与えたと認められる証拠もなく、さらに、③軟弱地盤は地域全体の事情であり、同地域内には標準地も設定されており路線価に考慮されているものと認められることから、本件各土地の評価に当たって本件取扱いを適用することはできない。（令4.9.20 関裁（諸）令4-9・国税不服審判所裁決要旨検索システム）

【上記裁決に至るまでの申告経過等（筆者による補足説明）】
 ・相続開始年：平成27年
 ・法定申告期限内に申告書提出（相続開始10か月後）
 ・当初申告の土地評価で墓地に隣接する土地等として10％評価を減額
 ・令和元年12月12日…更正の請求書提出：広大地など
〈申告期限から3年超経過後〉
 ・令和3年6月30日…更正をすべき理由がない旨の通知
 ・同日付け…上記10％の評価減について否認し増額更正処分

問49 生前贈与による相続税対策の有効性とリスク

> 相続税対策として生前贈与（相続時精算課税の対象となる贈与を除く。以下この問で同じ。）が最も簡単で有効であるといわれていますが、どのような点が有効なのでしょうか。また、生前贈与を行うに当たって気を付けなければならない点、リスクなどはないのでしょうか。

答

　生前贈与による相続税対策がよく行われていますが、これは最も簡単でリスクが低いためです。生前贈与による相続税対策は、主に相続税の実効税率よりも低い贈与税の実効税率の範囲内で贈与を行うことにより、その税率差を利用してトータルの税額を減らすことが可能なため行われます。また、生前に被相続人から相続人等に相続財産を移転させる内容であるため、財産の内容が変化するものでもなく、リスクは低いと考えられています。

　将来的に価格が上昇すると見込まれる資産を相続人等に贈与することや、収益を生む資産（収益不動産、上場株式など）を相続人等に贈与することで、将来の値上がり益や贈与後の収益の帰属を相続人等とすることも生前贈与の効果と考えられますが、話がやや複雑になるため、将来の価格の上昇や贈与した資産からの収益はここでは考慮外とします。

　生前贈与による節税効果を検証するために、実際にどのように税額が減るかを見ていきます。相続人は配偶者と子2人の計3人の場合で相続財産は法定相続割合で相続するとします。また、贈与する前の課税価格の総額は1億円、3億円、5億円の三つの場合を想定し、毎年の贈与額も、100万円、200万円、300万円、500万円の四つの場合を想定します。贈与回数は6回とし、贈与は、子や孫などを対象に行う贈与税の税率が低い特定贈与財産のみとします。なお、相続開始前一定期間内に相続等により財産を取得した者に対して贈与が行われたことによって、相続財産に加算される生前贈与の財産の価額はないものとします。相続税の課税価格の総額は、葬式費用や債務の控除

第7 実務上の判断

後、小規模宅地の特例の適用後、生命保険などの非課税限度額の控除後の価額で、税額控除は、配偶者の税額の軽減のみとします。

〈贈与前の課税価格が1億円の場合〉

元の財産	1回の贈与額	贈与額合計	贈与後課税価格	1回の贈与税額	①贈与税額合計	②相続税額	①+②	贈与による節税額
1億円	0	0	1億円	0	0	3,150,000	3,150,000	0
1億円	100万円	600万円	9,400万円	0	0	2,700,000	2,700,000	−450,000
1億円	200万円	1,200万円	8,800万円	90,000	540,000	2,250,000	2,790,000	−360,000
1億円	300万円	1,800万円	8,200万円	190,000	1,140,000	1,875,000	3,015,000	−135,000
1億円	500万円	3,000万円	7,000万円	485,000	2,910,000	1,125,000	4,035,000	885,000

元の課税価格が1億円とそれほど多くない場合は、1回で贈与する金額を多くしてしまうと、生前贈与の節税効果が小さくなることが上記の表から見て取れます。最も節税効果が大きいのは、贈与税の基礎控除の範囲内です。贈与税の支払いが必要な生前贈与を行うと節税効果は小さくなっていき、1回の贈与額が500万円になると、生前贈与をすることによって、かえって支払う税額が増えてしまいます。このため、それほど相続税の課税財産が多くない場合は、生前贈与は贈与税の基礎控除の範囲内程度で行うのがよいでしょう。

なお、上記計算結果は、相続人が3人で配偶者がいる場合です。配偶者がいない場合や相続人の数がより少ない場合は、上記計算結果より生前贈与の効果が大きくなります。例えば、相続人が子1人の場合は、税率は30％（累進税率の最も高い部分）で課税されますので、生前贈与で税額を払っても節税効果が得られます。

問49　生前贈与による相続税対策の有効性とリスク

〈贈与前の課税価格が3億円の場合〉

元の財産	贈与額	贈与額合計	贈与後課税価格	1回の贈与税額	①贈与税額合計	②相続税額	①+②	贈与による節税額
3億円	0	0	3億円	0	0	28,600,000	28,600,000	0
3億円	100万円	600万円	29,400万円	0	0	27,550,000	27,550,000	−1,050,000
3億円	200万円	1,200万円	28,800万円	90,000	540,000	26,500,000	27,040,000	−1,560,000
3億円	300万円	1,800万円	28,200万円	190,000	1,140,000	25,450,000	26,590,000	−2,010,000
3億円	500万円	3,000万円	27,000万円	485,000	2,910,000	23,350,000	26,260,000	−2,340,000

　元の相続税の課税価格が3億円と一定金額があれば、生前贈与の節税効果が1億円の場合より大きくなるのが上記の表から見て取れます。長期間生前贈与を行うことが可能であれば、1回の贈与額はそれほど多くする必要はないでしょうが、高齢や病気などで生前贈与の期間が長くないと想定されれば、贈与税を支払ってでも贈与税の基礎控除の範囲を超えて贈与するのが効果的です。ただ、500万円以上の贈与となると節税効果はやや低減していきます。大きな金額で長期間贈与を行うと、相続税の課税価格が減少し、課税される相続税の累進税率が下がってくるため、その点には注意が必要です。

〈贈与前の課税価格が5億円の場合〉

元の財産	贈与額	贈与額合計	贈与後課税価格	1回の贈与税額	①贈与税額合計	②相続税額	①+②	贈与による節税額
5億円	0	0	5億円	0	0	65,550,000	65,550,000	0
5億円	100万円	600万円	49,400万円	0	0	64,275,000	64,275,000	−1,275,000
5億円	200万円	1,200万円	48,800万円	90,000	540,000	63,000,000	63,540,000	−2,010,000
5億円	300万円	1,800万円	48,200万円	190,000	1,140,000	61,725,000	62,865,000	−2,685,000
5億円	500万円	3,000万円	47,000万円	485,000	2,910,000	59,175,000	62,085,000	−3,465,000

　課税価格で5億円の相続税の申告となると、相続税申告の中でも、上位の事案です。生前贈与の節税効果は、いずれの金額の生前贈与をしても一定額は認められますが、元々の課税価格が大きく、支払う相続税の額も多いため、贈与税を一定額以上支払っても、ある程度高額の贈与を行った方がよいと考えられます。なお、前述したとおり、配偶者の有無、相続人の数によって生前贈与の節税効果は異なります。高額の生前贈与をする場合は、贈与によってどのように節税効果があるかの事前のシミュレーションを行い、効果

第7　実務上の判断

的な贈与金額を求める方がよいでしょう。特に、高額の贈与や長期間贈与を行う場合は、相続財産の減少により相続税の税率が変わってきます。最初は効果的であった生前贈与も、相続税の課税価格の減少により効果的ではなくなるケースもあるので注意が必要です。

　生前贈与のリスクとして考えられることは、贈与した財産は受贈者の財産となってしまうという点です。例えば、多額の預金を持っていた父親が子どもたちに生前贈与を行い、預金がほぼなくなった段階で介護状態になったとします。子どもたちが介護費用を出してくれれば問題はないのですが、介護費用を十分に出してくれないのであれば、望むような介護施設に入居できないこともあり得ます。

　また、高額の預金の贈与を受けた子の中には、その預金を浪費してしまうこともあるでしょう。更に、贈与額の合計が数千万円単位ではなく数億円単位になってしまえば、子の労働意欲が亡くなり、仕事を辞めてしまうことも考えられます。

　贈与者の中には上記のようなリスクを潜在的に感じている方も多く、生前贈与は行いたいが預金等の支配権を完全に子には渡したくないと思い、預金等の名義は変更し、贈与をした形式は整えているが、通帳や印鑑は渡さず、実質的な支配権は亡くなるまで保持したままというケースも見受けられます。このようなケースで、相続税の申告後、税務調査の対象となり、それらの預金が名義預金として認定され、修正申告の対象となったという話も聞きます。生前贈与を行うに当たっては、贈与税の申告をしたり、贈与契約書を作ったりすることも重要ですが、最も重要なのは贈与した財産の支配権を実際に受贈者に渡すことです。しかし、上記のようなリスクもあり、どこまで生前に贈与してよいかは難しい問題です。実際にあった話で、父親が未婚の子どもに毎年多額の生前贈与をし、子どもは贈与税を支払ったのですが、その子どもが父親よりも先に急死したということがありました。子どもの相続人は父親一人だったため、贈与税を支払ってまで移転した財産は、全て高齢の父親が相続しました。これは特殊な例でしょうが、生前贈与にもこのようにリスクがあります。富裕層の中には、預金などの流動資産が十分にあり、相続が発生しても十分に相続税が払えるのだから、生前贈与を多くするなど

の無理な節税対策をしない、という方もおられます。ある意味正しい考え方ではないかと個人的には思います。

☆Point
- □ 生前贈与による相続対策は、相続財産の総額、相続人の数、贈与を行う回数などによって効果的な贈与金額が変わってくるので、事前にどの程度節税になるかシミュレーションを行ったうえで行うのがよい。
- □ 生前贈与による相続対策は比較的リスクは低いが、税金以外にも潜在的なリスクはあり、それを理解する必要がある。

第7　実務上の判断

問50　相続税対策における暦年課税と相続時精算課税の選択

> 令和5年の相続税法の改正で、令和6年から暦年課税の相続税への加算期間が7年となり（経過措置あり）、相続時精算課税も110万円の基礎控除が設けられましたが、生前贈与を使った相続税の節税対策としては、どちらを適用する方が有利となるでしょうか。なお、暦年課税の相続財産に加算する期間は7年としてください。

答

　令和5年に相続税法が改正され相続税に加算される贈与の範囲が令和6年以降変更になりました。変更点は以下のとおりです。

　まず、相続時精算課税（以下、精算課税とします。）を適用した者は、改正前は適用を受けた後は、数万円といった少額の贈与でも申告が必要で、かつ相続税の課税財産に加算が必要でした。しかし、改正後は、毎年110万円の基礎控除（暦年課税の基礎控除とは別）が適用できることとなり、この基礎控除の範囲内であれば贈与税の申告は不要で、かつ相続税の課税財産への加算も不要です。なお、複数の贈与者から精算課税による贈与を受けている場合でも、贈与税の課税価格で按分し、年間110万円が基礎控除の額となります。

　この改正は、令和6年1月1日以後の贈与について適用されます。令和5年以前に最初の精算課税による贈与を受けて申告をした者も、令和6年1月1日以降に受ける贈与であれば110万円の基礎控除の適用が可能です。

　また、暦年課税の贈与についても、相続税の課税価格への加算について改正がありました。令和8年12月までの相続開始であれば、加算される期間は現行の相続開始前3年以内と同じですが、相続開始が令和9年以降となれば、加算が必要な贈与の期間が順次延びます。令和9年から令和12年までが経過期間で、どの年分も令和6年1月1日以後の贈与が加算対象となります。例えば、令和9年7月1日に相続が開始した場合、改正前であれば令和

問 50 相続税対策における暦年課税と相続時精算課税の選択

6年6月30日より前の贈与は加算の必要はありませんでしたが、令和6年1月1日以後に行う贈与から加算が必要になります。令和13年以後に開始する相続に関しては、加算期間は相続開始前7年以内となります。

相続財産に加算される金額は、改正前と同様相続開始前3年間分は基礎控除の対象分も含めて加算されますが、改正後新たに延長された期間については総額100万円までは加算の必要がありません。仮に令和10年7月1日に相続が開始した場合、令和6年1月1日から令和7年6月30日が延長された期間となるため、その期間に加算が必要な贈与の額から100万円を控除して相続財産に加算します。

個人的な意見ですが、従来、相続税の申告が必要となる者については、一部の例外を除き精算課税を利用しない方がよいと考えていました。暦年課税の110万円が使えなくなり、また、精算課税適用後、何年経っても贈与（みなし贈与を含む）があれば相続財産への加算が必要なためです。しかし、精算課税に暦年課税とは別に相続財産への加算が必要でない110万円の基礎控除が創設されたことで考えが変わりました。

まず、暦年課税であれば相続開始前の3年間は基礎控除額以下でも全額相続財産に加算されますが、精算課税であれば110万円を控除した金額を加算することになります。また、相続開始前4年から7年の間も、暦年課税であれば控除額は4年間合計で100万円ですが、精算課税であれば毎年110万円を控除することが可能です。このため、相続開始が近いと考えられる場合には、毎年110万円の基礎控除が使える分、暦年贈与より精算課税の方が有利となります。

暦年課税の生前贈与を利用した相続税の節税は、基礎控除適用後の贈与税の実効税率と相続申告時の相続税の実効税率の差を利用したものです（**問49** 参照）。生前贈与については、その前提として、総遺産の金額、相続人の数、贈与財産の今後の値上がりなど諸条件が必要であり、その条件により贈与する金額が決まります。本問においては、毎年贈与する金額が適正に見積もられており、贈与財産の値上がりや贈与財産からの収益は考慮外として、相続税に加算される贈与価格の多寡によりどちらの贈与方式が有利か判断します。例えば、同族会社などで会社業績が非常に好調で、今後何年間もこの

第7　実務上の判断

状態が続くことが想定されるため株価の急上昇が見込まれる場合や毎年多額の収益を上げている不動産があり、早めに贈与をすることで毎年の収益を贈与者（将来の被相続人）から受贈者（将来の相続人）に移転できる場合などは、精算課税を適用した方が有利となりますが、この点については条件が複雑になるのでここでは考慮外としています。

暦年課税と相続時精算課税のどちらを選ぶべきかについては、相続開始までの期間及び毎年贈与する金額により変わります。以下、相続開始までの年数を毎年の贈与の額について場合分けをして説明します。

①対象者が高齢、病気など相続開始まで5年と想定する場合

贈与毎年110万円	贈与総額	相続財産加算額
暦年課税	550万円	450万円
精算課税	550万円	0円
贈与毎年310万円		
暦年課税	1,550万円	1,450万円
精算課税	1,550万円	1,000万円
贈与毎年1,110万円		
暦年課税	5,550万円	5,450万円
精算課税	5,550万円	5,000万円

贈与開始から相続開始まで期間が短い場合は、精算課税を適用した方がいずれも有利です。ただし、年間の贈与額が大きくなれば相対的な差はそれほどありません。このため、高齢者や持病のある方が贈与者である場合は、精算課税を適用した方が基本的にはよいと考えますが、余命が見通せず、高額の贈与をする場合は、暦年課税を選択する余地は残ります。

問 50 相続税対策における暦年課税と相続時精算課税の選択

②相続開始まで 10 年と想定する場合

贈与毎年 110 万円	贈与総額	相続財産加算額
暦年課税	1,100 万円	670 万円
精算課税	1,100 万円	0 円
贈与毎年 310 万円		
暦年課税	3,100 万円	2,070 万円
精算課税	3,100 万円	2,000 万円
贈与毎年 1,110 万円		
暦年課税	11,100 万円	7,670 万円
精算課税	11,000 万円	10,000 万円

　贈与開始から相続開始まで 10 年程度と想定した場合は、110 万円程度の少額の贈与の場合は精算課税、1,000 万円を超えるような高額の贈与の場合は暦年課税が有利です。300 万円程度の中位の贈与額であれば、差はそれほどありません。しかし、贈与期間が長くなれば暦年課税の方が有利になるので、余命が見通せないのであれば暦年課税を選択する方が有利と考えます。

③贈与者の年齢が若く相続開始まで 20 年と想定する場合

贈与毎年 110 万円	贈与総額	相続財産加算額
暦年課税	2,200 万円	670 万円
精算課税	2,200 万円	0 円
贈与毎年 310 万円		
暦年課税	6,200 万円	2,070 万円
精算課税	6,200 万円	4,000 万円
贈与毎年 1,110 万円		
暦年課税	22,200 万円	7,670 万円
精算課税	22,200 万円	20,000 万円

　贈与開始から相続開始まで期間が 20 年以上と長期の場合を想定する場合は、110 万円程度の少額の贈与の場合を除き暦年課税の方が有利です。
　精算課税を適用することで、想定外のみなし贈与の課税を指摘される可能性もリスクとして残るため、相続財産がそれほど多くなく毎年基礎控除以下

第7 実務上の判断

の贈与をする者を除き、暦年課税を適用した方が有利と考えます。

> ☆Point
> □ 令和6年以降の贈与については、相続時精算課税に相続財産に加算が必要ない110万円の基礎控除が創設されたこと、暦年課税の加算期間が順次延長され7年間となることにより、相続対策としてどちらを適用する方が有利かは、年間の贈与金額及び贈与すると想定する期間により慎重な判断が求められる。

〔参考法令〕

○**相続税法**（昭和25年3月法律第73号）

（相続開始前7年以内に贈与があつた場合の相続税額）

第19条 相続又は遺贈により財産を取得した者が<u>当該相続の開始前7年以内に当該相続に係る被相続人から贈与により財産を取得したことがある場合においては、その者については、当該贈与により取得した財産</u>（第21条の2第1項から第3項まで、第21条の3及び第21条の4の規定により当該取得の日の属する年分の贈与税の課税価格計算の基礎に算入されるもの（特定贈与財産を除く。）に限る。以下この条及び第51条第2項において同じ。）（以下この項において「加算対象贈与財産」という。）<u>の価額</u>（<u>加算対象贈与財産のうち当該相続の開始前3年以内に取得した財産以外の財産にあつては、当該財産の価額の合計額から100万円を控除した残額</u>）<u>を相続税の課税価格に加算した価額を相続税の課税価格とみなし</u>、第15条から前条までの規定を適用して算出した金額（加算対象贈与財産の取得につき課せられた贈与税があるときは、当該金額から当該財産に係る贈与税の税額（第21条の8の規定による控除前の税額とし、延滞税、利子税、過少申告加算税、無申告加算税及び重加算税に相当する税額を除く。）として政令の定めるところにより計算した金額を控除した金額）をもつて、その納付すべき相続税額とする。

（以下省略）

（相続時精算課税に係る贈与税の基礎控除）

問50　相続税対策における暦年課税と相続時精算課税の選択

第21条の11の2　相続時精算課税適用者がその年中において特定贈与者からの贈与により取得した財産に係るその年分の贈与税については、贈与税の課税価格から60万円を控除する。

2　前項の相続時精算課税適用者に係る特定贈与者が二人以上ある場合における各特定贈与者から贈与により取得した財産に係る課税価格から控除する金額の計算については、政令で定める。

改正附則（令和5年3月31日法律第3号）（抄）
（相続税法の一部改正に伴う経過措置）

第19条　第4条の規定による改正後の相続税法（以下「新相続税法」という。）第19条第1項、第21条の15第1項及び第2項並びに第21条の16第2項及び第3項の規定は、令和6年1月1日以後に贈与（贈与をした者の死亡により効力を生ずる贈与を除く。以下同じ。）により取得する財産に係る相続税について適用し、同日前に贈与により取得した財産に係る相続税については、なお従前の例による。

2　令和6年1月1日から令和8年12月31日までの間に相続又は遺贈（贈与をした者の死亡により効力を生ずる贈与及び当該相続に係る被相続人からの贈与により取得した財産で相続税法第21条の9第3項の規定の適用を受けるものに係る贈与を含む。以下この条において同じ。）により財産を取得する者については、前項の規定にかかわらず、新相続税法第19条第1項の規定を適用する。この場合において、同項中「7年」とあるのは、「3年」とする。

3　省略

4　新相続税法第21条の11の2の規定は、令和6年1月1日以後に贈与により取得する財産に係る贈与税について適用する。

（以下省略）

○租税特別措置法（昭和32年3月法律第26号）
（贈与税の基礎控除の特例）

第70条の2の4　平成13年1月1日以後に贈与により財産を取得し

た者に係る贈与税については、<u>相続税法第21条の5の規定にかかわらず、課税価格から110万円を控除する</u>。この場合において、同法第21条の11の規定の適用については、同条中「第21条の7まで」とあるのは、「第21条の7まで及び租税特別措置法第70条の2の4（贈与税の基礎控除の特例）」とする。

2　前項の規定により控除された額は、相続税法その他贈与税に関する法令の規定の適用については、相続税法第21条の5の規定により控除されたものとみなす。

（相続時精算課税に係る贈与税の基礎控除の特例）

第70条の3の2　令和6年1月1日以後に相続税法第21条の9第5項に規定する相続時精算課税適用者（第3項において「相続時精算課税適用者」という。）がその年中において同条第5項に規定する特定贈与者（第3項において「特定贈与者」という。）からの贈与により取得した財産に係るその年分の贈与税については、<u>同法第21条の11の2第1項の規定にかかわらず、贈与の課税価格から110万円を控除する</u>。

2　前項の規定により控除された金額は、相続税法その他相続税又は贈与税に関する法令の規定の適用については、相続税法第21条の11の2第1項の規定により控除されたものとみなす。

3　第1項の相続時精算課税適用者に係る特定贈与者が二人以上ある場合における各特定贈与者から贈与により取得した財産に係る課税価格から控除する金額の計算については、政令で定める。

（下線は筆者）

著者紹介

山下 太郎（やました たろう）
立命館大学法学部卒業
大阪国税局で26年間勤務。相続税、贈与税、譲渡所得税等の調査、審理事務を担当するほか、大阪市内、京都市内、滋賀県内の路線価の作成事務を担当。
国税局を退官後は、2016年に山下太郎税理士事務所を開業、2019年に㈱山下税務不動産鑑定を設立し、代表取締役に就任。
現在は東京、大阪、京都の税理士法人、税理士事務所、不動産コンサルティング業者と提携し、相続税申告、相続税対策、不動産評価、不動産コンサルティング、税理士向けのセミナー講師等の業務を中心に行っている。
国土交通省地価公示鑑定評価員、滋賀県地価調査鑑定評価員、大阪国税局鑑定評価員、固定資産税鑑定評価員、滋賀大学経済学部非常勤講師。
著書に「これが知りたかった！特殊・難解な土地評価事例50選」、「これが知りたかった！特殊・難解な土地評価事例50選　第2集」（以上、第一法規）、「税務申告に欠かせない！ビジュアル解説 不動産鑑定評価」（ぎょうせい）がある。
保有資格：税理士・不動産鑑定士・1級ファイナンシャルプランニング技能士・宅地建物取引士

富田 隆史（とみた たかふみ）
富田隆史税理士事務所　所長／税理士・不動産鑑定士
A&Tコンサルティング　取締役
1969年生まれ。東京都中野区出身。
宮城県立仙台第一高等学校、立教大学経済学部経営学科卒業。
主な資格：税理士・不動産鑑定士・ファイナンシャルプランナー（AFP）
東京税理士会四谷支部幹事、日本税務会計学会会員、日税不動産鑑定士協会会員
1998年に税理士登録、2006年に不動産鑑定士登録。

著者紹介

2006年、A&Tコンサルティング（株）を設立し代表取締役に就任。現在は取締役。

主として税理士向け不動産評価支援サービス、不動産鑑定評価、固定資産税還付業務に従事。

主な著書に「相続税は不動産投資と法人化で減らす」（幻冬舎）、「これが知りたかった！特殊・難解な土地評価事例50選」（第一法規）がある。

サービス・インフォメーション
──通話無料──
① 商品に関するご照会・お申込みのご依頼
　　TEL 0120(203)694／FAX 0120(302)640
② ご住所・ご名義等各種変更のご連絡
　　TEL 0120(203)696／FAX 0120(202)974
③ 請求・お支払いに関するご照会・ご要望
　　TEL 0120(203)695／FAX 0120(202)973

● フリーダイヤル（TEL）の受付時間は、土・日・祝日を除く9:00～17:30です。
● FAXは24時間受け付けておりますので、あわせてご利用ください。

これが知りたかった！
判断誤りや勘違いを未然に防ぐ
相続税申告のための重要事例50選

2025年2月15日　初版発行

著　者　　山下太郎　　富田隆史
発行者　　田中英弥
発行所　　第一法規株式会社
　　　　　〒107-8560　東京都港区南青山2-11-17
　　　　　ホームページ　https://www.daiichihoki.co.jp/

装　丁　　篠　隆二

相続税申告50　ISBN 978-4-474-04797-6　C2033（7）